PELERINAGE
A TRAVERS L'EPÎTRE
AUX ROMAINS

Une étude détaillée de Romains 1 à 8
=du péché vers la justification par la foi
=du premier Adam vers le second Adam
=de la loi vers la grâce en Jésus-Christ et la vie dans l'Esprit

Derek Prince

ISBN 978-2-911537-95-0

Originally published in English as a series of audio messages under the title 'The Roman Pilgrimage' (A4225-A4236).

Traduit avec permission de Derek Prince Ministries International USA, P.O. Box 19501, Charlotte, North Carolina 28219-9501, USA.

Traduit par Florence Boyer

Sauf autre indication, les citations bibliques de cette publication sont tirées de la traduction Louis Segond "Nouvelle Edition".

Publié par Derek Prince Ministries France, 2008.

Dépôt légal: 3e trimestre 2008.

Couverture faite par Damien Baslé, www.damienbasle.com

Imprimé en France.

Pour tout renseignement:
DEREK PRINCE MINISTRIES FRANCE
9, Route d'Oupia, B.P.31, 34210 Olonzac FRANCE
tél. (33) 04 68 91 38 72 fax (33) 04 68 91 38 63
E-mail info@derekprince.fr * www.derekprince.fr

PELERINAGE A TRAVERS L'EPÎTRE AUX ROMAINS

Chapitre 1

Romains 1:1-1:15

C'est avec grand plaisir que je commence cette première session de notre étude de Romains 1-8. Mais aussi avec un grand sens de ma responsabilité. Je peux vous assurer que je suis conscient de ma très grande responsabilité en interprétant ce merveilleux livre des Romains pour le peuple de Dieu. Mon souhait le plus cher est d'être fidèle à la parole de Dieu tout en étant sensible à son Esprit.

J'ai appelé cette série de messages 'Le pèlerinage à travers l'épître aux Romains' et en temps voulu, j'expliquerai pourquoi je lui ai donné ce titre. Bienvenu pour le pèlerinage à travers l'épître aux Romains! Vous partez pour un voyage dans le royaume de l'Esprit qui vous inspirera et vous défiera. Parfois ce sera dur. Il vous amènera à travers les sombres profondeurs de la dépravation humaine et vers les hauteurs lumineuses de la grâce et de la gloire de Dieu. L'épître aux Romains est une combinaison unique de spirituel et d'intellectuel sans parallèle dans la littérature humaine. Elle contient les vérités spirituelles les plus sublimes exprimées en des termes parfaitement logiques. Elle ne va pas seulement illuminer votre esprit mais également mettre au défi votre intelligence. C'est pour cela que l'épître aux Romains ne révélera pas ses richesses à une lecture inattentive ou superficielle. Si vous voulez accomplir ce pèlerinage avec succès, il vous faut deux équipements spirituels essentiels. La prière et la persévérance. Laissez-moi donc vous encourager par les paroles de Dieu à Josué quand il se préparait à entrer dans la terre promise: "Sois seulement fort et très courageux."

Tout d'abord, j'aimerais souligner que le thème central des Romains peut se résumer en un mot: *justice*. C'est un mot très important. La Bible a beaucoup de choses à dire à propos de la justice. Dieu est toujours présenté comme un Dieu entièrement juste. En parlant aux enfants d'Israël, Moïse dit en Deut. 32:4: "Ses œuvres sont parfaites car toutes ses voies sont justes (ou droites)."

Le Psaume 92 montre celui qui a grandi dans la connaissance et le service de l'Eternel: "Pour faire connaître que l'Eternel est juste ... et il n'y a point en lui d'iniquité."

Avant d'aller plus loin, il faut que j'explique une chose à propos des mots que nous allons utiliser. En français, nous avons deux mots: 'droit' et 'juste' qui sont un peu différents dans leur signification. Mais dans la langue originale de la Bible, à la fois dans l'hébreu de l'Ancien Testament et dans le grec du Nouveau Testament. il n'y a qu'un mot: 'tsadaq' et en grec 'dikaios'. Ce mot est traduit soit par 'droit' soit par 'juste'. Mais il n'y a pas de différence. Ainsi, d'une certaine façon nous devons ajuster notre pensée. Nous pouvons faire une différence entre la justice et la droiture. Nous pouvons dire que la droiture est un trait de caractère moral. La justice est l'action des lois de Dieu et leur application dans nos vies. Mais il n'y a pas de différence dans le langage original. Quand nous parlons de la droiture, nous parlons de la justice. Quand nous parlons de la justice, nous parlons de la droiture.

Il y a quelques années, alors que je lisais le livre de Job, dans Job 9:2, j'ai lu cette question prophétique:"Comment l'homme serait-il juste devant Dieu?" Job avait l'âme angoissée et je crois qu'il posait la question sans croire qu'il existe une réponse. Mais aujourd'hui Dieu a donné une réponse à cette question "Comment un homme serait-il juste devant Dieu?" La réponse est l'épître aux Romains. Elle nous dit comment il est possible pour toute personne qui remplit les conditions de Dieu qui sont décrites dans Romains, d'être totalement juste devant Dieu.

L'une des expressions clé de Romains que nous retrouverons plus tard est: "plus aucune condamnation". C'est vraiment l'œuvre concrète de cette épître: que vous puissiez réaliser que vous êtes accepté devant Dieu comme totalement juste et qu'il n'y a plus nulle part de condamnation sur votre vie.

L'épître aux Romains fait aussi référence aux paroles de Jésus dans les Béatitudes dans Matthieu 5:6:
"Heureux ceux qui ont faim et soif de la justice car ils seront rassasiés."

Autrement dit: 'Ils seront abondamment remplis'. Alors, je veux dire à tous ceux qui lisent ces messages et qui ont soif de la justice, que Dieu a promis de vous satisfaire. Mais, je suppose que certains d'entre vous ne pensaient pas à la justice en commençant à lire. Voyez-vous, je voyage beaucoup parmi le peuple de Dieu et je rencontre des gens de différents milieux et de différentes nations. Je ne dirais pas que la justice occupe une place prépondérante dans les priorités de l'Eglise contemporaine. Je rencontre des gens qui recherchent la bénédiction, la puissance, la guérison, la prospérité, les dons spirituels, mais pas beaucoup de personnes qui ont faim et soif de la justice.

Des gens qui disent: "Je ne serai satisfait que si je trouve la justice." Ils n'ont pas seulement faim, ils ont soif. En fait, tout leur être soupire après la justice. J'espère qu'avant la fin de ces études vous connaîtrez un changement dans vos priorités. Vous aurez une plus grande estime de la justice. Vous voyez, les autres choses découlent de la justice. Dans une autre partie des Romains que nous n'aurons pas le temps d'étudier en détail, chapitre 14:17, Paul dit:

"Car le royaume de Dieu c'est..."

Combien d'entre vous savent ce qui vient en premier?

" .... la justice la paix et la joie."

Mais vous ne pouvez pas changer l'ordre et obtenir les résultats de Dieu. Si vous mettez la paix ou la joie en premier, Dieu n'est pas d'accord avec vous. Dieu dit que si vous cherchez d'abord la justice alors la paix et la joie suivront.

J'aimerais maintenant vous faire un bref résumé de Romains. Tout d'abord, laissez-vous dire que les exégètes pensent que l'épître a été écrite en 57 après Jésus-Christ dans la ville de Corinthe. Nous avons une référence dans Romains à un homme nommé Eraste qui était le chambellan ou le responsable des travaux publics de la ville de Corinthe. Récemment, des archéologues ont découvert à Corinthe une inscription portant le nom d'Eraste lui attribuant des œuvres publiques à ses propres frais. C'est une merveilleuse confirmation de la précision et de la fiabilité actuelle de l'Ecriture.

J'aimerais que nous étudiions cette épître en la divisant en quatre parties principales. Bien que je cite les quatre, nous ne traiterons que la première. La première partie va du chapitre 1 au chapitre 8 et présente la base scripturaire et logique de l'Evangile.

Des chapitres 9 à 11, nous voyons la relation de Dieu avec Israël. Certains exégètes y ont vu un complément irrévérencieux. Je ne le vois pas ainsi. Je crois que les relations de Dieu avec Israël sont une partie essentielle de la vérité de l'Evangile. Je pense qu'il est faux de considérer les chapitres 9, 10 et 11 comme une édition comme si Paul avait eu une absence et ne savait plus où il allait. Il n'y a rien de tout cela dans l'épître aux Romains. Mais la question essentielle des chapitres 9 à 11 est l'élection de Dieu parce que ce qui en ressort est le facteur décisif dans l'expérience humaine qui est ce que Dieu a choisi. C'est très impopulaire dans l'esprit humaniste d'aujourd'hui. C'est en partie la raison pour laquelle Israël n'est pas très populaire dans ces parties.

La troisième partie, des chapitres 12 à 15, est une application des vérités qui précèdent, dans notre vie quotidienne. C'est une caractéristique dans tout le Nouveau Testament Le Nouveau Testament ne présente jamais de théologie abstraite. Jamais. Quand il présente une vérité spirituelle et une révélation, il y a toujours un enseignement très pratique sur la façon de l'appliquer dans nos vies. C'est caractéristique de Paul de commencer Romains 12 ainsi: "Je vous exhorte donc frères, par les compassions de Dieu, à offrir vos corps comme un sacrifice vivant..." C'est la mise en pratique de toutes les glorieuses théologies de Dieu dans les onze chapitres précédents. "Donnez à Dieu votre corps." C'est très terre à terre.

La partie finale, chapitre 16, consiste en des salutations personnelles et une bénédiction. Certains considèrent cela comme irrévérencieux. Beaucoup de noms sont cités. Mais je crois que le Saint-Esprit l'a fait pour nous montrer que les relations personnelles sont très importantes. Nous ne traitons pas l'humanité dans la masse ou dans l'église. Mais il y a des relations personnelles intimes, qui se tissent dans le corps de Christ et qui ont une grande valeur au regard de Dieu. Aucun d'entre nous n'est un numéro pour Dieu. Quand on m'a appelé pour l'armée en 1940, on m'a donné un numéro; on m'a enlevé mes habits et on m'a donné un numéro. A partir de ce moment-là, j'ai été, et ce pendant cinq ans et demi, le numéro 7385778. Mais Dieu ne fait pas cela avec nous. Vous n'êtes pas seulement un numéro pour Dieu. Il vous connaît personnellement. Et il veut que nous nous connaissions les uns les autres personnellement. Il attache une grande importance aux relations personnelles.

Nous allons maintenant revenir à la première partie et nous allons essayer de la traiter dans ces séries d'études. Et croyez-moi si nous y arrivons, nous aurons fait quelque chose d'extraordinaire! Je voudrais que nous considérions les chapitres1 à 8 comme un pèlerinage. Il y a différentes façons de le voir mais je crois que cela va nous aider à obtenir un matériel que nous pourrons assimiler. La destination est Romains 8 qui est la vie contrôlée par l'Esprit: la liberté, la joie, la paix, la justice. Les chapitres qui précèdent 1 à 7 sont les étapes pour parvenir à cette destination.

Il m'est souvent arrivé, alors que j'enseignais sur ces chapitres, de les comparer à la différence qui existe entre le café filtre et le café instantané. De nos jours, peu de personnes filtrent encore le café alors la comparaison est un peu dépassée mais la plupart d'entre vous êtes assez âgés pour vous souvenir du temps où on filtrait le café. Ce que je veux dire c'est que Romains 8, c'est le café filtre. Pour l'obtenir, vous devez passer à travers les 7 chapitres qui précèdent. Beaucoup de chrétiens veulent tout de suite Romains 8 mais Dieu ne le leur permet pas. Vous ne pouvez pas obtenir les mêmes résultats en mettant un peu de poudre et en versant de l'eau dessus. Il faut passer à travers le filtre. Et d'une certaine façon, cette étude ressemblera à un passage à travers un filtre.

Regardons maintenant la première moitié de ce chapitre et je vais vous lire ces versets parce que, comme nous ne les avons pas tous sous les yeux, nous ne pourrons pas vraiment comprendre où nous allons. Je vais lire les 17 premiers versets. Vous verrez qu'il y a certaines petites différences dans le texte selon les versions. Ne vous laissez pas perturber.

"Paul, serviteur de Jésus-Christ, appelé à être apôtre, mis à part pour annoncer l'Evangile de Dieu, qui avait été promis auparavant de la part de Dieu par ses prophètes dans les saintes Ecritures, et qui concerne son Fils (né de la postérité de David, selon la chair et déclaré Fils de Dieu avec puissance, selon l'Esprit de sainteté par sa résurrection d'entre les morts), Jésus-Christ notre Seigneur, par qui nous avons reçu la grâce et l'apostolat, pour amener en son nom à l'obéissance de la foi tous les païens, parmi lesquels vous êtes aussi, vous qui avez été appelés par Jésus-Christ à tous ceux qui, à Rome, sont bien-aimés de Dieu, appelés à être saints: que la grâce et la paix vous soient données de la part de Dieu notre Père et du Seigneur Jésus-Christ! Je rends d'abord grâces à mon Dieu par Jésus-Christ de ce que votre foi, est en renommée dans le monde entier. Dieu, que je sers en mon esprit dans l'Evangile de son Fils..."

Vous remarquerez, si vous lisez le texte dans la version de la Bible 'Segond Révisée, que ces mots 'dans la prédication de' sont traduits par 'annonçant', et sont en italique. Savez-vous pourquoi? Parce que cela a été rajouté par les traducteurs. J'ai rencontré beaucoup de chrétiens qui ne savaient pas pourquoi certains mots étaient en italique. C'est parce que le traducteur vous montre qu'il les met pour que ce soit du bon français. Personnellement, je préfère quand ils n'y sont pas. Verset 9:

"Dieu, que je sers en mon esprit dans l'Evangile de son Fils, m'est témoin que je fais sans cesse mention de vous, demandant continuellement dans mes prières d'avoir enfin, par sa volonté, le bonheur d'aller vers vous. Car je désire vous voir, pour vous communiquer quelque don spirituel, afin que vous soyez affermis, ou plutôt, afin que nous soyons encouragés ensemble au milieu de vous par la foi qui nous est commune, à vous et à moi. Je ne veux pas vous laisser ignorer, frères, que j'ai souvent formé le projet d'aller vous voir, afin de recueillir quelque fruit parmi vous, comme parmi les autres nations; mais j'en ai été empêché jusqu'ici. Je me dois aux Grecs et aux Barbares, aux savants et aux ignorants. Ainsi j'ai un vif désir de vous annoncer aussi l'Evangile, à vous qui êtes à Rome."

Je pense que nous allons faire une pause pour cette partie. La mise en page des lettres de l'époque du Nouveau Testament n'est pas tellement différente de celle des lettres d'affaires que nous avons aujourd'hui. Si vous pouvez imaginer une lettre officielle devant vous, en haut à droite vous avez le nom et l'adresse de la personne qui écrit, ainsi que la date. Puis, un peu plus bas à gauche le nom et l'adresse de la personne à qui on envoie la lettre. Ref / votre candidature pour devenir membre ou n'importe quel autre sujet, est souvent souligné. Ainsi, vous avez ces trois éléments. Le nom et l'adresse de l'expéditeur, le nom et l'adresse du destinataire et l'énoncé du principal thème de la lettre. Vous trouverez la même chose dans cette lettre aux Romains et dans pratiquement toutes les épîtres du Nouveau Testament avec parfois quelques variantes.

Ainsi, Paul dans le passage que nous venons de lire, introduit trois choses: lui-même, l'Evangile et les chrétiens de Rome. Si vous voulez le voir sur le modèle d'une lettre moderne en haut à droite c'est: "Paul l'apôtre" ... A gauche, un peu plus bas: "les chrétiens de Rome" puis la référence: "L'Evangile de Jésus-Christ". C'est comme cela que cela fonctionne.

Je pense que nous avons le temps d'observer la façon dont Paul se présente. Puis lors de notre prochaine session, Dieu nous aidant, nous regarderons ce que dit Paul sur les chrétiens de Rome et sur l'Evangile qui est d'une importance capitale. Faisons maintenant une pause et voyons l'introduction de Paul qui se trouve aux versets 1, 5 et 9-15. Je pense qu'il faut relire ces versets afin que nous les ayons bien en mémoire.

"Paul, serviteur de Jésus-Christ, appelé à être apôtre, mis à part pour annoncer l'Evangile de Dieu..."

Puis au verset 5, en parlant de Jésus, il dit:

"... par lequel nous avons reçu la grâce et l'apostolat, pour amener en son nom à l'obéissance de la foi tous les païens."

Paul se décrit en premier lieu comme un serviteur (mais le mot grec est le mot esclave) de Jésus-Christ et ensuite comme apôtre. Vous remarquerez que tous les apôtres dans leurs lettres se considèrent toujours d'abord comme serviteur ou esclave et définissent ensuite leur champ d'action particulier qui, dans ce cas précis, est l'apostolat.

Puis il continue avec une définition. Il dit: "mis à part pour annoncer l'Evangile de Dieu." Paul exerce une fonction très particulière (en fait, unique) dans toute l'histoire de l'Eglise. Son rôle était de présenter dans son intégralité l'Evangile. Sa révélation était si grande, qu'un peu plus tard au chapitre 2 verset 16, il l'appellera "mon Evangile". C'est très significatif. Souvenez-vous que Paul avait reçu de si nombreuses révélations que, pour le garder humble, Dieu avait permis à un ange de Satan de le secouer. Je pense que la révélation contenue dans Romains fait partie de cela.

Il y a deux épîtres dont Paul est le seul auteur. Dans toutes les autres, c'est Paul et quelqu'un d'autre comme Paul, Silas et Tite. Ou Paul, Silas et Timothée. Mais les deux épîtres dont il est le seul auteur sont les Romains et les Ephésiens.

Ce n'est pas un hasard parce que chacune d'entre elle contient une révélation qui est uniquement celle de Paul. Romains est la révélation de l'Evangile et Ephésiens est la révélation de l'Eglise. Dans ces deux domaines, Paul fait une contribution absolument unique à toute l'Eglise chrétienne. Je pense qu'il est bon qu'il ait commencé en se définissant comme un esclave. Je pense que certains dans l'Eglise d'aujourd'hui pourraient se décrire comme évêque, pasteur ou que sais-je encore. Mais Paul dit en premier lieu: "Je suis un esclave entièrement au service de Jésus-Christ. Ma fonction particulière est celle d'apôtre. Mon domaine particulier d'apostolat est celui de la révélation de l'Evangile." Puis au verset 5 il dit de Jésus:

"... par qui nous avons reçu la grâce de l'apostolat..."

Remarquez qu'avant l'apostolat il y a la grâce. Paul fait très attention à ne jamais se mettre en avant. Il dit que notre domaine particulier de service est l'obéissance (ou la foi) parmi les païens. Et ailleurs il est appelé l'apôtre des gentils.

Dans Romains 15:18-19, Paul parle encore de l'apostolat envers les païens. On peut le voir rapidement. Il dit:

"Car je n'oserais mentionner aucune chose que Christ n'ait pas faite par moi pour amener les païens à l'obéissance, par la parole et par les actes, par la puissance des miracles et des prodiges..."

Ainsi, il avait un ministère spécial pour amener les païens à croire en Jésus et cela par l'attestation du surnaturel. C'est parfaitement vrai mais si nous ne le recevons pas par la foi, cela ne marchera pas. Vous essayez d'obéir à Dieu par votre propre force, vos propres capacités. Voyez-vous, j'ai vécu ça sur le champ missionnaire africain. Nous avions beaucoup d'africains qui essayaient vraiment d'obéir à l'Evangile mais ils ne le faisaient pas avec foi. Le résultat est qu'ils étaient frustrés. Alors n'oubliez pas de souligner l'obéissance mais expliquez toujours qu'elle doit procéder de la foi.

Nous avons le temps de nous intéresser au fait que Paul a prié un long moment pour que son voyage à Rome se passe bien. L'ancienne version de la Bible King James dit "que mon voyage soit prospère, par la volonté de Dieu." Il est intéressant de voir qu'en Jean 3:2, Jean utilise le même mot quand il dit: "Bien-aimé, je souhaite que tu prospères à tous égards, comme prospère l'état de ton âme." Le même mot. Je voudrais que vous considériez un moment le genre de voyage que Paul a eu car il est décrit de manière très éloquente dans Actes 27 et 28. Il n'a pas voyagé en première classe, il était prisonnier et enchaîné. Le bateau sur lequel il voyageait a été pris dans une terrible tempête qui a duré 14 jours et 14 nuits pendant lesquels ils n'avaient rien à manger. Après cela, il s'est échoué sur une île et pour couronner le tout, alors qu'il ramassait du bois pour faire du feu, une vipère l'a mordu à la main. J'aimerais vous demander si Dieu a répondu à la prière. Un voyage prospère et dans le bonheur! C'est très important parce que beaucoup de gens aujourd'hui vous disent, et je peux le dire aussi, que la volonté de Dieu c'est la prospérité. Mais ne définissez pas la prospérité selon les critères de la culture de l'Amérique moderne parce qu'il ne s'agit pas de cela.[1]

Quel est le sens réel de la prospérité? Voici ce que j'ai compris. Il s'agit d'être complètement équipé pour faire la volonté de Dieu et c'est quand vous avez bien fait la volonté de Dieu que vous avez prospéré. Il se peut que vous soyez mordu par une vipère, qui sait? Vous connaîtrez peut-être un naufrage. Que cela ne vous perturbe pas. Qu'importe tant que vous faites la volonté de Dieu!

Revenons quelques minutes à ce que Paul dit dans les versets 6, 7 et 8 à propos du peuple à qui l'épître est adressée. Je vais vous lire encore une fois ces versets. J'espère que vous comprenez que la répétition de l'Ecriture n'est pas une mauvaise chose. En fait, c'est important. J'ai formé des enseignants; j'étais principal d'un collège pour les enseignants en Afrique de l'Est pendant cinq ans il y a longtemps. L'une des choses que nous enseignions à nos étudiants était la grande importance de la récapitulation pour un bon enseignement. Alors je ne m'excuse jamais de récapituler. Romains 1:6-8:

"... parmi lesquels vous êtes aussi vous qui avez été appelés par Jésus-Christ..."

Le mot "appelé" est très important parce qu'il détermine si nous sommes chrétiens ou pas. Ceci est un peu en dehors du thème mais vous ne devenez pas chrétien parce que vous le décidez. Vous devenez chrétien parce que Dieu vous appelle. Vous devez y répondre mais l'initiative, chers frères et sœurs, ne vient pas de nous sinon de Dieu. Il nous a appelés. Le mot "appelé"' pourrait se traduire par "invité". L'Eglise en grec est appelée ekklesia. Le mot pour "appelé" est kletos Ils sont directement liés. Ekklesia est un ensemble de personnes qui on été mises à part, c'est ce que la préposition "ek" signifie. Nous sommes mis à l'écart de quoi? Du monde, bien sûr. C'est très important de s'en souvenir. Nous ne faisons pas partie du monde, nous avons été appelés hors du monde. Si vous appartenez à la

---

[1] Pour avoir une étude complète sur ce sujet, nous vous recommandons le livre 'L'abondance de Dieu. La doctrine de la prospérité mise en équilibre.' (N.d.t.)

véritable église de Jésus-Christ, vous n'appartenez pas à ce monde. Vous ne pouvez appartenir aux deux en même temps.

Verset 7:

"... à tous ceux qui à Rome sont bien-aimés de Dieu..."

C'est la chose la plus importante à se rappeler: Dieu aime le peuple qu'il appelle. C'est une bonne nouvelle n'est-ce pas? Dieu nous a appelés; parce qu'il nous aime. Il nous a aimés avant la fondation du monde. Il a pris toutes ces décisions importantes avant que le temps ne commence. Mais ce n'est que quand nous entendons son appel que nous commençons à entrer dans l'expérience.

Je me souviens encore très bien comment et quand Dieu m'a appelé. Je n'avais pas de connaissance intellectuelle de l'Evangile. J'étais un philosophe qui lisait la Bible comme un ouvrage philosophique. Par un étrange concours de circonstances, je me suis retrouvé dans une église pentecôtiste. Je n'y étais jamais allé, je ne savais même pas que ça existait. Après tout, je ne savais même pas que n'importe quelle autre dénomination existait! Mais, dans cette Eglise, Dieu m'a appelé d'une façon bien peu orthodoxe parce qu'à la fin du sermon, auquel je n'ai rien compris, le prédicateur a dit: "Ceux qui veulent cela (je ne sais plus ce que c'était) levez votre main." Je n'avais pas l'intention de lever la main. Je trouvais indigne et gênant que quelqu'un me demande de lever la main dans un endroit tel qu'une église. J'étais assis, en uniforme de soldat, dans un silence de plomb et sans aucune musique de fond, rien qui puisse soulager l'embarras et deux voix inaudibles se mirent à me parler: L'une disait: "Si tu lèves la main devant ces vieilles dames, toi un soldat en uniforme, tu auras l'air d'un imbécile." L'autre voix disait: "Si c'est quelque chose de bon, pourquoi est-ce que tu ne pourrais pas l'avoir?" J'étais paralysé. Je ne pouvais répondre à aucune des deux voix. Puis j'ai expérimenté mon premier miracle. J'ai vu mon bras droit se lever en l'air et je savais que ce n'était pas moi qui l'avais levé. C'était effrayant. De façon confuse, j'ai su que Dieu m'appelait. Quelque part par intuition, je savais que je ne pourrais pas compter sur un second appel mais que je devais prendre une décision. Grâce à Dieu cinq jours plus tard j'avais pris ma décision. Pour moi, être appelé est quelque chose de très solennel et de très sérieux. Je n'oserais jamais prendre à la légère l'appel de Dieu.

Paul dit que ces chrétiens à Rome sont appelés par Dieu parce qu'ils sont aimés de Dieu. L'appel de Dieu est la mise en œuvre de son amour. Il m'a tendu la main et m'a dit: "Si tu prends ma main, je te sortirai de la mauvaise passe dans laquelle tu te trouves et je te mettrai sur le rocher. Je ne connaissais pas toutes ces paroles mais il l'a fait quand même.

Puis, Paul continue au v.7:

"... appelés à être saints..."

Vous noterez qu'un peu plus haut il a dit "appelé à être apôtre" en parlant de lui. Mais si vous consultez la Bible Martin, qui comporte des mots en italique, vous verrez que "*à être*". est en italique. Ce que Paul dit, c'est qu'il a été appelé apôtre et que des chrétiens sont appelés saints. Il est bon d'enlever le "à être". Il se peut que vous ne le sentiez pas, les gens ne le voient peut-être pas, mais ce que Dieu dit que vous êtes, vous l'êtes vraiment. Si vous êtes appelé saint vous finirez saint. Il faut que vous commenciez vite. Dieu vous donne du travail.

Puis il donne cette lecture belle et familière du Nouveau Testament:

"que la grâce et la paix vous soient données de la part de notre Père et du Seigneur Jésus-Christ."

Quelle belle salutation! Il serait intéressant de voir combien de fois dans les huit premiers chapitres de l'épître aux Romains Paul utilise le nom Jésus, le mot Christ ou Messie et le mot Seigneur. Je crois que c'est 32 fois. C'est pourquoi l'épître aux Romains est si puissante parce qu'elle se concentre sur l'essentiel: Jésus. Si nous cessons de regarder à Jésus et si nous regardons ailleurs qu'à Jésus, la puissance commence à manquer et nous devons nous appuyer sur notre énergie humaine, sur des méthodes humaines. Lorsque notre unique désir est de présenter et d'élever le Seigneur Jésus, le Saint-Esprit dit: "Je te donnerai toute l'aide dont tu as besoin."

Remarquez l'ordre. La grâce et la paix. Je suis sûr que beaucoup d'entre vous sont allés en Israël. Vous connaissez bien la salutation hébraïque typique "shalom" qui signifie paix, c'est vrai. Mais remarquez que dans la Nouvelle Alliance, nous avons la grâce avant la paix. La grâce est ce que nous ne pouvons acheter, nous étudierons ce détail un peu plus tard. La grâce est une faveur gratuite que nous ne méritons pas et que Dieu nous accorde. Nous ne pouvons ni la gagner ni la mériter, simplement la recevoir. Alors avant d'avoir la paix, nous devons nous souvenir que c'est par grâce. La grâce et la paix.

Puis au verset 8, Paul dit:

"Je rends d'abord grâces à mon Dieu par Jésus-Christ au sujet de vous tous..."

Il est très important de remarquer que presque invariablement, Paul commence ses épîtres en remerciant Dieu pour le peuple à qu'il écrit. C'est un principe très important. Je dis aux gens: "Si vous ne pouvez pas remercier Dieu pour quelqu'un, ne priez pas pour lui. Je ne pense pas que ce soit légitime. Il n'y a qu'une seule exception intéressante. L'église de Corinthe était dans la confusion, il y avait de l'adultère, de l'ébriété à la table du Seigneur, et Paul dit: "Je rends grâce à mon Dieu ....pour la grâce de Dieu qui vous a été accordée." Il y a une église pour laquelle il ne l'a pas fait. Savez-vous laquelle? Galate. Quel était le problème en Galatie? Ce n'était pas l'ébriété, ni l'adultère qu'est-ce que c'était? Le légalisme. C'est ce qui agaçait Paul. Il savait qu'on pouvait venir à bout de tout mais le légalisme le déconcertait.

Une chose encore à propos des chrétiens de Rome. Il dit:

"Je rends d'abord grâces à mon Dieu par Jésus-Christ au sujet de vous tous, de ce que votre foi est renommée dans le monde entier."

Bien sûr, Rome, comme son nom l'indique, était la grande capitale de l'Empire romain qui dominait toute cette zone de la terre à cette époque et tout ce qui se passait à Rome affectait tout l'Empire romain. L'un des principes de Paul dans son œuvre missionnaire était d'aller dans les villes principales, d'aller dans les capitales. Il n'a jamais été dans les petits villages comme certains missionnaires modernes. Il n'a jamais commencé dans la jungle. J'étais avec une mission qui agissait ainsi. C'était tellement romantique. Nous portions des casques, nous empruntions une piste mais nous étions à côté de la plaque. L'"endroit où les choses se passent, c'est la ville. Si vous touchez une ville, vous toucherez les lieux autour parce que les choses partent de la ville. Si vous étudiez les méthodes de Paul, il touchait le cœur, il touchait la ville principale où qu'elle se trouve.

Il n'avait pas encore été à Rome mais il y avait beaucoup d'amis et il était fier du fait que tout l'empire parle des chrétiens de Rome. Comment y sont-ils parvenus? Je pense qu'il y a plusieurs réponses possibles mais je crois vraiment que le plus important c'est que les chrétiens avaient leur propre témoignage personnel. Jésus a dit: "Vous recevrez une puissance, le Saint-Esprit survenant sur vous et vous serez mes témoins." Vous voyez, il y avait des gens issus de toutes sortes de milieux; national, social et ils disaient tous la même chose: "Cette personne, Jésus, a changé ma vie." Et tout le monde voulait savoir qui était Jésus. Ils avaient une réponse étonnante. C'était un fils de charpentier qui avait été crucifié quelques années auparavant. Mais ce n'était pas la seule réponse. Ils disaient aussi qu'il était ressuscité des morts le troisième jour. Je voudrais dire que de tous les moyens spirituels disponibles dans l'Eglise primitive -et je pense qu'ils les utilisaient tous- le plus efficace était le témoignage personnel.

Maintenant, voyons l'autre -en fait le principal thème de cette partie introductive qui est l'Evangile. Elle se trouve aux versets 2-4 puis aux versets 16-17. Regardons d'abord les versets 2-4. Le verset 1 finit par les mots Evangile de Dieu. A propos de cet Evangile, Paul dit:

"... qui avait été promis auparavant de la part de Dieu par ses prophètes dans les Saintes Ecritures..."

Vous verrez que Paul fait toujours très attention que personne ne pense qu'il a improvisé cet Evangile, que c'est quelque chose qu'il a imaginé, que c'est son idée. Il souligne invariablement que tout le concept et l'arrivée de l'Evangile a été clairement annoncé dans l'Ancien Testament Il dit que tout ce que nous faisons est d'accomplir ce que les Ecritures ont annoncé.

C'est extrêmement important, en particulier lorsque vous êtes en contact avec le peuple juif. Leur façon de penser ne vous est peut-être pas très familière mais, en 1979, Ruth et moi avons vécu dans une famille juive de Jérusalem pendant environ trois mois et ils ne parlaient pratiquement pas l'anglais. Nous faisions des études à l'université hébraïque et nous avions choisi une famille qui ne parlait pas anglais parce que nous voulions être obligés de parler hébreu. Ce fut une expérience intéressante. Nous ne nous étions jamais rencontrés avant d'arriver chez eux car nous étions passés par une agence. C'était un couple qui avait la soixantaine. Ils venaient tous deux de Pologne et étaient les seuls survivants de leur famille. Au début, nous étions très attentifs et discrets sur la façon de leur parler et nous essayions d'être très polis et de nous comporter le mieux possible. Mais après un certain temps, quand la glace a été rompue, je ne sais plus comment l'homme m'a demandé: "Comment êtes-vous devenu ce que vous êtes?" Par un miracle de la grâce, je lui avais donné mon témoignage personnel en hébreu, ce qui n'était pas facile. Il était très intéressé. Je lui racontai alors l'histoire de ma première femme et nous lui avons prêté un livre. Je ne peux pas tout vous raconter mais il m'a dit une chose qui m'est toujours restée. Il était familier de ce que les Juifs appellent le Tanach, ce que nous appelons l'Ancien Testament. Il n'avait jamais vu un Nouveau Testament de sa vie. Quand je lui ai dit que je croyais à l'Ancien Testament et au Nouveau, il me posa cette question: "Comment avez-vous fait la synthèse entre l'Ancien et le Nouveau Testament?" Cette question me révéla la grande différence de milieu entre lui et moi. Je n'avais jamais vu une Bible sans Nouveau Testament et lui, il n'avait jamais vu une Bible en ayant un.

Mais vous voyez, c'est ce que Paul combattait, cette séparation entre l'Ancien et le Nouveau Testament. Il a dit que tout ce que nous prêchons dans le Nouveau trouve son origine dans l'Ancien. Si vous voulez vraiment atteindre le peuple juif, vous devez arriver au point où vous pouvez leur expliquer les choses directement à partir de leurs propres Ecritures. Il y a un Evangile de la circoncision et un Evangile de l'incirconcision. La circoncision, ce sont les Juifs, l'incirconcision, ce sont les païens. Ce n'est pas le message qui est différent mais l'approche. Vous pouvez aller parmi les Africains ou vers d'autres peuples et leur présenter Jésus. Mais pour aller vers les Juifs, il vous faut leur montrer que c'est ce qui est promis depuis la Genèse.

Ainsi Paul, comme je l'ai dit, était très attentif à ne pas se laisser accuser d'improviser quoi que ce soit.

"... qui avait été promis auparavant de la part de Dieu par ses prophètes dans les saintes Ecritures..."

Nous en arrivons à l'essence même de l'Evangile qui est le verset 3.

"... et qui concerne son Fils (né de la postérité de David, selon la chair, et déclaré Fils de Dieu avec puissance selon l'Esprit de sainteté par sa résurrection d'entre les morts) par Jésus-Christ notre Seigneur."

Souvenez-vous que Christ est le mot grec qui correspond au mot hébreu Meshiach ou Messie. Chaque fois que vous dites Jésus-Christ que vous le sachiez ou non, vous dites Jésus le Messie. Et chaque fois que vous parlez du Messie, vous parlez de Christ. Il y a là encore une grande différence. Beaucoup de Juifs, aussi bien que de chrétiens, ne réalisent pas que Christ est le Messie. Quand nous parlons de Jésus-Christ nous disons Jésus le Messie.

Ainsi, l'Evangile est centré sur une personne. Qui? Jésus c'est vrai. Et c'est ce que Paul dit de lui, il était le Fils de Dieu et il était aussi le Fils de David. Il avait une nature humaine, il avait une nature divine. Au verset 4,

"… il a été déclaré ou mis à part en tant que Fils de Dieu par qui est la résurrection d'entre les morts, selon l'esprit de sainteté."

En fait, Paul écrit en grec mais il est évident qu'il pense en hébreu. Et parfois, si vous ne connaissez pas les expressions en hébreu, vous ne comprendrez pas. L'hébreu ne parle pas du Saint-Esprit. Il parle de l'esprit de sainteté. 'Ruach qodesh' Et donc, quand Paul parle de l'esprit de sainteté, ma conviction est qu'il parle du Saint-Esprit. Mais il pensait comme un Juif et cela a influencé son langage.

Quelle est la puissance qui a fait sortir Jésus du tombeau? Le Saint-Esprit, c'est vrai. Qu'a fait le Saint-Esprit par cela? Il a déclaré que Jésus était le Fils de Dieu. Il a fait la différence entre lui et les autres hommes qui sont morts, qui ont été enterrés et il l'a déclaré Fils de Dieu, lui l'Esprit de sainteté. En tant qu'esprit de sainteté, il a rendu témoignage de la parfaite sainteté de Jésus. S'il y avait eu quelque chose de souillé dans la vie de Jésus, il n'aurait jamais été ressuscité. Mais la résurrection attestait qu'il était vraiment ce qu'il prétendait être, le Fils de Dieu, d'une sainteté parfaite, sans tache.

Vous voyez, Dieu a inversé la décision de deux tribunaux. Un tribunal juif et un tribunal romain ont condamné Jésus à mort et ont décidé qu'il devait être enseveli. Chose étrange, les incroyants croient davantage en la résurrection que les croyants, l'avez-vous déjà remarqué? Les ennemis de Jésus avaient vraiment peur qu'il ressuscite d'entre les morts. Les disciples n'arrivaient pas à y croire. Alors, après sa mort et son ensevelissement les chefs juifs sont allés voir Pilate et lui ont dit: "Nous savons que ce menteur a dit qu'il ressusciterait le troisième jour. Nous ne voulons pas que cela arrive. Pourrais-tu mettre un garde pour protéger son tombeau? Et Pilate disait: "Vous pouvez avoir votre garde et vous pouvez prendre les scellés et sceller le tombeau, afin que la pierre ne puisse pas être retirée sans que les scellés ne soient brisés. Ainsi, en un sens, ces deux tribunaux ont tablé sur le fait que Jésus resterait dans la tombe. Mais le troisième jour, Dieu a contredit leur décision et a fait sortir Jésus du tombeau.

Quand les femmes sont venues, elles ont vu la pierre roulée. Je ne crois pas que la pierre ait été roulée pour que Jésus puisse sortir du tombeau. Je crois qu'elle a été roulée pour que les femmes voient que la tombe était vide. C'est simplement une opinion personnelle. Aucune pierre n'aurait pu retenir Jésus dans le tombeau quand il est ressuscité.

Mais souvenez-vous que l'Evangile est centré sur la mort, l'ensevelissement et la résurrection de Jésus. Si nous sortons de ces faits historiques centraux, nous ne traitons plus de l'Evangile. Je dois dire qu'il existe beaucoup de prédications de l'Evangile qui ne contiennent pas du tout l'Evangile. L'Evangile, c'est trois faits historiques certains et simples. Il est différent d'autres religions qui ont simplement des livres sacrés qui présentent des vérités abstraites. L'Evangile est lié à l'histoire humaine. Il est soit vrai soit faux mais c'est l'un ou l'autre.

Il est aussi attesté dans l'expérience humaine. Vous voyez, Dieu a eu un effet sur l'histoire humaine avec Jésus. Il a fait quelque chose pour nous qui est à la fois attesté par l'histoire et confirmé dans notre expérience personnelle. C'est l'Evangile, la Bonne Nouvelle.

J'aimerais regarder deux autres passages qui affirment l'Evangile et vous verrez que dans les deux cas, l'emphase est la même. Dans Romains 4:23 et suivants, nous reviendrons sur cela un peu plus tard. Mais remarquez qu'Abraham est pris comme modèle de croyant en Dieu et que cela lui a été imputé en justice. Paul continue pour dire au verset 24:

"... c'est encore à cause de nous, à qui cela sera imputé, à nous qui croyons en celui qui a ressuscité des morts Jésus notre Seigneur, lequel a été livré pour nos offenses et est ressuscité pour notre justification."

Nous reviendrons sur cela plus tard mais remarquez simplement que l'Evangile est centré sur trois faits historiques. La mort, l'ensevelissement et la résurrection de Jésus. Et plus nous concentrerons notre témoignage et notre enseignement sur cette base, plus il sera efficace. Ce n'est pas d'abord une question d'émotion. Essayer d'attirer les gens par des émotions produira une réponse temporaire qui ne durera pas. Nous devons communiquer aux esprits et à l'intelligence des gens ces trois faits glorieux. Jésus est mort pour nos péchés, il a été enseveli et il est ressuscité le troisième jour.

Regardons un instant 1 Corinthiens 15 qui est le chapitre de la résurrection glorieuse. Paul dit dans les quatre premiers versets:

"Je vous rappelle, frères, l'Evangile que je vous ai annoncé, que vous avez reçu, dans lequel vous avez persévéré, et par lequel vous êtes sauvés, si vous le retenez tel que je vous l'ai annoncé, autrement vous auriez cru en vain. Je vous ai enseigné avant tout, comme je l'avais aussi reçu, que Christ est mort pour nos péchés, selon les Ecritures…"

Qu'est-ce que l'Evangile? Dites ensemble; "Christ est mort pour nos péchés. Il a été enseveli. Il est ressuscité le troisième jour." Redisons-le: "Christ est mort pour nos péchés. Il a été enseveli. Il est ressuscité le troisième jour."

A partir de maintenant, ne vous laissez plus distraire de ces trois faits centraux.

Chapitre 2

Romains 1:16-2:16

Dans la partie précédente, nous avons étudié les quinze premiers versets de Romains 1. Dans ces versets, Paul se présentait personnellement et présentait les chrétiens de Rome et l'Evangile. Pour compléter l'introduction de l'Evangile, nous allons voir maintenant les versets 16 et 17. Des versets très connus et puissants. Paul dit:

"Car je n'ai pas honte de l'Evangile de Christ; c'est une puissance de Dieu pour le salut de quiconque croit, du Juif premièrement puis du Grec, parce qu'en lui est révélée la justice de Dieu par la foi et pour la foi selon qu'il est écrit: Le juste vivra par la foi".

Paul résume l'Evangile et il donne une bonne raison pour laquelle il n'en aura jamais honte. Parce que c'est la puissance de Dieu. Si nous avons déjà eu honte de l'Evangile, c'est parce que nous avons perdu de vue le fait que c'est la puissance de Dieu. Personne aujourd'hui n'a honte d'une puissance, surtout si c'est celle de Dieu. C'est la puissance de Dieu, non pas pour la destruction mais pour le salut, pour la délivrance totale de la personnalité humaine: esprit, âme et corps. Pour ceux qui croient. Le mot clé est "croire".

Puis Paul dit que c'est pour le Juif en premier lieu, mais aussi pour le Grec ou le païen. Historiquement, l'Evangile a d'abord été présenté aux Juifs puis au monde païen.

Puis Paul résume tout cela au verset 17:

"... parce qu'en lui est révélée la justice de Dieu par la foi et pour la foi, selon qu'il est écrit; le juste vivra par la foi."

Dans ces deux versets, nous avons soit le verbe "croire" soit le mot "foi" trois fois. Et souvenez-vous qu'en grec les deux sont étroitement liés. La foi, c'est *pistis*; croire c'est *pistueo*. Ainsi, tandis que nous avons deux mots différents en français, le verbe et le nom en grec sont les mêmes. En substance, il s'agit de 'croire'. C'est la puissance de Dieu pour ceux qui *croient.* Et cela nous révèle la justice de Dieu. Si vous vous souvenez, je vous ai dit que le mot clé de l'épître aux Romains était la justice. Ici, Paul souligne qu'à travers l'Evangile Dieu a révélé une voie par laquelle l'homme peut devenir juste aux yeux de Dieu et il cite à nouveau l'Ancien Testament, dans le livre du prophète Habakuk chapitre 2 verset: 4, pour prouver que ce qu'il dit ne vient pas de lui mais que c'est quelque chose qui a été déterminé et annoncé par les prophètes de nombreuses années auparavant.

Ainsi, la principale bénédiction de l'Evangile est de nous apporter la justice, une justice que Dieu agrée. Nous verrons en allant plus loin que c'est la seule base de justice qui nous permet de recevoir toute autre bénédiction de Dieu.

Dans Romains 5, nous verrons que Paul parle du *don de la justice*. Puis, au chapitre 6, il parle du *don de la vie éternelle*. On ne peut pas en inverser l'ordre. Un Dieu juste ne peut pas déverser ses bénédictions sur des hommes et des femmes injustes. Le premier problème à résoudre était celui de la justice.

Vous souvenez-vous de la question de Job que je vous ai posée? "Comment un homme mortel serait-il juste devant Dieu?" La réponse est: "en croyant à l'Evangile".

Mais, quand nous utilisons le mot 'foi', nous devons faire attention à un malentendu qui s'est infiltré dans l'Eglise au cours des siècles. En hébreu et en grec, le mot utilisé pour 'foi' décrivait au départ le caractère puis la croyance. Ainsi, réduire l'Evangile à une simple proposition théologique, c'est lui voler une part de vérité. Ce mot signifie initialement 'fidélité ou engagement.' L'Evangile est donc la puissance de Dieu uniquement pour ceux qui, à partir d'un engagement avec Dieu, croient ce qu'il déclare. Si vous enlevez l'engagement il vous reste une espèce de foi théologique et desséchée qui ne produit pas les résultats promis par Dieu. Vous ne pouvez être un croyant dans le sens biblique du terme sans vous être engagé envers Dieu par Jésus-Christ. L'engagement, c'est la base même.

Paul poursuit la deuxième moitié du chapitre avec le revers de la médaille. Il a parlé de la révélation de la justice de Dieu, il parle maintenant de la révélation de la colère de Dieu. Toutes deux sont contenues dans l'Evangile parce que quand nous voyons ce qui est arrivé à Jésus sur la croix, nous devons nous souvenir que ce qu'il a enduré, c'est la colère de Dieu. Pourquoi? Parce qu'il est devenu une offrande pour le péché. Il a pris notre péché. Il a pris le jugement de notre péché. Il a payé le prix. Lorsqu'il est devenu péché, la colère de Dieu s'est déversée sur lui à la croix. Il fallait que ça se passe comme ça. Si vous pensez que l'Evangile est un message mièvre et sentimental, une histoire de Père Noël, il faut que vous considériez l'autre aspect des choses. La colère de Dieu contre tout péché y est aussi révélée. J'ai souvent dit à des gens: "S'il était possible de parler en bien du péché à Dieu, Jésus l'aurait fait". Mais quand il est devenu péché, Dieu l'a désavoué. Dieu l'a abandonné et la colère divine a été déversée sur lui. Alors n'imaginez pas, chers frères et sœurs que Dieu excusera votre péché. Il va vous conduire à le confronter, il le pardonnera mais jamais il ne le tolérera.

Voyons maintenant la description de la colère de Dieu contre toute l'humanité. C'est une partie très importante de ce chapitre, parce que beaucoup de gens se demandent comment Dieu pourrait punir des gens inoffensifs et innocents. Mais ce n'est pas le problème de Dieu parce qu'ils ne sont ni innocents ni inoffensifs. Le problème par contre est donc de savoir comment il peut pardonner les méchants et les pécheurs. C'est ce qui est résolu dans Romains. Dans les versets qui suivent, Dieu énonce très clairement le péché ainsi que la responsabilité de **toute** la race humaine. Nous lisons maintenant le verset 18:

"La colère de Dieu se révèle du ciel contre toute impiété et toute injustice des hommes qui retiennent injustement la vérité captive."

Le problème, c'est que Dieu a donné la vérité à toute l'humanité mais que celle-ci a choisi de la supprimer parce qu'elle a préféré ne pas y être confrontée. Verset 19:

"… car ce qu'on peut connaître de Dieu, est manifeste pour eux, Dieu le leur ayant fait connaître. En effet, les perfections invisibles de Dieu, sa puissance éternelle et sa divinité, se voient comme à l'œil depuis la création du monde, quand on les considère dans ses ouvrages. Ils sont donc inexcusables".

Remarquez que Paul dit, qu'à travers la création, Dieu a révélé la vérité sur lui-même à tous les hommes, en tous lieux. Deux aspects particuliers de la vérité: la puissance éternelle de Dieu et sa nature divine.

Je dirais que l'expression "sa nature divine" signifie qu'il se révèle être totalement différent de l'homme, plus grand que l'homme, un être tout-puissant.

Comment cette révélation apparaît-elle? C'est une question essentielle et cruciale. Je pense que je l'apprécie davantage que les autres à cause de mes connaissances en philosophie. C'est l'un des raisonnements les plus subtils de Paul dont il était coutumier. Il dit: "… car ce qu'on peut connaître de Dieu est manifeste pour eux, Dieu le leur ayant fait connaître". C'est une association de deux choses: ce qui est extérieur et ce qui est intérieur et c'est la combinaison de ces deux choses qui constitue la révélation. Premièrement, il y a l'ordre de l'univers et en particulier, les corps célestes avec leur beauté, leur ordre, leur système. Puis (et c'est ce qui est caractéristique de l'homme par rapport à toutes les créatures de la terre) il y a à l'intérieur de l'homme, ce que j'appelle "'une faculté logique et mathématique" qui permet d'apprécier la logique et la mathématique de la création. Je ne crois pas que les vaches aient cette faculté, ni les lions, ni les serpents... Je crois qu'il y a une seule créature sur toute la terre qui ait aujourd'hui cette faculté - c'est l'homme. Ainsi l'homme est responsable de ce que Dieu lui a révélé de la nature divine parce qu'il est équipé de quelque chose qui lui permet de l'apprécier.

Les astronomes peuvent calculer où se trouvait une grande étoile il y a 3000 ans! Aucun autre animal de la terre ne peut faire cela. Nous avons la capacité de voir que tout a été créé par une personne qui a une faculté similaire à la nôtre mais bien plus importante.

Comme je vous l'ai dit, j'étais philosophe. J'ai étudié avec un homme dont le nom ne vous dira probablement rien, mais il est en général appelé "le père de la philosophie linguistique", spécialité qui était à la mode au siècle dernier. Son nom est Ludwig Wittgenstein et il disait: "Nous ne sommes pas capables de dire à quoi ressemblerait un univers illogique". C'est exactement ce que Paul dit. Il explique que le fait que nous pouvons décrire l'univers, que nous pouvons utiliser des termes qui impliquent une continuité, un système et une conception, signifie que c'est dans ce genre d'univers que nous vivons.

Les gens qui ne croient pas en Dieu parlent en général des lois de la nature. Mais c'est en fait contradictoire dans les termes. Parce que dans notre expérience humaine nous ne connaissons aucune loi qui n'ait été faite par un juriste. Pour chaque loi, il y a un juriste à l'origine. Le principe d'une bonne explication est de partir de ce qui est connu pour aller vers l'inconnu.

Mais quand nous parlons d'une loi qui n'a été faite par personne, nous partons de ce qui est inconnu. La méthode explicative n'est pas valable. Ainsi, vous voyez, Paul dit qu'il y a deux éléments qui permettent une révélation suffisante de Dieu: *l'ordre, la conception, l'harmonie de l'univers* d'abord - mais ce n'est pas suffisant, cela ne constituerait pas une révélation pour une vache! C'en est pourtant une pour quelqu'un qui a en lui le même genre de *faculté logique et mathématique* qui peut le relier à cela. Ainsi l'homme a une responsabilité unique. D'après ce que je comprends, lui seul aujourd'hui, parmi toutes les créatures sur la terre, est capable d'apprécier la nature de Dieu à partir de la création.

Paul insiste beaucoup sur ce sujet. Nous savons aujourd'hui que des millions de personnes nient ces faits. Paul les traite carrément de fous. Je pense qu'il a tout résumé en un mot. Nous entendons beaucoup parler de l'évolution, mais je veux vous dire qu'il se passe le contraire et c'est la régression. Beaucoup de choses n'évoluent pas, elles dégénèrent. Nous verrons plusieurs exemples dans cette étude. Il est illogique de parler de l'évolution comme si c'était la seule possibilité. Le fait est que nous voyons plus une dégénération qu'une évolution dans notre monde contemporain et en particulier pour la race humaine.

Voyons maintenant le verset 21:

"Ils sont donc inexcusables, puisque, ayant connu Dieu, ils ne l'ont point glorifié comme Dieu, et ne lui ont point rendu grâces; mais ils se sont égarés dans leurs pensées, et leur cœur sans intelligence a été plongé dans les ténèbres".

Il est très important de remarquer les deux premiers pas entraînant la régression de l'humanité. Ce ne sont pas des choses qu'ils ont faites, mais des choses qu'ils n'ont **pas** faites (souvenez-vous, vous pouvez être tout aussi coupable pour des choses que vous faites que pour celles que vous ne faites pas!). Quelle est la première chose qu'ils n'ont pas faite? Ils n'ont pas glorifié Dieu, ils ne lui ont pas rendu grâces. Permettez-moi de vous dire, chers frères et sœurs et ceci à partir de l'observation de toutes sortes de chrétiens et aussi de mon expérience personnelle, que le jour où vous cessez de glorifier Dieu et de lui rendre grâce, vous êtes déjà sur une pente bien glissante. Si vous en êtes là actuellement, c'est le moment de vous repentir... parce que Paul décrit cette pente qui descend comme descendant toujours et toujours plus bas, pour aboutir dans une horrible fosse gluante...

Continuons: Versets 22 et 23. Quels ont été les premiers résultats?

"Se vantant d'êtres sages, ils sont devenus fous..".

Le mot traduit par "vanter" est un mot qui signifie "continuer à dire la même chose, encore et encore". Ils ont continué à dire combien ils étaient sages, mais à la fin ils sont devenus de plus en plus fous.
Le deuxième résultat:

"… et ils ont changé la gloire du Dieu incorruptible en images représentant l'homme corruptible, des oiseaux, des quadrupèdes, et des reptiles".

Le premier grand péché est la transgression du premier commandement: "Vous n'aurez pas d'autre dieu devant ma face". J'ai vu ces dernières années, en voyageant dans différentes parties du monde où l'idolâtrie est visible et propagée, combien ce péché est horrible. Il n'y a pas de mot pour décrire la laideur de l'idolâtrie. Pouvez-vous imaginer l'insulte qui est faite au grand Dieu éternel quand on le dépeint sous la forme (remarquez bien que c'est une régression) d'hommes, de créatures ailées, de quadrupèdes, et finalement de reptiles. Vous voyez, ça va toujours vers le bas, jamais vers le haut. Une fois que vous avez franchi ces deux étapes de la régression, vous continuerez à vous enfoncer à moins que vous ne vous repentiez.
Continuons pour voir le jugement de Dieu sur la race humaine en conséquence de ces choses. Trois fois dans ce passage, Paul utilise l'expression: "*Dieu les a abandonnés*". Quelle phrase terrible! Moi je prie: «Dieu ne m'abandonne jamais! Peut-être que je n'apprécie pas la façon dont tu me traites, oh Dieu! Peut-être que je me plains mais s'il te plaît, ne m'abandonne jamais!"
Il y a une phrase dans le livre d'Osée à propos de la tribu d'Ephraïm. Il est dit "Ephraïm s'est attaché à des idoles. *Abandonne-le*". C'est la pire chose que Dieu puisse dire: "Abandonne-le". Et remarquez que c'était encore une fois à cause de l'idolâtrie.
La première chose à laquelle Dieu les a abandonnés c'est à la débauche et à la profanation (ou souillure). Versets 24 et 25:

"C'est pourquoi Dieu les a livrés à l'impureté selon les convoitises de leurs cœurs; en sorte qu'ils déshonorent eux-mêmes leurs propres corps; eux qui ont changé la vérité de Dieu en mensonge, et qui ont adoré et servi la créature au lieu du créateur, qui est béni éternellement. Amen!"

Voici un autre exemple montrant que Paul parle comme un hébreu. Parce que chaque fois qu'un Juif orthodoxe nomme la parole de Dieu, il conclut toujours avec l'expression "barach hu" = qu'il soit béni! Et vous voyez, Paul ne pouvait écrire le Créateur sans dire "qui est béni éternellement. Amen".

Vous voyez, ils ont échangé leur ressemblance avec Dieu pour quelque chose de vil et de dégradant. Dieu leur a donné une forme à sa ressemblance mais parce qu'ils ont dévié leur ressemblance et qu'ils l'ont profanée, Dieu leur a dit: "OK, Je vais vous laisser profaner vos corps par la débauche et l'impureté". Mais c'est seulement le premier abandon. Le deuxième *"abandonne-les"* est au verset 26:

"C'est pourquoi Dieu les a livrés à des passions infâmes; car leurs femmes ont changé l'usage naturel en celui qui est contre nature; et de même les hommes, abandonnant l'usage naturel de la femme, se sont enflammés dans leurs désirs les uns pour les autres, commettant homme avec homme des choses infâmes et recevant en eux-mêmes le salaire que méritait leur égarement".

Qu'est-ce que Paul est en train de décrire, en un mot?.... L'homosexualité. C'est l'étape suivante vers le bas. Il est intéressant que ces premiers jugements affectent leurs **corps**. Nous allons voir maintenant le premier jugement affectant leur **esprit**.

Il est intéressant que Paul dise que ce sont les femmes qui ont ouvert la voie à l'homosexualité. En ce qui concerne la Grèce, c'est historiquement correct. Sur l'île de Lesbos, vers le 9ème ou 8ème siècle (A.V.J.C), il y avait une poétesse grecque qui s'appelait Sapho, qui était ce qu'on appelle une lesbienne - c'est de là que vient le mot - et qui écrivait des poèmes à la gloire de ce genre de relations. En un sens, c'est une très belle poésie, mais tellement corrompue! Et c'est assez frappant que des formes d'art aussi excellentes soient parfois utilisées pour glorifier les choses les plus abjectes! Et il semble que les hommes aient suivi le modèle des femmes; je vois que c'est quelque chose d'assez courant: les hommes, vous savez, d'une certaine façon, sont plutôt mous. Si les femmes décident de mener dans de nombreux domaines, les hommes les laisseront faire. Mais les résultats ne seront jamais ceux que Dieu voulait. Il est dit qu'ils ont reçu en eux ou "dans leur propre personne la punition de leur erreur". Quel terme actuel pourrait résumer cela? Oui, le mot SIDA en est un. Mais je ne crois pas que le SIDA soit la seule conséquence de cela. C'est probablement la plus drastique. Paul dit dans 1 Corinthiens 6:18 que toute personne qui pratique l'immoralité pèche contre son propre corps et j'arrive à la conclusion que nous devons prendre cela en compte. Vous ne pouvez pas pratiquer l'immoralité sans causer du tort à votre corps. Je suis arrivé à cette conclusion en exerçant mon ministère auprès des malades - si nous ne considérons pas cela comme une cause courante de maladie, nous ne traiterons probablement pas la racine du problème des gens qui viennent à nous. Vous me comprenez, je ne dis pas qu'ils ne peuvent pas être pardonnés; mais je dis qu'il faut affronter cette éventualité, la reconnaître ainsi que les résultats qu'elle produit.

C'est donc le second *"abandonne-les"*. Maintenant nous allons voir le troisième qui se trouve dans les versets 28 à 32. Ce sont des versets terribles. Je ne les ai jamais lus sans ressentir une certaine angoisse et pourtant je suis obligé de reconnaître leur absolue véracité. L'Eternel dit les choses comme elles sont. Allons au verset 28:

"Comme ils ne se sont pas souciés de connaître Dieu, Dieu les a livrés ..."

Arrêtons-nous ici un moment: Ils n'ont pas voulu connaître Dieu. Pourquoi? Je crois que c'est le diagnostic qui est aujourd'hui universel. Pourquoi n'ont-ils pas voulu connaître Dieu? Parce qu'ils savaient que s'ils le faisaient, ils auraient des comptes à lui rendre de leur conduite. Et je crois que ce que je vois dans l'humanisme au sens large, l'idée farouchement rejetée, c'est celle d'être soumis à Dieu et d'avoir à lui rendre des comptes à propos de notre conduite.

Vous savez, en tant que philosophe, j'ai dû étudier les théories scientifiques courantes - non pas en tant que scientifique mais pour leurs implications générales. Je dois dire que, grâce à Dieu, sans être religieux et sans croire en la Bible, je n'ai pourtant jamais cru à la théorie de l'évolution. Pour moi, c'est la théorie la plus terriblement improbable que quelqu'un puisse concevoir! Pourquoi les gens y croient-ils? Ils vous le disent carrément, parce que la seule autre alternative est celle de la création. Pourquoi n'en veulent-ils pas? Ils ne veulent pas avoir à rendre compte à Dieu. C'est la véritable motivation de base.

Continuons. Comme ils n'ont pas voulu reconnaître Dieu:

"Dieu les a livrés à leurs sens réprouvés..."

Qu'y a-t-il de plus terrible que les sens réprouvés? Dans les deux cas précédents, Dieu les a livrés à des problèmes physiques, des péchés physiques; mais maintenant toute leur intelligence est pervertie. Ils deviennent:

"… remplis de toute espèce d'injustice."

En fait, cette liste contient 21 choses. Nous n'aurons pas le temps de tout analyser en détail, mais je vous suggère de les lire et de dire: "C'est ainsi que finissent ceux qui refusent de reconnaître Dieu, de le glorifier et de lui rendre grâces".

"... remplis de toute espèce d'injustice, d'impureté, de méchanceté, de cupidité, de malice; pleins d'envie, de meurtre, de querelle, de ruse, de malignité, rapporteurs, médisants, impies..."

Frères et sœurs, remarquez où apparaît le mot 'médisants' C'est important. Parce que pour moi la médisance est le péché le plus généralement commis dans l'Eglise. Et c'est juste à côté des meurtriers et des impies.

"... arrogants, hautains, fanfarons, ingénieux au mal, rebelles à leurs parents (remarquez d'où cela vient) dépourvus d'intelligence, de loyauté, d'affection naturelle, implacables...".

Le mot traduit par "loyauté" désigne des personnes avec lesquelles vous ne pouvez pas faire alliance. C'est peut-être le trait le plus visible de notre époque, les gens ne veulent plus faire d'alliance. Les nations brisent les traités, les gouvernements ne tiennent pas leurs promesses, les hommes et les femmes brisent leurs vœux de mariage. Le plus grand problème de notre société est que les hommes et les femmes ne veulent plus faire d'alliance. Et finalement:

"Et bien qu'ils connaissent le jugement de Dieu, déclarant dignes de mort ceux qui commettent de telles choses, non seulement ils les font mais ils approuvent ceux qui les font".

Il est étonnant de voir comment parfois les gens qui pratiquent ces choses se soutiennent et s'encouragent entre eux. Je pense qu'ils se sentiraient seuls s'il leur fallait maintenir leur position par eux-mêmes. Ainsi, quand ils trouvent quelqu'un d'aussi mauvais qu'eux, ils s'empressent de l'applaudir.

J'aimerais souligner, même si nous n'avons pas le temps de le lire, que dans 2 Timothée 3:1-5 vous trouverez un parallèle historique: Paul y dit que dans les derniers temps "les hommes seront" et il décrit à peu près toutes ces choses. Romains est la logique et 2 Timothée est la mise en œuvre historique (nous devons le garder en mémoire). Cela est en train de s'accomplir.

Laissez-moi terminer par cette phrase que j'ai ici; la corruption est irréversible. C'est d'une importance capitale. Le résultat du péché de l'homme est la corruption dans toutes les parties de son être. La corruption ne peut s'inverser dans aucun domaine de la vie. Alors le programme de Dieu est de faire une nouvelle création, de recommencer. Mais ceux qui ne veulent pas entrer dans cette nouvelle création doivent endurer les progrès inévitables de la corruption dans leurs vies.

Nous allons maintenant entrer dans le chapitre 2 et considérer l'étape suivante de ce pèlerinage. Le chapitre 2 parle des gens qui ont été coupables de toutes les choses dont la race humaine est coupable mais qui néanmoins, parce qu'ils ont acquis une certaine connaissance religieuse, pensent qu'ils sont meilleurs et qu'ils appartiennent à une catégorie différente (du fait qu'ils savent ce qui est bien et ce qui est mal). En-tout-cas, Paul souligne simplement que loin de les rendre meilleurs, cela augmente leur responsabilité. Ils sont d'autant plus responsables qu'ils en savent plus.

Maintenant nous devons nous souvenir que Paul a écrit tout cela il y a dix-neuf siècles ou plus. Et il adresse donc ses remarques en premier lieu au peuple juif, parce qu'à cette époque, le peuple juif avait l'avantage sur les autres nations - car ils avaient comme le dit Paul les oracles de la parole de Dieu; ils connaissaient les exigences de Dieu concernant le bien et le mal, ce que les autres nations ne connaissaient pas. Mais Paul dit que loin de les rendre meilleurs, cela les rendait simplement plus responsables pour le mal qu'ils commettaient.

Je pense qu'il est important de comprendre qu'après dix-neuf siècles, les choses se sont inversées, en un certain sens. Ce ne sont plus les Juifs qui ont la connaissance, ce sont les chrétiens. Beaucoup d'entre eux, grâce à leur contexte national ou racial, ont derrière eux des siècles de tradition chrétienne et de connaissance de Dieu ainsi qu'une familiarité avec la Bible. Par rapport à la responsabilité pour ce que nous savons, nous sommes donc maintenant à la place des Juifs dix-neuf siècles en arrière. Cela n'exonère pas les Juifs, mais cela place sur nous la responsabilité qui était sur les Juifs à cette époque. Ainsi, à travers ce que Paul dit en parlant à son propre peuple: "Vous, Juifs..". Je ne vais pas changer les mots mais aujourd'hui ce pourrait être: "Vous chrétiens..". Vous voyez, je pense qu'il est très clair par l'état de l'Eglise aujourd'hui que des multitudes de chrétiens sont contents d'en savoir plus que les autres mais qu'ils ne sont pas capables de l'appliquer (de le mettre en pratique). C'était précisément le problème des Juifs du temps de Paul. Je ne veux pas aller dans des détails des scandales dans l'Eglise parce que tôt ou tard ils seront dépassés et il y en aura de nouveaux... mais soyons honnêtes, nous sommes dans la même position que les Juifs du premier siècle. Nous sommes les plus responsables et nous allons voir cela en avançant.

Je vais lire les seize premiers versets du deuxième chapitre de Romains, en commençant par le verset 1:

"O homme, qui que tu sois, toi qui juges, tu es donc inexcusable;" (en anglais, la phrase débute par 'donc' n.d.t.)

Chaque fois que Paul dit 'donc', il faut que vous soyez attentif et que vous vous demandiez pourquoi il utilise ce mot. Ce donc est là à cause du chapitre un qui conclut que toute l'humanité est coupable. Nous traitons maintenant des gens qui jugent les autres parce qu'ils en savent plus mais ils sont dans la même catégorie. C'est pour cela qu'il emploie 'donc'.

"O homme qui que tu sois, toi qui juges, tu es donc inexcusable; car, en jugeant les autres, tu te condamnes toi-même, puisque toi qui juges, tu fais les mêmes choses. Nous savons en effet, que le jugement de Dieu contre ceux qui commettent de telles choses est selon la vérité. Et penses-tu, ô homme, qui juges ceux qui commettent de telles choses, et qui les fais, que tu échapperas au jugement de Dieu? Ou méprises-tu les richesses de sa bonté, de sa patience et de sa longanimité, ne reconnaissant pas que la bonté de Dieu te pousse à la repentance? Mais, par ton endurcissement et par ton cœur impénitent, tu t'amasses un trésor de colère pour le jour de la colère et de la manifestation du juste jugement de Dieu..".

Laissez-moi faire une pause pour vous dire que c'est une chose effroyable, n'est-ce pas? Amasser la colère de Dieu sur soi.

"... qui rendra à chacun selon ses œuvres; réservant la vie éternelle à ceux qui, par la persévérance à bien faire, cherchent l'honneur, la gloire, et l'immortalité; mais l'irritation et la colère à ceux qui, par esprit de dispute, sont rebelles à la vérité et obéissent à l'injustice. Tribulations et angoisse sur toute âme d'homme qui fait le mal, sur le Juif premièrement, puis sur le Grec! Gloire, honneur et paix pour quiconque fait le bien, pour le Juif premièrement, puis pour le Grec! Car devant Dieu, il n'y a point d'acception de personnes. Tous ceux qui ont péché sans la loi périront aussi sans la loi, et toux ceux qui ont péché avec la loi seront jugés par la loi. Ce ne sont pas, en effet, ceux qui écoutent la loi qui sont justes devant Dieu, mais ce sont ceux qui la mettent en pratique qui seront justifiés. Quand les païens, qui n'ont pas la loi, font naturellement ce que prescrit la loi, ils sont, eux qui n'ont pas la loi, une loi pour eux-mêmes; ils montrent que l'œuvre de la loi est écrite dans leurs cœurs, leur conscience en rendant témoignage et leurs pensées s'accusant ou se défendant tour à tour.

Selon son habitude, Paul est très passionné et il faut beaucoup attention pour trouver précisément ce qu'il veut dire. Laissez-moi tout d'abord vous faire remarquer quelque chose de très important. Paul nous donne ici cinq principes du jugement de Dieu et nous allons d'abord les voir puis nous regarderons certaines autres choses que Paul dit dans ce passage.

Le premier principe du jugement de Dieu se trouve au verset 2 mais je vais le lire dans une version différente, je pense qu'elle est plus proche de l'originale.

Le texte dit "le jugement de Dieu est selon la vérité sur ceux qui pratiquent de telles choses." Ainsi, le premier principe est que le jugement de Dieu est *selon la vérité*. Et je crois qu'en premier lieu cela signifie que c'est selon la vérité de la parole de Dieu. C'est très important.

Dans Jean 17:17 Jésus parle au Père et il dit: "Ta parole est la vérité." C'est extrêmement important. "Ta Parole (la parole de Dieu) est la vérité." Je pense qu'il serait bon de répéter ces paroles une fois ensemble. "Ta parole est la vérité". Encore une fois: "Ta parole est la vérité."

Ainsi quand Paul dit que nous serons jugés selon la vérité, ce qu'il dit c'est que nous serons jugés selon la parole de Dieu. Et Jésus lui-même le dit. Dans Jean 12:47-48, Jean avertit (le peuple d'alors) qu'un jour ils devront faire face au jugement selon les paroles qui leur auront été dites. Jean 12:47-48, Jésus parle:

"Si quelqu'un entend mes paroles, et ne les garde pas, ce n'est pas moi qui le juge; car je suis venu non pour juger le monde, mais pour sauver le monde. Celui qui me rejette et ne reçoit pas mes paroles a son juge; la parole que j'ai annoncée, c'est elle qui le jugera au dernier jour."

Ainsi, nous devons nous souvenir en lisant les Ecritures que nous avons déjà rencontré notre juge. Et c'est pour cela que Paul dit dans 1 Corinthiens 11 qu'il faut nous juger nous-mêmes si nous ne voulons pas que Dieu nous juge. Si nous lisons la parole de Dieu, que nous l'appliquons dans nos vies, que nous nous repentons et que nous mettons nos vies en règle avec cette Parole, nous nous sommes jugés nous-mêmes. Car c'est là la norme du jugement divin. Si nous faisons cela, Dieu ne nous jugera pas. Chacun d'entre nous a réellement deux options. Nous pouvons nous juger nous-mêmes selon la parole de Dieu et mettre en règle nos vies par rapport à elle, ou nous pouvons refuser de le faire, alors Dieu devra nous juger selon sa Parole. Mais l'une des grandes grâces de Dieu est de nous avoir donné à travers la Bible, son modèle de jugement, afin que nous puissions nous l'appliquer nous-mêmes. Et comme Paul l'indique dans ce chapitre, la personne qui doit appliquer le modèle n'est pas votre frère, ni votre voisin, mais vous!

Le deuxième principe du jugement de Dieu est énoncé au verset 6 dans lequel Paul dit que "Dieu rendra à chacun selon ses œuvres". Tout au long de la Bible, il est souligné que le jugement de Dieu sera basé sur nos œuvres, sur ce que nous avons fait. Nous ne serons pas jugés sur les proclamations que nous aurons faites, ni même sur les prières que nous aurons dites mais nous serons jugés sur ce que nous avons réellement fait.

Si nous regardons dans 1 Pierre 1, l'auteur souligne cela dans un langage très clair. 1 Pierre 1:17:

"Et si vous invoquez comme Père celui qui juge selon l'œuvre de chacun..."

Ces paroles sont adressées à des chrétiens, comme vous le voyez. Si nous appelons Dieu notre Père, ce que nous avons le droit de faire en tant que chrétien, nous devons nous souvenir qu'il juge impartialement selon les œuvres de chacun. Ainsi, il est dit, et c'est une affirmation remarquable que la plupart des chrétiens ne sont pas prêts à recevoir, il est dit:

"… conduisez-vous avec crainte pendant le temps de votre pèlerinage "

Je n'ai pas souvent entendu souligner cela,... mais nous devons vivre dans la crainte de Dieu sachant qu'un jour nous aurons à rendre compte à Dieu de la vie que nous avons menée. Et entendons-nous bien, Pierre parle à des chrétiens et il continue au verset suivant (verset 18)

"… sachant que ce n'est pas par des choses périssables, par de l'argent ou de l'or, que vous avez été rachetés de la vaine manière de vivre ... mais par le sang précieux de Christ comme d'un agneau sans défaut et sans tache..."

Vous voyez, l'une des raisons pour lesquelles nous devons prendre tant de soin de notre marche avec Dieu c'est à cause du prix qu'il a payé pour nous racheter; le sang de son propre fils. Le sang de la vie de Jésus. C'est la valeur que Dieu a mise sur nous. Plus vous estimez quelque chose, plus vous en prenez soin. Ainsi, Dieu pose un regard scrutateur sur la vie de ses enfants, à cause du prix qu'il a payé pour nous racheter.

Si vous allez dans un magasin bon marché pour acheter un bijou fantaisie, vous ne vous faites pas trop de souci si vous le perdez. Mais si votre mari (supposons que vous avez un mari et qu'il est généreux) vous a acheté une belle bague (ou quoi que ce soit d'autre) plutôt chère, vous allez alors y faire très attention, n'est-ce pas? Non seulement à cause de sa valeur, mais à cause de celui qui vous l'a offerte. Ainsi Pierre dit que nous devons faire très attention à la vie que nous menons à cause de l'important investissement que Dieu a fait pour chacun d'entre nous.

Et il souligne que Dieu va nous juger sur ce que nous avons fait. Souvenez-vous-en. Vous ne serez pas jugés par rapport à votre dénomination mais par rapport à votre vie. Vous ne pourrez pas vous présenter devant Dieu et dire: "Bien, je suis méthodiste ou baptiste." Dieu vous dira: "Ce n'est pas la question. La question est de savoir comment vous avez vécu."

Revenons au chapitre 2 des Romains. Le troisième principe de jugement est énoncé au verset 11: "car devant Dieu il n'y a point d'acception de personnes." La Bible NEG dit ici: "Car devant Dieu il n'y a point de favoritisme". Dieu est impartial. Le mot "personne" en grec est le mot "face". Mais cela signifie l'apparence extérieure de la personne. Je ne sais pas si vous avez déjà lu des pièces anciennes (on ne fait probablement plus cela aujourd'hui) mais au commencement vous avez une liste des personnages du drame. On présente les différents personnages. C'est la signification du mot. C'est ce que vous êtes sur la scène. Le rôle que vous jouez. Et Paul dit que Dieu ne s'intéresse pas au rôle que vous jouez. Il s'intéresse à ce que vous êtes vraiment. Personne ne sera jugé sur le rôle qu'il a joué (la position qu'il a occupée) pendant sa vie. Le général sera jugé de la même manière que le simple soldat. Le prédicateur sera jugé de la même manière que le nouveau converti. L'homme riche sera jugé tout comme le mendiant de la rue. Dieu ne regarde pas à l'apparence extérieure et ne juge pas sur cette base.

Dans l'épître de Jacques, l'auteur reprend les chrétiens de cette époque en disant: "Vous faites une différence entre l'homme riche qui arrive avec de beaux habits et l'homme pauvre qui n'a personne pour le recommander. Vous regardez ce qui frappe les yeux." Pierre, Jacques, et Paul disent "Dieu regarde à ce qui est à l'intérieur".

Enfin le principe de jugement suivant qui est très important pour nous aujourd'hui est implicite (même s'il n'est pas énoncé) au verset 12: "Tous ceux qui ont péché sans la loi périront aussi sans la loi, et tous ceux qui ont péché avec la loi seront jugés par la loi." J'interprète cela de la façon suivante: nous serons jugés selon la lumière que nous avons. Si nous avons eu la pleine lumière de la loi, nous serons jugés en fonction de cela. Mais si nous n'avons pas eu cette lumière, nous serons jugés par rapport à la lumière que nous avons effectivement eue. Encore une fois je dois appliquer cela à vous et à moi aujourd'hui, aux pays dans lesquels nous vivons. J'aimerais vous demander s'il y a déjà eu une génération de chrétiens dans l'histoire de l'Eglise qui ait eu une plus grande lumière à sa disposition que celle de la génération dans laquelle nous vivons. Nous avons autant de Bibles que nous voulons, des commentaires, des livres d'enseignement. Nous allons à des réunions et à des meetings. Nous allumons la radio et nous entendons un prédicateur. C'est merveilleux.

Remerciez Dieu pour cela. Remerciez Dieu pour la liberté qui rend tout cela possible. Mais souvenez-vous que cela amène aussi une très grande responsabilité. Nous allons devoir répondre devant Dieu de la mesure de lumière dont nous avons disposé à notre époque et dans notre génération. Franchement, je tremble réellement quand je pense à ce qui m'attend personnellement.

Enfin, le cinquième principe se trouve au verset 16:

"... au jour où selon mon Evangile, Dieu jugera par Jésus-Christ les actions secrètes des hommes."

Quand je dis que Dieu va juger nos œuvres, je ne veux pas simplement dire nos œuvres visibles mais il va aussi juger les motivations et les intentions qui se cachent derrière nos œuvres. Vous voyez, deux personnes peuvent faire quelque chose qui semble à première vue identique mais leurs motivations peuvent être tout à fait différentes. Deux personnes peuvent faire une contribution généreuse à une œuvre chrétienne: l'une le fait d'un cœur sincère et plein d'amour pour le Seigneur, son peuple et son œuvre; l'autre peut le faire pour impressionner ses frères et sœurs de l'église. L'attitude extérieure est la même, le montant du don est le même mais les motivations sont totalement différentes, et Dieu regarde aux motivations.

J'aimerais examiner un passage dans 1 Corinthiens 4:5.

"C'est pourquoi ne jugez rien avant le temps, jusqu'à ce que vienne le Seigneur, qui mettra en lumière ce qui est caché dans les ténèbres, et qui manifestera les desseins des cœurs. Alors chacun recevra de Dieu la louange qui lui sera due."

Nous sommes souvent avertis de ne pas nous juger les uns les autres. Et la raison invoquée ici c'est que nous n'avons pas tous les faits. Car nous ne voyons que les actes extérieurs, mais Dieu regarde aux pensées intérieures et aux motivations du cœur, et il prend tout cela en compte quand il juge.

Revenons maintenant à Romains 2 un instant. Je voudrais traiter un autre sujet plutôt difficile. Revenons au chapitre 2, verset 6. Dieu dit: "qu'il rendra à chacun selon ses œuvres" et il parle ensuite de deux genres de personnes différentes: celles que Dieu accepte, et celles qu'il rejette. Elles sont décrites dans les versets suivants. Il dit au verset 7:

"... ceux qui par la persévérance à bien faire, cherchent l'honneur, la gloire, (Dieu donnera) l'immortalité; mais l'irritation et la colère à ceux qui, par esprit de dispute (NBS donne 'par ambition personnelle', autrement dit, 'qui sont centrés sur eux-mêmes'. Je pense que l'essence du problème est ici. J'ai remarqué une chose en côtoyant les gens: l'une des caractéristiques des gens qui sont sous la puissance de Satan est un égocentrisme exacerbé) sont rebelles à la vérité et obéissent à l'injustice."

Ainsi, il y a deux types de personnes: ceux qui cherchent la gloire, l'honneur et l'immortalité par la persévérance et la bienfaisance, recevront la vie éternelle et ceux qui sont égoïstement ambitieux et qui refusent la vérité de Dieu (quelle que soit la façon dont elle leur est révélée) mais préfèrent l'injustice: Dieu les livrera à la colère et à l'indignation.

Je pense qu'estimer le jugement de Dieu est bien au-dessus de nos capacités! Mais laissez-moi vous parler de ceux qui reçoivent la vie éternelle. Il y a deux caractéristiques: tout d'abord, ils persévèrent à faire le bien (ce sont les œuvres) ensuite, ils cherchent la gloire, l'honneur et l'immortalité. Pour moi, le mot "chercher" implique la foi. Ils croient que Dieu les récompensera selon la réponse qu'ils lui auront faite et selon ce qu'ils auront fait. Je crois que ce sont les deux conditions de base pour être accepté de Dieu, quelle que soit l'époque ou la génération, avant l'Evangile ou pendant l'Evangile. Les deux conditions sont de faire le bien, de croire et d'appliquer ce que nous croyons. Sans la foi, il est impossible de plaire à Dieu..... Il y a beaucoup de façons différentes par lesquelles la foi s'exprime dans différentes générations.

Afin de vous aider, j'ai demandé à Dieu de me montrer un exemple de quelqu'un qui n'est pas venue à lui sur la base de l'Evangile mais qui appartient à la catégorie de ceux qui persévèrent et qui font le bien, recherchant la bénédiction de Dieu. Et j'aimerais lire rapidement Luc 11:31, 32. Jésus reprend les hommes de cette génération et il dit:

"La reine du Midi (c'est-à-dire la reine de Saba) se lèvera au jour du jugement avec les hommes de cette génération et les condamnera, parce qu'elle vint des extrémités de la terre pour entendre la sagesse de Salomon; et voici, il y a ici plus que Salomon. Les hommes de Ninive se lèveront au jour du jugement, avec cette génération et la condamneront parce qu'ils se repentirent à la prédication de Jonas; et voici, il y a ici plus que Jonas."

Il me semble que ces deux catégories de personnes -la reine de Saba et les hommes de Ninive- ne ressusciteront pas à la résurrection des chrétiens parce qu'ils ressusciteront avec ceux que Dieu a rejetés. Mais ils seront acceptés sur la base de ce qu'ils ont fait. Selon la lumière dont ils disposaient, ils ont répondu avec foi à Dieu par leurs actions. Ce sont deux catégories de personnes: ceux qui par, ce qu'ils ont fait, expriment leur foi en Dieu; et ceux qui ont rejeté la vérité de Dieu et ont préféré l'injustice.

Au cas où vous auriez envie de savoir immédiatement qui appartient à quelle catégorie, je peux vous citer une autre affirmation dans Romains 11 avec laquelle nous terminerons cette étude. Romains 11:33:

"O profondeur de la richesse, de la sagesse et de la science de Dieu! Que ses jugements sont insondables, et ses voies incompréhensibles!"

Alors laissez-moi vous mettre en garde contre le fait de vous ériger en juge. Cela ne vous appartient pas. Il n'y en a qu'un qui juge et c'est Dieu, et il nous est clairement dit que ses jugements sont insondables. Vous ne pouvez pas sonder les jugements de Dieu. En dernier ressort, vous devez imiter Abraham qui a dit: "Est-ce que le juge de toute la terre ne ferait pas le bien?"

Lorsque j'étais jeune prédicateur (il y a bien longtemps!), je pensais que j'avais la responsabilité de savoir exactement qui irait au paradis et qui n'irait pas. Et, plus je cherchais, plus le nombre de ceux que j'estimais devoir y aller diminuait! Mais Dieu m'a montré que ce n'était pas mon affaire. Merci Seigneur! Alors ne prenez pas la place du juge. Ce n'est pas la vôtre.

Chapitre 3

Romains 2:10-3:20

Dans cette partie, nous allons continuer avec Romains 2. Nous avons vu les principes du jugement de Dieu et la façon dont ils s'appliquaient. Nous avons également vu qu'il y avait certains éléments du jugement de Dieu qui ne nous étaient pas connus. Ses jugements sont insondables. Je suppose que ceux qui ont expérimenté la grâce de Dieu dans leur vie savent que Dieu exercera toujours sa grâce quand il le pourra. Alors nous devons lui faire confiance.

Nous allons maintenant étudier la question de la conscience qui est un sujet assez délicat. Je voudrais vous dire clairement que certaines choses que dit Paul ne sont pas faciles à comprendre ou à interpréter. Mais qui a dit que cela serait facile?

Au chapitre 2, nous lirons les versets 13 à 15 puis les versets 26-27 qui nous donnent une image de la façon dont Dieu traite ceux qui n'ont pas eu de révélation de lui par la Parole, par la loi ou par des parties de l'Ecriture. Versets 13 à 15:

"Ce ne sont pas en effet ceux qui écoutent la loi qui sont justes devant Dieu; mais ceux qui pratiquent la loi seront justifiés."

J'aimerais vous faire remarquer ici que, quelle que soit la version utilisée, là où il est dit "la loi", deux fois dans ce verset, le mot "la" est rajouté par les traducteurs. Cela est souvent le cas dans le reste de l'épître. Vous devez bien comprendre cela. Paul prend la loi de Moïse comme le grand modèle de la loi, la loi parfaite, la loi donnée par Dieu. Mais ce qu'il dit s'applique aussi à d'autres formes de lois. Alors il dit "la Loi" et il dit ensuite "Loi".

Laissez-moi vous expliquer cela. Il n'y a que deux façons possibles pour obtenir la justice. L'une est de respecter des règles, la seconde consiste à se confier en Dieu par la foi. L'instinct naturel de l'homme, quand on lui parle de justice, consiste à commencer à penser en termes de règles. Je me souviens que lorsque j'ai rencontré le Seigneur dans l'armée britannique, j'ai passé encore quatre ans et demi dans l'armée en tant que chrétien. Quand je parlais avec mes collègues soldats à propos du Seigneur et du salut, leur réaction était presque toujours la même: "eh bien..." et ils débitaient la liste des règles qu'ils respectaient. Chacun avait sa liste adaptée à sa vie. "Je n'ai pas commis l'adultère, je n'ai jamais été saoul, je ne fais pas ci, je ne fais pas ça." C'était leur réaction naturelle. Ainsi, il est naturel pour tous les êtres humains quand on parle de justice, de penser en termes de règles. Ce que Paul dit s'applique non seulement à la loi de Moïse en premier lieu mais à toutes sortes de règles par lesquelles les gens cherchent à se justifier. Il n'est pas possible d'acquérir la justice en respectant un certain nombre de règles. Il vaut mieux regarder à nous-mêmes sur ce point. Je savais que cela arriverait.

Je parlais à un grand groupe de personnes il y a quelque temps et je dis tout naturellement, sans vraiment réaliser l'impact de mes paroles: "Bien sûr, le christianisme ce n'est pas une série de règles." Je pense que si j'avais dit à ces gens qu'il n'y avait pas de Dieu, ils auraient été moins choqués! Mais c'est vrai, la chrétienté n'est pas une série de règles. Nous n'atteignons pas la justice avec Dieu en suivant des règles. Mais les règles ont une place dans la vie. J'expliquerai cela plus tard.

Paul dit que ce ne sont pas ceux qui écoutent la loi (que ce soit celle de Moise ou tout autre loi) mais ce sont ceux qui l'appliquent qui seront justifiés. Notez aussi que ce ne sont pas ceux qui écoutent qui sont justes ou justifiés (et souvenez-vous, les deux mots sont les mêmes) mais ce sont ceux qui appliquent la loi qui seront justifiés. Il n'est pas dit qu'ils deviendront justes, il est dit que Dieu les reconnaît comme justes. Aucun d'entre nous ne peut être juste à moins qu'il ne soit justifié par Dieu.

Ainsi, Paul continue et parle de la question de la conscience qui est très importante. Verset 14:

"Quand les païens, qui n'ont point la loi, font naturellement ce que prescrit la loi, ils sont, eux qui n'ont point la loi, une loi pour eux-mêmes..."

Ils n'ont pas eu de révélation directe de la loi de Dieu mais il y a quelque chose en eux qui accomplit en eux ce que ferait une loi. Paul continue:

"... ils montrent que l'œuvre de la loi est écrite dans leurs cœurs."

Cela ne ressort pas dans la traduction française mais ce qui est écrit dans leurs cœurs ce n'est pas la loi, c'est l'œuvre de la loi. Nous avons tous quelque part en nous quelque chose qui opère comme la loi pour y accomplir les mêmes résultats. Ce n'est pas pour nous rendre justes mais pour nous amener au point où nous avons besoin de la grâce de Dieu pour devenir justes. C'est complètement différent.

Et puis, il est question de la conscience qui est la fonction de l'homme qui produit cela. La conscience nous dit: "Tu as dit un mensonge." Et Paul décrit une courte scène de ce qui se passe en nous. Nous pensons: "C'est vrai j'ai dit un mensonge." L'autre dit: "Non, ce n'était pas vraiment un mensonge, j'ai juste un peu exagéré. Paul décrit ce qui se passe en nous. Combien d'entre nous savent que cela arrive? Combien d'entre nous ont expérimenté cela en eux? C'est ce dont parle Paul et il dit que la conscience agit chez les gens de la même manière que la loi.

Cela ne les rend pas justes mais elle leur montre qu'ils ont besoin de la grâce de Dieu. Et l'œuvre de la loi, c'est de nous montrer que nous avons besoin de la grâce de Dieu.

Il y a maintenant des questions sans réponse auxquelles je vais consacrer toute une partie à savoir, pourquoi Dieu a donné la loi. Nous allons voir cela dans un petit moment.

Ainsi, voici un païen, un homme qui n'a jamais eu aucune connaissance de Dieu. Mais quelque part au fond de lui, il y a quelque chose qui dicte sa conduite. J'ai remarqué au contact de gens primitifs ou de personnes qui n'avaient pas de connaissance de Dieu, que l'un des domaines auxquels ils étaient particulièrement sensibles était le mensonge. Parfois, la conscience va convaincre les gens qu'ils n'ont pas dit la vérité. Un autre domaine aussi est la mauvaise conduite envers les gens de leur propre famille. C'est encore un domaine dans lequel les gens simples sont souvent convaincus par Dieu parce que la plupart d'entre eux ont un sens aigu de l'obligation envers leur famille proche beaucoup plus fort que les Américains contemporains.

Ainsi, la conscience peut agir de différentes manières. Ce que Paul décrit est une sorte de tribunal à l'intérieur de nos consciences; la conscience est comme un procureur et en nous s'agitent des pensées qui nous disent; "C'est vrai" ou "Je sais que ce n'était pas complètement vrai mais ce n'était pas vraiment un mensonge", ou des pensées de ce genre. Dites-moi la différence entre quelque chose qui n'est pas complètement vrai et un mensonge. Mais nous sommes tous enclins à nous justifier, même envers nous-mêmes. L'avez-vous remarqué? Ainsi, Paul nous donne une image du tribunal interne qui est en nous et nous dit que pour ceux qui n'ont pas la loi, leur conscience peut produire en eux le même effet que la loi. Et qui n'est pas de les rendre justes. Je ne veux pas trop m'étendre là-dessus. Mais c'est pour leur montrer qu'ils ont besoin de la grâce de Dieu.

Regardons maintenant les versets 26 et 27:

"Si donc l'incirconcis (l'homme non-religieux) observe les ordonnances de la loi, son incirconcision ne sera-t-elle pas comptée comme circoncision?"

En fait, le mot traduit par "ordonnance" est un mot très important que nous verrons plus d'une fois dans ces études. Cela signifie que c'est la réponse adéquate à ce qui vous est demandé. C'est directement relié au mot "justice". Laissez-moi vous le dire en grec afin que vous voyiez la similitude. 'Juste' c'est 'dikaios' ce mot est 'dikioma' C'est la bonne réponse à des demandes légitimes. Laissez-moi le traduire ainsi.

"Si donc l'homme incirconcis apporte la réponse correcte aux demandes légitimes, son incirconcision ne sera-t-elle pas considérée comme circoncision? Et celui qui est physiquement incirconcis, s'il garde la loi, ne vous jugera-t-il pas (il parle maintenant aux Juifs) vous qui pensez avoir la lettre de la Loi et la circoncision comme des transgresseurs de la loi?"

Ainsi Paul dit que l'important n'est pas l'observation extérieure de rituels, de formes ou de cérémonies. C'est la réponse intérieure de votre cœur qui détermine la façon dont Dieu vous regarde. Et il dit très justement que dans de nombreux cas l'homme religieux ne répond pas aux attentes de Dieu contrairement à l'homme non-religieux.

Je ne sais pas si j'ose vous le dire car cela pourrait vous offenser mais il y a longtemps au début de mon ministère, mon gendre qui est notre directeur, essayait de trouver quelqu'un pouvant remplir certaines conditions. Je crois que c'était pour emballer ou quelque chose comme ça. Il me dit qu'il avait trouvé une société -pardonnez-moi d'avance- mais il ajouta presque en s'excusant: "Ils ne sont pas chrétiens." Je lui dis: "Gloire à Dieu." Combien d'entre vous savent que les librairies chrétiennes parfois ne paient pas toujours leurs factures, ou qu'elles le font très en retard? Comprenez-vous ce que je veux dire? Ce ne sont pas forcément ceux qui ont un langage religieux qui peuvent tenir leurs engagements. Dieu s'intéresse à ceux qui tiennent parole et non pas à ceux qui parlent.

Maintenant continuons. Aux versets 17-25, Paul s'adresse à ses compatriotes juifs et leur donne des exemples spécifiques sur la façon dont ils violent la loi bien qu'ils se vantent de la respecter. Il dit:

"Toi qui te donnes le nom de Juif, qui te reposes sur la loi, qui te glorifies de Dieu..."

Et je dois dire, sans vouloir offenser quiconque, que si vous vivez en Israël, cela n'a pas du tout changé. Dix-neuf siècles n'ont rien changé à la situation. C'est encore exactement comme Paul le décrit. Je dois faire attention à ce que je dis mais je me souviens qu'il y a quelques années, quand nous vivions en Israël, nous avions commandé des meubles à une entreprise de menuiserie juive. C'est un commerce honorable et bien vu parmi les Juifs, n'est-ce pas? Les gens à qui nous avions commandé les chaises nous les ont livrées. Alors pour être hospitalier, je leur ai offert le café. Ils m'ont répondu qu'ils n'avaient pas le droit de boire dans ma maison. Je ne connaissais pas suffisamment les dogmes des Juifs orthodoxes pour réaliser qu'ils ne pouvaient pas manger dans une maison non casher. Notre maison n'était pas casher; ils ne pouvaient pas y manger, ils ne pouvaient pas y boire. Ils auraient été souillés. Mais le problème c'est qu'ils nous ont escroqué pour les chaises. Je vous le dis la Bible est un livre des plus actuels. Mais ne me faites pas dire que ce ne sont que les Juifs qui agissent ainsi. Combien d'entre vous savent que ce n'est pas vrai? Continuons, verset 18:

"... qui connais sa volonté, qui, instruit par la loi, sais discerner ce qui est important."

Il existe une meilleure traduction. "Vous connaissez les différences subtiles entre ceci et cela." Vous savez ce qui est casher et ce qui ne l'est pas. Croyez-moi, si vous étudiez les normes qui régulent ce concept, elles sont compliquées. Il vous faut un avocat pour vous conseiller afin d'être absolument sûr que vous ne vous trompez pas.

Ruth a vécu comme une Juive et est toujours juive, depuis de longues années et quand la question du casher s'est posée dans sa maison, elle voulait l'appliquer jusqu'à ce qu'elle découvre qu'il lui fallait deux lave-vaisselles. Un pour les récipients utilisés pour la viande et l'autre pour ceux du lait. Son esprit économique et non religieux lui a fait dire qu'elle n'irait pas aussi loin.

Mais c'est quelque chose de typique et il y a encore des choses encore plus compliquées que dans cet exemple.

Continuons.

"... toi donc qui enseignes les autres, tu ne t'enseignes pas toi-même!"

Comment décririez-vous une telle personne? Orgueilleuse, c'est vrai. Arrogante. Et vous voyez, je pense que rien ne favorise davantage l'orgueil que la connaissance religieuse. Combien d'entre nous risquent de devenir orgueilleux parce qu'ils ont la connaissance? Oui, soyons vigilants.

"... toi donc qui enseignes les autres, tu ne t'enseignes pas toi-même."

J'aimerais vous poser une question: Ne pensez-vous pas qu'aujourd'hui le monde dit cela à l'Eglise? Ne pensez-vous pas que cela s'applique exactement à nous qui nous appelons chrétiens? Vous voyez, les rôles sont maintenant inversés. Le monde juge encore les Juifs sur différents critères mais néanmoins il focalise son attention sur nous qui nous appelons chrétiens dans cette partie du monde, parce que nous faisons des choses que nous disons aux autres de ne pas faire. N'est-ce pas?

L'année dernière, Ruth et moi nous voyagions autour du monde. Et d'Australie nous sommes allés en Papouasie Nouvelle Guinée, de là en Malaisie, puis à Singapour, et en Indonésie. Les grands titres des journaux de ces pays parlaient des scandales des télé-évangélistes. Chaque jour, des nouvelles bien plus importantes ne faisaient pas la une des journaux mais le monde entier savait ce que l'Eglise faisait en Amérique. Vous voyez ce que Paul veut dire? J'aimerais que vous compreniez que c'est d'actualité. Ce n'est pas quelque chose du passé ou simplement une théorie religieuse. C'est la réalité. Nous devons nous mettre à la place des gens à qui Paul s'adresse et nous demander si cela pourrait légitimement nous être reproché aujourd'hui.

Revenons au verset 21:

"Toi donc qui enseignes les autres, tu ne t'enseignes pas toi-même. Toi qui prêches de ne pas dérober, tu dérobes! Toi qui dis de ne pas commettre l'adultère, tu commets l'adultère!"

J'aimerais vous dire et, nous y reviendrons plus tard, que vivre en respectant des règles vous rend enclins à les transgresser. Nous y reviendrons plus en détail. Mais laissez-moi vous expliquer. Vous avez une petite fille de 5 ans. Vous partez de la maison un soir et vous revenez. Elle a ouvert tous les tiroirs de sa mère et en a sorti tous les mouchoirs, les sous-vêtements... et elle s'est bien amusée. Vous êtes légèrement irritée et vous lui dites qu'elle ne doit pas faire cela. Une semaine plus tard, vous ressortez et vous lui dites: 'écoute-moi bien, je ne veux pas que tu ouvres ces tiroirs. Ne t'approche pas de ces tiroirs.' Savez-vous ce qui se passe dans sa petite tête? Il n'y a qu'une chose qu'elle ait envie de faire. Laquelle? Ouvrir les tiroirs, vous comprenez? C'est vrai. C'est aussi vrai pour la religion. Prêcher contre quelque chose donne envie aux gens de le faire.

Je me souviens lorsque j'étais adolescent. Je n'avais pas beaucoup de restrictions à la maison, à la différence des autres mais tout ce qu'on me disait de ne pas faire, voilà ce que je voulais faire.

Ainsi, c'est vrai et je veux y prêter attention. J'aimerais dire que ces affirmations s'appliquent encore exactement aux mêmes personnes en Israël aujourd'hui qu'il y a dix-neuf siècles. La Bible est si pertinente, si actuelle.

"... toi qui as en abomination les idoles, tu commets des sacrilèges!"

Il faut admettre que je ne sais pas très bien pourquoi Paul dit cela. Mais laissez-moi vous montrer quelque chose dans le prophète Malachie qui pourrait nous aider à l'interpréter. Malachie 3. Malachie est le livre dans lequel Dieu fait un bilan avec les Juifs après douze siècles de Loi. C'est le message à Malachie dans Malachie 3:7:

"Depuis les temps de vos pères, vous vous êtes écartés de mes prescriptions, vous ne les avez pas gardées, revenez à moi, et je reviendrai à vous, dit l'Eternel des armées, et vous dites: En quoi devons-nous revenir? Un être humain peut-il voler Dieu? Car vous me volez et vous dites; En quoi t'avons nous volé? C'est sur la dîme et les offrandes."

Ainsi, Dieu accuse spécifiquement Israël de voler les choses sacrées. Je pense que c'était probablement ce que Paul avait en tête mais je ne peux pas l'affirmer avec certitude. Il dit qu'ils enseignent aux autres de ne pas voler mais qu'ils volent Dieu. Est-ce qu'on peut dire cela des chrétiens d'aujourd'hui? Certains d'entre nous volent-ils Dieu? Certains d'entre nous mettent-ils les mains sur ce qui appartient à Dieu? Je ne crois pas que la dîme s'applique au chrétien de la même façon que sous la loi de

Moise mais je crois que la dîme appartient à Dieu. Ainsi, quand vous prenez la part de Dieu, que faites-vous? Voler, exactement. Je suppose que c'est pire de voler Dieu que de voler vos congénères.

Nous continuons maintenant avec l'attitude de Dieu envers les ordonnances externes. Je pense que nous en avons déjà parlé mais revenons-y un moment. Versets 28-29:

"Le Juif, ce n'est pas celui qui en a les dehors: et la circoncision, ce n'est pas celle qui est visible dans la chair. Mais le Juif, c'est celui qui l'est intérieurement; et la circoncision, c'est celle du cœur, selon l'esprit et non selon la lettre. La louange de ce Juif ne vient pas des hommes mais de Dieu."

Paul dit que ce que vous faites extérieurement n'a pas vraiment d'importance. Ce qui importe vraiment c'est votre relation de cœur avec Dieu. Vous savez que le mot "Juif" vient du nom 'Yehuda' ou 'Juda'. Et la signification du mot 'Yehuda' est 'louange'. Ainsi, Paul dit que vous êtes un vrai Juif, un vrai 'Yehuda' (qui est le mot hébreu pour Juif) si votre louange vient de Dieu et est basée sur ce que vous êtes à l'intérieur et non pas sur des ordonnances extérieures.

Je pense qu'il est important de dire que vous êtes libre de ne pas être d'accord avec moi mais je crois que Paul ne dit pas dans ce passage que toux ceux qui croient en Dieu sont des Juifs. J'ai entendu cette interprétation mais je n'y crois pas. Nous sommes membres du corps de Christ dans lequel les Juifs et les non Juifs se retrouvent pour former un corps. Mais devenir chrétien ne nous rend pas Juif. Pouvez-vous accepter cela? C'est très important parce qu'il existe actuellement un enseignement qui dit que nous sommes tous Juifs et que tout ce qui est dit sur les Juifs et aux Juifs s'applique à nous. Vous voyez, ce que fait Paul ne fait augmenter le nombre de personnes qui peuvent se prévaloir du titre de Juif, il le restreint à ceux qui en remplissent les conditions intrinsèques.

C'est primordial parce que notre attitude envers le peuple juif est très importante aux yeux de Dieu. J'aimerais voir avec vous un passage similaire et nous parlons ici, comme je l'ai déjà dit, du choix de Dieu, de l'élection de Dieu. Paul parle de l'infidélité de beaucoup de Juifs. Il le dit avec une grande tristesse et il dit au verset 6:

"Ce n'est pas à dire que la parole de Dieu soit restée sans effet. Car tous ceux qui descendent d'Israël ne sont pas Israël."

Encore une fois, cela ne signifie pas que certains ne descendent pas d'Israël. Cela veut dire que certaines personnes qui descendent d'Israël ne sont pas Israël. Vous voyez ce que je veux dire? Quelles sont les qualifications? Paul continue:

"... et, pour être la postérité d'Abraham, ils ne sont pas tous ses enfants; mais il est dit: En Isaac, sera nommée pour toi une postérité, c'est-à-dire que ce ne sont pas les enfants de la chair qui sont enfants de Dieu, mais que ce sont les enfants de la promesse qui sont regardés comme la postérité."

Ainsi la qualification essentielle pour être accepté comme véritable Juif ou comme véritable Israël ne consiste pas à respecter des ordonnances extérieures mais à embrasser par la foi la promesse de Dieu. Nous trouverons dans Galates 6:15-16. Nous trouverons dans Galates 6:15-16 encore le encore le même principe. Ce n'est pas l'extérieur mais l'intérieur qui compte.

"Ce n'est rien que d'être circoncis ou incirconcis; ce qui est quelque chose, c'est d'être une nouvelle créature."

Ce qui compte vraiment c'est ce qui se passe en vous par la puissance de Dieu.

"Paix et miséricorde sur tous ceux qui suivront cette règle, et sur l'Israël de Dieu!"

Il y a à la fois des Juifs et des païens. Ceux qui marchent selon cette loi, la nouvelle création, sont des païens qui sont nés de nouveau par la foi en Jésus et qui ont la transformation intérieure qui vient de la nouvelle naissance. Et il dit "et sur l'Israël de Dieu." Qui est l'Israël de Dieu? En général, les chrétiens utilisent cette phrase pour faire référence à l'Eglise mais je ne crois pas que ce soit légitime. L'Israël de Dieu est cette partie d'Israël qui a embrassé la promesse, qui a reconnu le Messie et est entrée dans la bénédiction de la nouvelle alliance. Paul parle ici des croyants païens comme de ceux qui marchent selon cette loi et des croyants juifs comme de l'Israël de Dieu.

Cependant et c'est exceptionnel, je pense que dans tout le Nouveau Testament il n'y a qu'en trois endroits (Romains 2, Romains 9 et Galates 8) que Paul limite le mot 'Juif' ou 'Israël' à ceux qui sont de vrais croyants. Tout au long du reste du Nouveau Testament, le mot 'Juif' et le mot 'Israël' s'appliquent à tous ceux qui descendent d'Abraham, d'Isaac et de Jacob. Mais ici, Paul montre que ce n'est pas l'extérieur qui est important mais l'intérieur. En terminologie chrétienne, je vous dis que ce n'est pas le fait d'être baptisé qui est important mais c'est de savoir ce qui se passe en vous. C'est ce que Dieu regarde, c'est la question importante. Je dois vous dire que lorsqu'on traite avec des personnes religieuses, la vérité est impopulaire. C'est impopulaire avec les chrétiens, c'est impopulaire avec les Juifs, mais c'est la vérité. Nous devons en tenir compte.

Nous allons brièvement récapituler les cinq principes du jugement de Dieu. Tout d'abord, le jugement de Dieu est selon la vérité, la vérité de sa Parole. Deuxièmement, il est basé sur nos actions, sur ce que nous faisons. Troisièmement, il n'y a pas de partialité, de considération de personnes. Quatrièmement, nous sommes jugés sur la mesure de lumière que nous avons reçue. Plus la lumière est grande, plus le jugement est sévère. Et cinquièmement, le jugement ne porte pas simplement sur les actions extérieures mais sur les motivations intérieures et les intentions du cœur.

Puis, Paul englobe ceux que Dieu accepte et ceux que Dieu rejette dans une catégorie générale qui couvre tous les âges et toutes les races. Dieu accepte ceux qui par la persévérance à faire le bien, recherchent la gloire, l'honneur et l'immortalité. Le mot 'faire' indique les œuvres et le mot 'chercher' indique la foi. C'est la foi qui marche. C'est ce que Dieu recherche.

Puis, Paul parle de la différence entre les ordonnances extérieures et la réalité d'une expérience intérieure avec Dieu. Il montre, par différents exemples, que Dieu n'accepte pas les ordonnances extérieures, les cérémonies ou les rites pour nous rendre justes.

Maintenant, nous allons aborder le chapitre trois, tout en continuant sur ce même sujet, c'est-à-dire que la connaissance du bien et des lois de Dieu en soi ne nous justifie pas. Au contraire, cela augmente notre responsabilité. Puis, encore une fois, dans les premiers versets du chapitre 3, Paul applique cela au peuple juif. Il dit:

"Quel est donc l'avantage des Juifs, ou quelle est l'utilité de la circoncision?"

Nous pourrions nous demander si la circoncision ne nous permet pas d'être acceptés par Dieu, pourquoi la pratiquer? Pourquoi Dieu a-t-il imposé ces ordonnances aux Juifs? Quel en est le bénéfice? Paul explique qu'il y a un grand bénéfice.

"Il est grand de toute manière, et tout d'abord en ce que les oracles de Dieu leur ont été confiés."

Il s'agit du peuple juif. Je dois vous signaler qu'aujourd'hui, ce sont les chrétiens à qui les oracles de Dieu sont confiés. C'est nous qui avons toute la parole de Dieu à notre disposition.

"Eh, quoi! Si quelques-uns n'ont pas cru, (il vaudrait mieux dire 'si certains ont été infidèles') leur incrédulité (leur infidélité) anéantirait-elle la fidélité de Dieu?"

Je vous ai dit au début que le mot 'foi' ne désignait pas ce que nous croyons intellectuellement sinon notre engagement personnel avec Dieu. Alors, plutôt que de dire 'incrédulité' il vaudrait mieux dire 'infidélité'. L'infidélité de certains Juifs n'a pas annulé la fidélité de Dieu. Dieu demeure fidèle même quand Israël ne l'est pas. C'est ce que Paul dit. Alors il demande si leur infidélité annule la fidélité de Dieu. Puis, les mots suivants dans ma traduction sont:

"Loin de là!"

La version Darby dit: 'Qu'ainsi n'advienne!' Encore une fois, Paul parle comme un Juif. C'est l'expression hébraïque typique: 'Chalilah'. Je me suis demandé comment la rendre au mieux et je crois que cela veut dire "loin de moi cette pensée". Comment pouvez-vous penser une telle chose? A partir de maintenant quand nous verrons 'Chalilah' je vais dire: 'loin de moi cette pensée!'. Le nom de Dieu n'est pas dans le mot, cela veut juste dire que c'est quelque chose d'impensable, comment oseriez-vous mentionner ou suggérer une telle chose? Alors disons: loin de moi cette pensée.

"Que Dieu, au contraire soit reconnu pour vrai et tout homme pour menteur, selon qu'il est écrit, afin que tu sois trouvé juste dans tes paroles et que tu triomphes lorsqu'on te juge;"

Cela est tiré du Psaume 51 qui est la plus grande prière de repentance de David après qu'il ait été convaincu de péché d'adultère et de meurtre. Les mots qui précèdent sont les suivants: "J'ai péché contre toi seul et j'ai fait ce qui est mal à tes yeux." Ces paroles sont étonnantes parce que David a tué un homme et pris sa femme. Vous direz qu'il a péché contre l'homme et contre la femme. Mais, dans ce moment d'angoisse, David dit: "J'ai péché contre toi seul et j'ai fait ce qui est mal à tes yeux."

Et nous en arrivons à un point où seul le Saint-Esprit peut nous amener, où nous réalisons que peu importe combien nos péchés et nos méchantes actions ont affecté d'autres personnes, le plus terrible est de se rendre compte combien cela affecte Dieu. Je pense que Charles Finney définissait cela comme la vraie repentance. Il a déclaré que nous n'étions pas parvenus à la véritable repentance tant que nous nous contentions de regarder les conséquences de nos péchés sur les autres. La véritable repentance c'est d'avoir une vision de ce que nos péchés ont fait à Dieu. Je dois dire qu'il y a vraiment très peu de repentance dans l'Eglise contemporaine. Je pense que les résultats sont évidents.

Ainsi David a cette terrible révélation intérieure sur la façon dont son péché affecte le Dieu Tout-Puissant, l'agonie que cela provoque dans le cœur de Dieu. L'homme que Dieu a choisi pour être le roi a trahi Dieu, a trahi sa confiance. Puis il dit: "en sorte que tu seras juste dans ta sentence, sans reproche dans ton jugement." Je pense qu'il est très important que, d'une façon ou d'une autre, nous en arrivions là. Ce que Dieu dit est juste, ce qu'il dit est toujours vrai, il n'a jamais tort. Combien de fois avons-nous été tentés de penser que Dieu n'avait pas agi de la bonne manière dans une situation donnée? "Dieu, je ne suis pas sûr de pouvoir te faire confiance dans la façon dont tu traites ce problème." Il faut vraiment que le Saint-Esprit agisse en profondeur pour nous amener à la foi.

Je me souviens d'avoir lu un jour Apocalypse 4:11 où il est dit: "… car tu as créé toutes choses, et c'est par ta volonté qu'elles existent et qu'elles ont été créées." Et j'ai eu une révélation. Je ne sais pas si je peux la partager avec vous mais il n'y a pas de meilleure raison pour l'existence de toutes choses, c'est parce que Dieu les a voulues ainsi. Il n'y a pas de plus grande raison qui puisse exister que celle de la volonté de Dieu. Ces paroles paraissent si simples mais nous devons en arriver à plier le genou devant Dieu, devant ses jugements, ses voies et sa volonté, en disant: "Dieu, tout ce que tu fais et tout ce que tu dis est complètement parfait."

Je reviens aux paroles de Moïse à Israël. "Ses voies sont parfaites et toutes ses œuvres sont parfaites." Dieu n'a jamais rien fait d'injuste. J'espère qu'après l'étude de Romains vous aurez une nouvelle image de la droiture parfaite de Dieu. Pour cela, nous devons nous humilier. Nous pouvons ne pas avoir commis les mêmes péchés que David mais en chacun de nous il y a des choses qui ont été en horreur aux yeux de Dieu. Je pense que Finney a raison quand il dit qu'il faut arriver à un moment où par la révélation du Saint-Esprit nous voyons ce que nos péchés ont fait à Dieu.

Dieu parfois doit nous faire passer par un dur chemin mais c'est de cet endroit dont Paul parle dans ce passage.

Puis, il continue et très souvent dans Romains, Paul imagine une objection à son enseignement. Il énonce l'objection et il y répond. Encore une fois, c'est une façon de penser typiquement juive. Les Juifs pensent à la manière du Talmud, en termes de propositions et de contre propositions. C'est pourquoi? je pense que de si nombreux Juifs sont avocats parce qu'ils ont hérité de cette façon de penser qui consiste sans cesse à peser le pour et le contre. Autre caractéristique des Juifs; si vous leur posez une question, ils y répondent par une autre question. Je ne sais pas si vous avez déjà remarqué cela. Si vous étudiez l'enseignement de Jésus, lui, c'était un vrai Juif. Presque invariablement, quand on lui posait une question il répondait par une question. Que devons-nous faire en cas de divorce? Avez-vous lu ce qui est écrit? Et ainsi de suite.

Ainsi, Paul anticipe l'objection de ses compagnons juifs. Et croyez-moi, toutes ces objections sont encore faites aujourd'hui par les Juifs quand ils sont confrontés à l'Evangile. Alors il dit:
"Mais si notre injustice établit la justice de Dieu, que dirons-nous? Dieu est-il injuste quand il déchaîne sa colère? (Je parle à la manière des hommes.) Loin de là! (loin de moi cette idée) Autrement, comment Dieu jugerait-il le monde?"

Vous voyez? Il imagine quelqu'un qui dit: "Bon, ce que tu nous dis, c'est que plus nous sommes infidèles, plus cela donnera gloire à Dieu pour sa fidélité. Alors si nous voulons glorifier Dieu, continuons à être infidèles." Comprenez-vous? C'est l'objection. Et voici sa réponse. Loin de moi cette pensée!

Puis il retourne au même thème au verset 7.

"Et si, par mon mensonge, la vérité de Dieu éclate davantage pour sa gloire, pourquoi suis-je moi-même encore jugé comme pécheur?"

Ainsi, si mon péché a glorifié Dieu en mettant à jour sa fidélité, pourquoi serai-je jugé? Vous comprenez? Croyez-moi, ce genre d'objection s'élèverait encore aujourd'hui.

"Et pourquoi ne ferions-nous pas le mal afin qu'il en arrive du bien, comme quelques-uns, qui nous calomnient, prétendent que nous le disons?"

C'est une perversion de la vérité de l'Evangile. Cependant, j'aimerais vous dire de par mon expérience dans le Moyen Orient, que c'est là une mauvaise représentation à la fois pour les Juifs et pour les musulmans. Ils se représentent mal la foi chrétienne en pensant que c'est une façon de faire ce qu'on veut et de toujours s'en tirer. C'est une réaction typique du Moyen Orient. Paul la traite. Il ne perd pas beaucoup de temps avec ça. Il dit:

"La condamnation de ces gens est juste."

Je ne vais pas perdre mon temps pour ceux qui pensent comme ça. Ils s'attirent la condamnation parce qu'ils entendent la vérité et qu'ils la rejettent délibérément.

Nous arrivons au verset 9:

"Quoi donc! Sommes-nous plus excellents? Nullement. Car nous avons déjà prouvé que tous, Juifs et Grecs, sont sous l'empire du péché.'"

Ils sont coupables de péché. Qu'ils soient Juifs ou Grecs, nous avons tous cela en commun. Nous sommes tous pécheurs. Il semble encore une fois que Dieu le voudra ainsi mais j'ai connu pendant longtemps des Juifs et j'ai une femme juive. Le plus dur pour les Juifs aujourd'hui est de reconnaître qu'ils sont pécheurs. Vous seriez étonnés de voir combien cela est difficile pour eux. Et ils sont sincères. C'est étonnant.

Ainsi, quand Paul parle de tous les passages de l'Ancien Testament, qui tous affirment le péché des hommes, et particulièrement celui des Juifs, il savait à qui il avait affaire. Il connaissait son propre peuple. Alors, il prend toute une série de citations de l'Ancien Testament prouvant que nous sommes tous coupables devant Dieu. Il commence au verset 10:

"... selon qu'il est écrit..."

Ce qui veut dire écrit dans la Bible.

"Il n'y a point de juste, pas même un seul; nul n'est intelligent, nul ne cherche Dieu; tous sont égarés, tous sont pervertis; il n'en est aucun qui fasse le bien, pas même un seul."

Je pense qu'il serait bon de regarder l'un des deux passages de l'Ancien Testament d'où ces paroles sont tirées. Elles se trouvent dans le Psaume 14 et dans le Psaume 53. Ainsi, Dieu, par le Saint-Esprit, rappelle cette affirmation par deux fois, au cas où on l'aurait oubliée la première fois. Psaume 14. Vous voyez il y en a un peu plus et c'est très important. Nous commençons au verset 1:

"L'insensé dit en son cœur: il n'y a point de Dieu! Ils se sont corrompus, ils ont commis des actions abominables; Il n'en est aucun qui fasse le bien."

Remarquez qu'une mauvaise croyance conduit à vivre de la mauvaise manière. Vous ne pouvez pas croire des choses fausses et vivre bien. Et vous ne pouvez pas non plus croire les bonnes choses et vivre dans l'erreur. Notre vie est le produit de ce que nous croyons. Quand les insensés disent qu'il n'y a pas de Dieu, ils s'exposent à toutes sortes de maux:
Remarquez le verset 2:

"L'Eternel, du haut des cieux, regarde les fils de l'homme."

C'est toute la race humaine. La phrase en hébreu dit "les fils d'Adam". J'aimerais vous faire remarquer (nous ne pourrons pas approfondir ce sujet) que la Bible ne parle que d'Adam et de ses descendants. Là où il est dit "les hommes", l'hébreu dit "les fils d'Adam". C'est important. Je ne vais pas pouvoir aller plus loin mais beaucoup de commentateurs bibliques croient qu'il y a peut-être eu d'autres races humaines sur la terre mais dont on ne parle pas dans la Bible. La Bible ne parle que d'Adam et de ses descendants. C'est très important parce que cela peut conduire à de nombreux malentendus.

"L'Eternel, du haut des cieux regarde les fils de l'homme, pour voir s'il y a quelqu'un qui soit intelligent, qui cherche Dieu."

Je dois vous dire que personne, dans sa condition d'homme naturel déchu, ne cherche Dieu. Le cœur humain n'abrite pas ce désir. Il est devenu réalité pour moi parce que je n'ai jamais eu de problème pour croire que j'étais pécheur. C'est l'un des avantages que j'avais quand j'ai rencontré le Seigneur. Je suis venu au Seigneur à peu près en même temps qu'un de mes amis dans l'armée, qui était très religieux. J'ai progressé dix fois plus vite que lui simplement parce que je n'ai eu aucun problème à réaliser que j'étais un pécheur. Mais, comme je le dis souvent, "après tout, j'étais vraiment un pécheur." N'empêche que j'avais cela en moi, je cherchais la vérité. Depuis l'âge de douze ans, je cherchais vraiment la vérité. Un jour, j'ai lu ce psaume et Dieu m'a dit: "Tu cherchais vraiment la vérité parce que c'est moi qui ai mis ce désir dans ton cœur. Si je ne l'avais pas fait tu ne te serais jamais intéressé à la vérité." Alors, j'ai réalisé que je n'avais pas à me glorifier de cela. C'est très important. Personne ne cherche naturellement Dieu. Beaucoup d'entre vous, probablement depuis l'enfance, à cause de votre contexte ou de votre éducation ou par les mystérieux agissements de Dieu dans votre vie, vous cherchiez Dieu. Vous vouliez connaître Dieu, n'est-ce pas? Mais ne vous glorifiez jamais de cela. Vous ne l'auriez jamais cherché si Dieu n'avait pas mis ce désir dans votre cœur. Livré à vous-même, vous ne comprenez pas, vous ne cherchez pas Dieu.

"Ils se sont corrompus, ils ont commis des actions abominables; il n'en est aucun qui fasse le bien."

Combien? Pas même un. C'est si fort, n'est-ce pas? Et c'est là deux fois dans le livre des Psaumes. Mais il est difficile pour les gens de le voir.

Nous retournons à Romains 3 et nous lirons ces autres passages. Ils sont tirés des Psaumes et des prophètes. Nous n'allons pas chercher tous les passages, juste quelques-uns. Verset 13:

"Leur gosier est un sépulcre ouvert; ils se servent de leur langue pour tromper, ils ont sous leurs lèvres un venin d'aspic; leur bouche est pleine de malédiction et d'amertume; ils ont les pieds légers pour répandre le sang; la destruction et le malheur sont sur leur route; ils ne connaissent pas le chemin de la paix. La crainte de Dieu n'est pas devant leurs yeux."

Tandis que vous contemplez cette liste un moment, j'aimerais vous poser une question. Quel domaine de la personnalité humaine est le plus mis en valeur? La bouche, et combien c'est vrai. Je crois que les quatre premières affirmations traitent de ce que nous faisons avec la bouche. Vous voyez, Jacques dit que notre langue est un membre incontrôlable. Personne ne peut contrôler sa langue.

Je me souviens que lorsque j'étais à une conférence sur l'avenir de la société, ce qui est ridicule en soi la première année de la Seconde Guerre mondiale. Ce n'était pas une conférence religieuse, pourtant quelqu'un affirmait: "Personne ne peut contrôler sa langue." Je me suis dit que c'était vrai. C'était la première fois que je considérais la Bible comme vraie, pratique et pertinente. Personne ne peut contrôler sa langue.

Ainsi Paul cite les Psaumes et les prophètes. Il continue au verset 19:

"Car nul ne sera justifié devant lui par les œuvres de la loi; puisque c'est par la loi que vient la connaissance du péché."

Remarquez le mot "la" devant le mot 'loi'. Vous le voyez? Ainsi vous pouvez soit dire "la Loi" ou "Loi". Cela s'applique en premier lieu à la loi de Moïse mais également à toutes sortes de loi. Personne ne sera jamais justifié aux yeux de Dieu en observant des règles. C'est une affirmation de base importante. Voyez-vous, je souris en pensant à mes frères et sœurs protestants. Beaucoup d'entre nous disent: "Nous ne sommes plus sous la loi, merci Seigneur, nous ne sommes pas sous la loi." Puis nous nous créons nos propres règles stupides. Chaque dénomination a ses propres lois. Les baptistes ont leur loi, les pentecôtistes en ont une autre, les catholiques encore une autre. Mais aucune loi religieuse ne nous rendra jamais justes aux yeux de Dieu. Vous voyez, ce que nous avons fait est de nous détourner de la loi de Moïse qui était une loi parfaite donnée par Dieu et nous nous sommes tournés vers nos propres lois. Je ne dis pas qu'un mouvement n'a pas besoin de loi. Tout groupe de personnes a besoin de lois pour garder le contrôle. Mais garder ces lois, même si on garde chacune des trente-trois règles de l'église pentecôtiste à laquelle vous appartenez, cela ne vous rend pas juste, n'est-ce pas? Est-ce vrai?

Dieu m'a ouvert les yeux sur cette vérité il y a très longtemps je pense, à cause de mes antécédents philosophiques. La question principale du Nouveau Testament est de savoir si nous sommes justes en gardant la loi ou par la foi. Et, à travers ma vie chrétienne et mon ministère, j'ai souvent rencontré des gens qui ne considéraient pas du tout cette question. Ce que nous faisons c'est que nous avons abandonné la loi de Moïse et nous lui avons substitué nos propres règles stupides. Ce n'est pas que les règles soient toutes stupides mais elles sont stupides si vous pensez qu'elles vont vous rendre justes devant Dieu.

Si je vous demandais maintenant de lever la main, mais je ne le ferai pas, beaucoup d'entre vous devraient admettre que vous pensiez être justifiés en respectant les règles de votre groupe particulier. Laissez-moi vous dire ceci: Vous n'êtes pas justifiés ainsi. Mais si vous avez été justifiés par la foi, le fruit sera que vous garderez au moins quelques lois, vous comprenez? Mais, observer des lois en soi ne vous rendra jamais justes aux yeux de Dieu.

Je pense que ce serait bien que vous le disiez à haute voix. Ne le dites pas si vous ne le croyez pas. "Observer des lois ne me rendra jamais juste aux yeux de Dieu." Je ne pense pas que vous réalisiez combien nous sommes arrivés loin? Voyez-vous, si nous ne pouvons pas franchir ce pas, nous ne finirons jamais notre pèlerinage. Ce n'est que la deuxième étape, il y en a encore beaucoup d'autres. Si nous ne voyons pas clairement cela et combien cela est vrai et pertinent; nous ne pourrons aller plus loin, nous retomberons dans les mêmes problèmes.

Personnellement, je crois que le légalisme est le plus grand problème de l'Eglise chrétienne. Je crois que le légalisme est aussi la cause de beaucoup de péchés dans l'église parce beaucoup d'hommes sincères et honnêtes ont adopté les "ne pas", ne commets pas d'adultère, ne regarde pas une autre femme, ne fais pas ci et ne fait pas ça et ils concentrent leur attention sur eux et ils en deviennent esclaves. Vous voyez? Pour rester pur, il ne faut pas résister à la luxure parce que plus vous y résistez plus elle domine vos pensées. Il y a une façon totalement différente de devenir juste et c'est la justice de Dieu qui est par la foi de Jésus-Christ. Ainsi, dans la prochaine session, nous continuerons à traiter ce sujet.

Chapitre 4

Romains 3:21-3:31

La dernière fois, nous avons terminé avec Romains 3:19-20, une sorte de point culminant des premières étapes de notre pèlerinage. Jusque là, Paul a prouvé par les Ecritures que tout le monde devra rendre des comptes pour son péché à Dieu et que personne ne pourra éviter le jugement divin.

Nous allons relire ces deux versets parce qu'ils sont très importants. Romains 3-19:

"Or nous savons que tout ce que dit la loi, elle le dit à ceux qui sont sous la loi, afin que toute bouche soit fermée, et que tout le monde soit reconnu coupable devant Dieu".;

C'est là le point où Paul nous a amenés: le monde entier est coupable devant Dieu. Les Juifs comme les païens. Ceux qui sont religieux comme ceux qui ne le sont pas, tous sont coupables devant Dieu.

Il continue en disant que respecter des règles ou la Loi ne change rien au fait que nous soyons responsables devant Dieu. Verset 20:

"Car nul ne sera justifié devant lui par les œuvres de la loi (le respect de toutes les règles), puisque c'est par la loi que vient la connaissance du péché."

C'est une affirmation qui surprend les gens religieux: c'est à travers la loi que vient la connaissance du péché. J'ai appris par expérience que beaucoup de chrétiens trouvent dur d'accepter que ce soit la loi qui nous permette d'avoir connaissance du péché. Et ils se demandent bien pourquoi Dieu aurait donné la Loi si toute son utilité consiste à nous faire prendre conscience que nous sommes pécheurs mais qu'elle ne peut pas nous rendre justes!

Je vais donc consacrer ce chapitre à cette question et je vais vous donner six raisons pour lesquelles la loi a été donnée.

L'expérience m'a enseigné que si je ne parle pas de cela, il y aura une série de questions sans réponse dans votre esprit et vous ne serez pas vraiment attentifs au point positif vers lequel Paul veut nous amener. Alors je voudrais donc vous suggérer six raisons (données par l'Ecriture) pour lesquelles la loi a été donnée:

Tout d'abord, pour montrer aux hommes la réalité et la puissance du péché: Premièrement le diagnostic, ensuite le remède! Et c'est très vrai d'un point de vue psychologique; expliquer aux gens les voies du salut de Dieu ne sert à rien s'ils ne sont pas d'abord convaincus qu'ils sont gravement atteints par le péché. Une personne doit d'abord être convaincue qu'elle est pécheresse avant de vouloir recevoir le salut divin. Dieu ne nous offre pas le plan de salut tant qu'il ne nous a pas montré combien nous en avons désespérément besoin! Nous sommes malades d'une maladie incurable, le péché et il n'y a qu'un seul remède.

Laissez-moi maintenant vous donner quelques versets. Nous relisons Romains 3:20:

"Car nul ne sera justifié devant lui par les œuvres de la loi, puisque c'est par la loi que vient la connaissance du péché."

C'est la première raison pour laquelle Dieu a donné la loi - pour exposer la maladie du péché. La loi est le diagnostic de Dieu: nous pouvons alors réaliser l'état de péché qui domine notre vie. A part la Bible et les livres qui en sont dérivés, je ne crois pas qu'il y ait un seul livre au monde qui révèle la nature du péché. C'est l'un des bienfaits sans prix que procure la Bible.

J'ai étudié l'un des plus grands philosophes: Platon. Platon avait un avis très intéressant sur la question de la justice. Il l'appelait 'excellence' ou 'vertu'. Après avoir mûrement réfléchi, il était arrivé à la conclusion que la connaissance équivalait à la vertu, que c'était la même chose; il croyait que si les gens savaient ce qui est juste, ils le feraient. ..... Eh bien, c'est exactement le contraire dans l'expérience humaine, nous sommes confrontés en permanence à des gens qui savent ce qui est juste et qui ne le font pas, qui savent ce qui est mal et qui le font. Ils savent également que faire le mal leur coûtera cher mais ils le font quand même…

Vous savez, il n'y a que la Bible qui diagnostique la puissance en nous, appelée péché, qui nous amène à faire des choses contre notre propre intérêt même quand nous savons ce que nous faisons! Alors la connaissance en elle-même n'est donc pas la solution. La seule solution, c'est l'Evangile.

Laissez-moi vous lire juste quelques versets dans Romains 7 sur ce thème (nous traiterons ce chapitre en détail plus tard mais je vais en prendre quelques passages). Romains 7:7:

"Que dirons-nous donc? La loi est-elle péché? Loin de là! (nous avons dit: 'loin de moi cette pensée!') Mais je n'ai connu le péché que par la loi. Car je n'aurais pas connu la convoitise, si la loi n'eut dit: Tu ne convoiteras point."

Alors comment en est-il arrivé à connaître le péché? Au moyen de la loi. Puis de nouveau aux versets 12 et 13:

"La loi donc est sainte, et le commandement est saint, juste et bon."

Paul dit très clairement qu'il n'y a rien de mauvais dans la loi. La faute ne vient pas de la loi. Verset 13:

"Ce qui est bon a-t-il donc été pour moi une cause de mort? Loin de là! (nous avons dit: Loin de moi cette pensée!) Mais c'est le péché afin qu'il se manifeste comme péché en me donnant la mort par ce qui est bon, et que, par le commandement, il devint condamnable au plus haut point."

Le but de la loi est de mettre à jour toute l'horreur du péché. De le montrer dans toute sa laideur et sous son vrai jour. Il n'y a aucune autre source de révélation que la Bible.

Le deuxième but de la loi est de montrer aux hommes qu'ils ne sont pas capables de parvenir à la justice par leurs propres efforts. Et Paul nous donne sa propre expérience dans ce même chapitre 7 aux versets 18-23:

"Ce qui est bon, je le sais, n'habite pas en moi, c'est-à-dire dans ma chair..."

Je dois vous faire remarquer - et nous y reviendrons - que le mot "chair" est parfois utilisé dans un sens "technique". Il ne désigne pas ici le corps physique mais la nature dont j'ai hérité d'Adam, c'est à dire mon ancienne nature, la nature adamique.

"… n'habite de bon dans ma chair .... j'ai la volonté mais non le pouvoir de faire le bien."

Je me demande combien d'entre vous se reconnaissent dans les paroles qui suivent, verset 19:

"Car je ne fais pas le bien que je veux, et je fais le mal que je ne veux pas. Et si je fais ce que je ne veux pas, ce n'est plus moi qui le fais, c'est le péché qui habite en moi."

Vous voyez ce qu'elle produit? Elle met en évidence le péché. Elle montre qu'il y a une puissance à l'œuvre qui agit en nous malgré notre bonne volonté et notre sincérité.

"Je trouve donc en moi cette loi; quand je veux faire le bien, le mal est attaché à moi. Car je prends plaisir à la loi selon l'homme intérieur; mais je vois dans mes membres une autre loi, qui lutte contre la loi de mon entendement, et qui me rend captif de la loi du péché, qui est dans mes membres."

Le mot pour "captif" ici ne désigne pas un criminel qui a violé la loi mais un prisonnier de guerre - quelqu'un qui a été fait prisonnier et qui doit se battre contre son propre camp. C'est la description de l'expérience de Paul.

Pour ma part, je dis: "Amen, Paul je te comprends". Car à l'âge de 15 ans, alors que j'étais à Eton, un décret est arrivé au collège stipulant que tous les garçons de 15 ans et plus devaient être confirmés dans l'église anglicane. Je n'avais pas envie d'être confirmé alors j'ai écrit à mon père qui servait dans l'armée britannique en Inde, et je lui ai dit: "Je n'ai pas vraiment envie d'être confirmé." J'ai été surpris de la réponse de mon père. Il m'a répondu en me disant: "Tu feras ta confirmation!." Ce qui m'a surpris, c'est que mon père n'allait à l'église que deux fois par an, à Noël et à Pâques et il pensait bien faire. Moi, je ne comprenais vraiment pas pourquoi il voulait que je sois confirmé!

Pour être confirmé dans l'église anglicane, il faut suivre une formation. Ainsi, j'ai été instruit par un professeur d'histoire et non par un professeur de religion. Il fallait apprendre à répondre à certaines questions, comme: "Comment vous appelez-vous?", ça c'est plutôt facile, pour la plupart d'entre nous! La suivante est: "Qui vous a donné ce nom?" et la réponse (à laquelle je ne crois pas) est: "Mes parrains à mon baptême." etc.

De toute façon, en étudiant ces questions, j'ai pris conscience du fait que je n'étais pas aussi bon que je le pensais et que j'avais vraiment besoin de devenir meilleur! J'en ai donc conclu que la confirmation était arrivée au bon moment et qu'à partir de là j'allais devenir bien meilleur.

A la fin de tout ça, l'évêque d'Oxford est venu, il a posé ses mains sur nos têtes (il y avait environ 50 garçons). J'étais tout heureux et je me suis dit que, ça y était, j'allais enfin être meilleur!

J'ai été complètement déçu: au lieu de devenir meilleur j'étais de pire en pire et, plus j'essayais de devenir meilleur, plus j'empirais! Pourtant, j'étais parfaitement sincère et je voulais vraiment changer. Finalement, j'ai pensé: "ça ne marche pas, pourquoi ne pas arrêter d'essayer de devenir meilleur, comme ça au moins je ne deviendrais pas pire!" J'en ai donc conclu que cela ne pouvait pas aller. J'avais le bon diagnostic mais pas le remède!

Dix ans plus tard, j'ai rencontré le Seigneur et je suis né de nouveau; ma vie a immédiatement changé. Mais je me retrouve tellement dans les paroles de Paul!

Une autre raison pour laquelle la loi a été donnée, c'était pour annoncer le Sauveur, le Messie. Et c'est dans ce contexte que Paul appelle la loi 'un tuteur'. Regardons Galates 3:24:

"Ainsi la loi a été comme un pédagogue pour nous conduire à Christ, afin que nous fussions justifiés par la foi."

Le mot traduit par "tuteur" est en fait le mot qui donne "pédagogue". Il désigne un esclave d'âge mûr, dans la maison d'un homme riche et dont le travail consistait à donner une instruction de base aux enfants (il leur enseignait ce qui était bien et mal) jusqu'à ce qu'ils soient assez âgés pour aller à l'école ou pour être enseignés par un autre tuteur. Ainsi, cet homme n'était pas l'enseignant mais celui qui les conduisait à l'enseignant. Paul dit que c'est ce que la loi a fait pour les Juifs. Elle nous a donné les rudiments du bien et du mal; elle n'a pas pu tout nous enseigner mais elle est devenue notre esclave pour nous amener au Messie qui pouvait nous enseigner. Ainsi, le but de la loi était de diriger Israël vers le Messie, de le révéler et de l'annoncer. Elle l'a fait de deux façons. En prédisant et en annonçant. Il y a de nombreuses prophéties de la loi qui prédisent clairement le Messie. Nous allons en voir une. Deutéronome 18:18-19. L'Eternel parle à Moïse et il dit:

"Je leur susciterai du milieu de leurs frères un prophète comme toi (comme Moïse) je mettrai mes paroles dans sa bouche, et il leur dira tout ce que je lui commanderai. Et si quelqu'un n'écoute pas mes paroles qu'il dira en mon nom, c'est moi qui lui en demanderai compte."

Ainsi, il est clairement prédit que Dieu allait susciter en Israël d'entre leurs propres frères, un prophète qui serait comme Moïse. J'ai écrit une étude il y a des années qui s'intitule: "Un prophète comme Moïse". Je crois que j'avais trouvé 26 points parallèles entre Moïse et Jésus. Aucun autre prophète n'a autant de caractéristiques communes avec Jésus. Ce prophète allait être l'unique autorité parce qu'il allait transmettre tout ce que Dieu avait ordonné et, si les gens n'écoutaient pas, Dieu leur en demanderait compte. Tous les apôtres du Nouveau Testament ont unanimement conclu que la promesse d'un prophète comme Moïse s'était accomplie en Jésus. Ainsi c'était bien l'annonce du Messie.

Toutefois, le Messie a aussi été prédit dans la Loi, dans beaucoup de ses ordonnances et de ses sacrifices. En fait, je crois que tout sacrifice de la Loi préfigure en quelque sorte Jésus. Et si nous sommes capables de discerner, il n'y a pas un seul sacrifice qui ne nous parle d'une façon ou d'une autre de Jésus. Prenons simplement un exemple: *l'agneau pascal* égorgé en Egypte et dont le sang a protégé les maisons d'Israël de la colère et du jugement de Dieu (tombé sur les Egyptiens qui eux n'étaient pas protégés). Laissez-moi vous faire remarquer que ce n'est pas une question de nationalité ou de race. Une seule question est importante. Y avait-il du sang sur la maison, ou pas? C'est certainement une image très claire de Jésus, l'agneau de Dieu, comme on peut la trouver ailleurs dans la Bible.

Nous allons encore regarder deux passages du Nouveau Testament dans lesquels l'image de la Pâque est appliquée à Jésus. Tout d'abord dans Jean 1:29. La présentation de Jean-Baptiste, envoyé pour préparer le chemin pour le Messie. Jean 1:29:

"Le lendemain, il (Jean-Baptiste) vit Jésus venant à lui et il dit: Voici l'agneau de Dieu qui ôte le péché du monde."

C'est lui qui était la réalité préfigurée par l'agneau pascal. Dans 1 Corinthiens 5:7 Paul applique cela très précisément à Jésus. Il dit - et il se réfère maintenant à l'ordonnance de la Pâque selon laquelle toute demeure juive doit faire disparaître le levain.

"Faites disparaître le vieux levain, afin que vous soyez une pâte nouvelle, puisque vous êtes sans levain, car Christ, notre Pâque, a été immolé."

Il affirme spécifiquement que Christ était le véritable agneau pascal; nous nous souvenons bien sûr que son sacrifice, sa mort, a eu lieu à l'époque de la Pâque. Ainsi, la loi a montré (à ceux qui se trouvaient sous cette loi) la véritable solution - c'est-à-dire le Messie qui devait venir.

La quatrième raison de l'existence de la loi n'est pas toujours comprise - particulièrement par les païens - c'était de garder Israël séparé des autres nations afin que le Messie puisse y venir. Nous pourrions dire aussi "enfermé sous la garde de la loi". Paul le redit dans Galates 3:23:

"Avant que la foi vint, nous étions enfermés sous la garde de la loi, en vue de la foi qui devait être révélée."

Les Juifs étaient donc enfermés par la loi dans une situation particulière qui devait leur permettre de se tenir prêts pour le Messie. Nous pouvons lire les paroles de Balaam - une prophétie concernant Israël- dans Nombres 23:9. C'est une vision prophétique d'Israël:

"Je le vois du sommet des rochers, je le contemple du haut des collines; c'est un peuple qui a sa demeure à part et qui ne fait point partie des nations."

Le mot pour "nations" est "Goyim", c'est le mot employé pour païen. Alors, même après leur dispersion - après avoir été dispersés - chassés de leur pays pendant plus de 2000 ans - cette prophétie s'est accomplie pour le peuple juif. C'est un peuple qui habite à part et qui ne sera pas reconnu parmi les nations. C'est l'un des faits les plus remarquables de l'histoire: la nation juive a pu être dispersée loin de son pays dans les années 70 après Jésus-Christ mais 19 siècles plus tard, après 2000 ans dans presque une centaine de différents pays, elle est encore un peuple séparé et qui a gardé son identité. C'est une caractéristique spécifique à Israël.

Ma première épouse était Danoise. Elle avait l'habitude de me dire: "Si tu disperses les Danois parmi d'autres nations et que tu reviennes cent ans plus tard, tu ne trouveras plus un seul Danois." Ce qui les a gardés à part, c'est en premier lieu la loi de Moïse. Et plus particulièrement une ordonnance: celle du sabbat. Elle les a toujours séparés des autres peuples.

Et ils l'ont gardé au prix d'un sacrifice personnel. Voyez-vous, Dieu devait avoir un peuple au milieu duquel le Messie pouvait venir.

Il y a quelques années, je parlais à une foule d'environ 3000 personnes à Singapour. La plupart de ces gens étaient chinois. J'étais en train de prêcher sur la façon d'être délivré de la malédiction et en les regardant j'ai pensé: "Il est à peu près certain que tous ceux qui sont ici ont eu des ancêtres sur trois générations qui ont adoré les idoles". Puis je me suis dit: "Dieu n'aurait jamais pu envoyer son fils vers une telle nation: s'il avait obéi à ses parents, il se serait retrouvé à adorer un faux dieu". Vous me comprenez? Dieu devait donc préparer une nation très soigneusement et de façon très spécifique: c'est seulement ainsi qu'il lui était possible d'y envoyer son fils qui lui pourrait obéir à ses parents et garder les ordonnances de sa nation tout en étant fidèle à Dieu. En un sens, c'est un miracle fantastique d'avoir pu faire tout cela!

Nous allons continuer avec le but de la loi: Donner à l'humanité un modèle de nation gouvernée par des lois justes. Nous allons regarder juste un moment Néhémie 9:13-14: nous avons ici une prière extraordinaire, faite après le retour de l'exil à Babylone. Ils se sont remémoré tous les actes de Dieu pour Israël. Voici ce qu'ils disent:

"Tu descendis sur la montagne de Sinaï, tu leur parlas du haut des cieux, et tu leur donnas des ordonnances justes, des lois de vérité, des préceptes et des commandements excellents. Tu leur fis connaître ton saint sabbat, et tu leur prescrivis par Moïse, ton serviteur des commandements, des préceptes et une loi."

Voilà qui est vrai dans notre monde: presque tous les pays qui ont un code de lois préservant l'intégrité et la moralité humaines, peuvent relier l'origine de ce code à la loi de Moïse. Ainsi, la Loi a établi un modèle que toutes les nations qui désirent être gouvernées par des lois justes peuvent suivre.

Enfin, et c'est très important mais rarement pris en compte, un des buts de la loi était d'être une source inépuisable pour la méditation spirituelle. Comme c'est écrit dans les premiers mots du Psaume 1:

"Heureux l'homme qui ne marche pas selon le conseil des méchants, qui ne s'arrête pas sur la voie des pécheurs, et qui ne s'assied pas en compagnie des moqueurs. Mais qui trouve son plaisir dans la loi de l'Eternel et qui la médite jour et nuit. (Quel est le résultat? Verset 3) Il est comme un arbre planté près d'un courant d'eau, qui donne son fruit en sa saison, et dont le feuillage ne se flétrit point. Tout ce qu'il fait lui réussit."

Si vous voulez réussir, la clé est dans ce que vous méditez. Celui qui réussit est celui qui médite la loi jour et nuit, voilà la clé du succès! J'aimerais vous dire que lorsque vous savez qui est l'agneau pascal, la méditation de la Loi devient infiniment plus riche mais elle reste une source de méditation spirituelle inépuisable.

Revoyons rapidement maintenant les buts pour lesquels la loi a été donnée, et nous terminerons là cette partie.

Premièrement, pour montrer aux hommes **la réalité et la puissance du péché.** C'est le <u>seul</u> moyen qui permet d'obtenir un diagnostic précis et correct - rien d'autre dans l'expérience humaine ne peut diagnostiquer le péché, à part la loi!

Deuxièmement, pour montrer que **l'homme est incapable d'atteindre la justice par ses propres efforts.** Combien d'entre vous sont d'accord avec cela? Vous êtes incapables d'accomplir la loi par vos propres efforts. Et si vous êtes honnête avec vous-même, même la loi de votre propre église vous ne la respectez pas entièrement!

Troisièmement, **pour prédire et annoncer le Sauveur, le Messie.** Annoncer par prophétie et préfigurer par une figure et une représentation. Et Paul emploie les termes suivants: gardée et enfermée - une nation mise à part.

Cinquièmement, pour **donner à l'humanité un modèle de nation gouvernée par des lois justes.** Du moins dans notre monde occidental, dans notre héritage chrétien, chacune des nations s'est inspirée pour la plus grande partie (d'une façon ou d'une autre), des lois de Moïse. Quand nous avons vraiment des problèmes, frères et sœurs, c'est parce que nous nous éloignons de ce principe et c'est exactement ce qui se passe actuellement.

Enfin, le sixième but de la loi est de **donner un matériel de méditation spirituelle inépuisable.** Je voudrais souligner qu'il y a matière à des applications concrètes! La clé d'une vie réussie est la bonne méditation. Le troisième verset du Psaume est étonnant. Dans la version Darby de la Bible, il est dit: "et tout ce qu'il fait prospère", c'est très simple! Quelle en est la clé? La bonne méditation. Et quelle est la grande source de méditation? La Loi. Vous pouvez lire presque n'importe quel des cinq livres de Moïse et trouver des leçons à l'infini pour vous guider, vous garder et vous avertir. Voulez-vous prospérer? Il est clair que personne ne veut échouer! Alors, souvenez-vous que méditer la loi de Dieu est à la racine du succès dans la vie chrétienne.

Revenons à Romains 3:20. C'est une sorte de borne, de repère qui nous indique où nous en sommes dans notre pèlerinage. Il est dit ceci:

"Car nul ne sera justifié par les œuvres de la loi, puisque c'est par la loi que vient la connaissance du péché. (verset 21) Mais maintenant...".

Et là, nous commençons à voir la solution de Dieu. Vous voyez, dans sa grande sagesse, Dieu n'a pas donné la solution sans avoir bien montré le problème. Il a souligné de façon merveilleuse, systématiquement et avec tous les détails nécessaires le problème dans son intégralité et il nous a montré que la loi n'est pas la solution. Alors, quelle est la solution? Il la dévoile maintenant pour nous. Nous lirons du verset 21 au v. 26. Ce sont les versets les plus compacts de la Bible. Il faudrait une journée entière pour les analyser mais nous n'avons pas toute la journée, alors nous allons faire avec ce que nous avons! Romains 3:21:

"Mais maintenant, sans la loi est manifestée la justice de Dieu..."

Cependant, vous devez savoir que le mot "*la*" devant 'justice' a été ajouté par les traducteurs. Je crois qu'il vaudrait mieux dire "**une**" justice de Dieu - une sorte différente, une autre sorte de justice.

"Mais maintenant sans la loi est manifestée la justice de Dieu, à laquelle rendent témoignage la loi et les prophètes."

Encore une fois, Paul fait très attention à dire "Je n'innove pas. Tout est contenu au stade embryonnaire, dans l'Ancien Testament Tout ce que je fais explique ce qui était implicite dans la loi et les prophètes."

"(Verset 22) justice de Dieu par la foi en Jésus-Christ..."

Encore une fois, le message des Romains est de dire qu'il n'y a pas d'autre voie pour le salut que par la foi. Il n'y a pas d'alternative. Vous ne pouvez recevoir la justice autrement.

"... par le moyen de la foi qui est en Jésus le Messie..."

Personnellement, à ce stade, je préfère dire **Messie**, plutôt que d'utiliser le mot grec "Christ", parce que cela représente tellement mieux la continuité de l'Ecriture, selon moi!

"... pour tous ceux qui croient..."

Ainsi, cette justice par la foi est obtenue pour tous ceux qui croient. Le mot "tous" est important. Cela ne restreint pas les choses à la nation juive. C'est pour tous ceux qui en ont besoin. Quelles sont les personnes qui en ont besoin? Tous, oui, mais qui plus précisément? Les pécheurs, exactement.

"... justice de Dieu par la foi en Jésus-Christ pour tous ceux qui croient. Il n'y a point de distinction."

A propos de quoi? Face au péché! Il existe beaucoup de distinctions: différentes races, différentes couleurs, différentes cultures, différentes langues, différentes religions, mais nous avons tous une chose en commun: nous sommes tous coupables de péché. Nous sommes tous responsables devant Dieu pour notre péché. A cet égard, il n'y a pas de distinction entre le Juif, le païen, le protestant, le catholique, le noir et le blanc, nous sommes tous pareils. Verset 23:

"Car tous ont péché et sont privés de la gloire de Dieu."

Combien ont péché? Tous. Est-ce que je suis m'inclus? Oui, certainement: **tous** ont péché. Le mot pour "*péché*" est un mot qui veut dire "manquer le but, rater la cible". Vous voyez là un nombre de mots dans la Bible pour faire le mal et chacun est spécifique. Il y a un autre mot "*transgression*". La transgression signifie 'marcher au-delà d'une ligne, d'une limite'. La transgression, c'est désobéir à un commandement qui nous est connu. Les Juifs se sont rendus coupables de transgression. Dans la plupart des cas, les païens n'étaient pas coupables: ils n'avaient pas de commandement connus, ainsi en ce sens, ils étaient différents des Juifs, c'est vrai mais pourtant bien égaux au regard du péché - qui est de rater le but pour lequel nous avons été créés. Et pourquoi avons-nous été créés? Pour la gloire de Dieu.

Je me souviens d'un jeune homme juif venu au Seigneur, il y a longtemps, à Londres alors que j'y étais pasteur; il était devenu ce que je qualifierai de *très fervent*. Une fois, tandis qu'il prêchait dans une réunion de rue, il a dit: "On n'a pas le droit d'exister si on n'existe pas pour la gloire de Dieu." J'ai pensé: "C'est vrai!" C'est la seule justification à notre existence dans l'univers de Dieu! Quand il nous a créés c'était pour sa gloire! Et souvenez-vous, qu'est-ce que le péché? C'est rater le but pour lequel nous avons été créés!

Il y a un autre mot traduit par "iniquité" mais il est mieux traduit par "rébellion". C'est un autre aspect d'une mauvaise façon d'agir. La rébellion est dans le cœur de chacun d'entre nous mais c'est tout d'abord une attitude - avant d'être un acte. (Nous traiterons de la rébellion en étudiant Romains 6, car c'est dans ce chapitre qu'est approfondi le thème du "vieil homme", nous allons donc le garder pour plus tard.

Nous sommes tous égaux dans le fait que nous avons péché et en péchant nous sommes passés à côté de la gloire de Dieu. Nous avons manqué le but pour lequel nous avons été créés. C'est pourquoi les pécheurs sont toujours frustrés quelque part, vous me suivez? Parce qu'ils ne vivent pas pour ce qu'ils ont été créés.

C'est comme si vous preniez une Cadillac et que vous l'utilisiez pour déménager des meubles, cela n'irait pas! Ou bien si vous preniez un camion et que vous vouliez l'utiliser comme taxi, vous auriez des problèmes, parce que ces véhicules ont été conçus pour une fonction précise et si vous les utilisez mal, vous en paierez les conséquences! Eh bien, c'est vrai aussi de chacun des pécheurs: chacun est à côté du but pour lequel il a été créé et, quelque part tout au fond de lui, il y a une en conséquence une frustration.

Continuons avec le chapitre 3. Nous en arrivons maintenant à la solution. Verset 24:

"Etant justifiés..."

Je préférerais dire "*ayant la justification offerte*" parce que nous ne sommes justifiés que si nous recevons.

"… étant justifiés gratuitement"

Etre justifié est un don: je pense qu'à ce stade, je devrais vous donner certaines de mes définitions du mot "*justifier*". Pour beaucoup, *justifier* est une sorte de mot théologique plutôt "sec" mais pourtant, c'est un mot glorieux! Je vais vous donner une série de traductions possibles. Dire que je suis justifié, cela signifie que je suis acquitté - mon cas a été jugé devant le tribunal du ciel, qui a rendu un verdict - non coupable. Est-ce que ce n'est pas merveilleux? Il n'y a pas de plus grand tribunal que celui du ciel! Quand le tribunal du ciel dit que vous n'êtes pas coupable, peu importe ce que votre voisin dit de vous, peu importe ce que les gens pensent de vous, vous n'êtes pas coupable. C'est une partie de la justification. Et puis, cela signifie aussi être reconnu comme étant juste. Dieu vous reconnaît juste sur la base de votre foi. Mais, le même mot grec signifie aussi être rendu juste. Ainsi ce n'est pas simplement que vous ayez été reconnu juste mais c'est le résultat de quelque chose qui s'est passé en vous.

Vous vous souvenez que nous avons dit que Dieu qualifiait les choses et elles sont ce qu'il dit qu'elles sont. Il se peut qu'il n'y ait pas de changement tangible immédiat mais le processus est mis en marche quand Dieu énonce une qualification. Ainsi Dieu choisit de nous appeler justes et quand il nous appelle juste, nous le devenons!

Une autre traduction: justifié, signifie que je suis comme si je n'avais jamais péché. Pourquoi? Parce que j'ai été reconnu juste de la justice de Dieu: non pas à cause de ma justice propre, ni par mes efforts même les plus performants mais par la foi, j'ai reçu en tant que don gratuit la justice de Dieu et si vous ne la recevez pas comme un don, chers frères et sœurs, vous ne l'aurez jamais!. Vos efforts pour l'obtenir ne serviront à rien et vous ne pouvez pas non plus la mériter: c'est bien au-delà de ce que nous pouvons produire, aussi loin que le ciel est au-dessus de la terre! Dieu dit dans Esaïe 64:5:

"Et toute notre justice est comme un vêtement souillé..."

Il n'a pas dit 'nos péchés'. Il a dit que tout ce que nous pouvons produire de mieux est aux yeux de Dieu comme un vêtement souillé. Je n'avais pas prévu de vous faire lire ce verset mais je crois qu'il est bon de le voir ensemble. Esaïe 61:10. (Je ne prêche jamais sur ce thème sans citer ce verset!) Il décrit ce qu'est la justification - c'est à dire être reconnu juste.

"Je me réjouirai en l'Eternel, mon âme sera ravie d'allégresse en mon Dieu..."

Etre ravi d'allégresse est probablement l'expression la plus forte pour désigner un état de bonheur intense qu'on a envie de communiquer aux autres.

"Car il m'a revêtu des vêtements du salut, il m'a couvert du manteau de la délivrance."

Beaucoup de gens savent ce qu'est le salut mais beaucoup de ceux qui sont sauvés ne savent pas ce qu'est la justification! Il vous revêt d'abord du vêtement du salut. C'est merveilleux! On pourrait dire que c'est une sorte de sous-vêtement et ensuite, il nous enveloppe d'un vêtement de justice: il nous couvre totalement d'un vêtement de justice. Et, peu importe la façon dont le diable vous regarde, tout ce qu'il peut voir, c'est la justice de Dieu et il ne peut rien dire contre vous! C'est ça la justification et c'est de cela dont nous parlons. Vous savez, si souvent je suis attristé que les chrétiens aient si peu d'enthousiasme... Je crois aux gens qui sont enthousiastes: pour moi, c'est logique. Dire que vous croyez ces choses mais ne pas être enthousiaste n'est pas logique. Je me souviens que lorsque j'étais à l'église anglicane (ce n'est pas une critique contre cette église, mais plutôt une critique de l'adolescence), j'écoutais toutes les paroles et les belles prières et les confessions, ça paraissait glorieux. Mais je regardais ensuite les gens et je me disais: "Si ces gens croient vraiment à ce qu'ils disent et à ce qu'ils entendent, ils ne le montrent guère, on ne le dirait pas!" Et je me suis imaginé le petit scénario suivant: une femme élégante sort de l'église le dimanche matin et elle perd un joli mouchoir brodé. Je cours après elle pour le ramasser et lui rendre. Son visage s'illumine, elle est beaucoup plus contente de retrouver son mouchoir que de tout ce qu'elle vient d'entendre à propos du salut! Vous voyez, les gens qui se comportent ainsi n'ont jamais vraiment saisi le sens ce qu'ils disent. Je pense que si vous pouvez vraiment comprendre que Dieu vous a couvert de son vêtement de justice, vous expérimenterez ce qu'Esaïe dit:

"Je me réjouirai en l'Eternel. J'exulterai dans le Dieu de mon salut."

Je serai si heureux, il faudra que je le dise aux autres! Je ferai beaucoup plus que m'asseoir sur un banc d'église. Je me lèverai, je crierai, je danserai! Ce n'est pas anormal, c'est logique! Je suis un professionnel de la logique. Dire que vous croyez toutes ces choses merveilleuses écrites dans l'épître aux Romains et dans le Nouveau Testament et ne pas être enthousiaste, c'est complètement illogique. Cela signifie en fait que vous ne croyez pas ce que vous dites mais c'est le Saint-Esprit seul qui peut le rendre réel pour vous, pas le frère Prince!

Revenons à Romains 3:24:

"... et ils sont gratuitement justifiés par sa grâce"

Nous allons étudier Romains 5, cette affirmation que nous recevons la justice en tant que don, plus tard. Nous n'allons pas le développer ici.

"... par sa grâce..."

Vous comprenez bien que la grâce est l'œuvre surnaturelle de Dieu qui fait des choses pour nous que nous ne pouvons pas faire pour nous-mêmes. La grâce ne peut pas se gagner. Si vous avez gagné quelque chose, ce n'est plus une grâce, la grâce commence quand vous arrivez au bout de vos capacités. Nous continuons:

"... et ils sont gratuitement justifiés par sa grâce, par le moyen de la rédemption qui est en Jésus-Christ."

Ce mot "*rédemption*" est utilisé dans la version grecque de l'Ancien Testament pour désigner le siège de la grâce (le propitiatoire) dans l'arche du tabernacle de Moïse. C'est une très belle image. L'arche était là, à l'intérieur se trouvait la loi qui avait été brisée et qui témoignait contre Israël mais Dieu avait prévu un siège de grâce exactement de la même dimension que l'arche et qui couvrait entièrement la loi brisée! Et, c'est à cet endroit que Dieu s'est manifesté et a parlé et qu'il a été couvert par les chérubins de gloire. Vous voyez, tant que l'arche est découverte vous n'avez pas accès à Dieu. Mais, quand l'arche est couverte par le siège de la grâce, alors Dieu peut s'approcher de vous et vous de lui et il peut vous parler. Vous avez un accès immédiat à la présence du Dieu Tout-Puissant. Grâce au propitiatoire (le siège de la grâce et le siège de la grâce c'est le sacrifice de Jésus, son sang répandu). C'est la seule voie d'accès à la justice de Dieu. Lisons le verset 24:

"...la rédemption qui est en Jésus-Christ. (verset 25) C'est lui que Dieu a destiné par son sang à être, pour ceux qui croiraient, une victime propitiatoire."

Ainsi, Dieu a donné à tout l'univers l'unique sacrifice suffisant pour tous les péchés que nous avons tous commis. Et il l'a démontré par la vie donnée et le sang versé de Jésus. Dieu ne l'a pas fait en secret, ni dans un coin, il l'a fait de façon très publique. Paul continue en disant:

"… afin de montrer sa justice, parce qu'il avait laissé impunis les péchés commis auparavant, au temps de sa patience".

Vous voyez, nous avons ici un mystère: sous la loi de Moïse pendant presque 15 siècles, Israël s'est continuellement souvenu de ses péchés. Prenons en exemple une seule ordonnance - le jour de l'expiation - une fois par an, ils se souvenaient de leur péché mais aucun sacrifice ne pouvait enlever leur péché. Les sacrifices de la loi couvraient seulement ces péchés jusqu'au prochain sacrifice. Mais, quand Jésus est venu, l'auteur des Hébreux dit: *"Il a ôté notre péché par son sacrifice."* Il n'a pas simplement couvert le péché il nous en a débarrassé, il l'a écarté, il l'a complètement enlevé. Par cette démonstration, Dieu a donné raison à sa justice: durant 15 siècles il avait passé sur le péché qui n'avait jamais vraiment été complètement expié, mais il savait ce qu'il allait faire! Il l'a fait par la foi dans l'assurance que Jésus pourvoirait finalement au sacrifice pleinement suffisant. Vous voyez, tout ce que Dieu a fait au calvaire, **il** l'a fait dans la foi. Jésus est mort dans la foi. Il n'y a eu absolument aucune preuve d'un seul résultat permanent de son ministère. Il est mort par la foi, gloire à Dieu sa foi était justifiée! Continuons au verset 26:

"... de montrer sa justice dans le temps présent de manière à être juste tout en justifiant celui qui a la foi en Jésus."

C'est le cœur de l'épître aux Romains. Dieu peut être juste et justifier le pécheur. Comment Dieu pourrait-il ignorer le péché sans compromettre sa propre justice? La réponse se trouve ici dans Romains. C'est le verset descriptif clé: que Dieu puisse être parfaitement juste et pourtant pardonner les pécheurs. Comme je l'ai déjà dit, le problème de Dieu n'est pas de punir les pécheurs, voilà qui ne présenterait aucun problème! Le problème de Dieu est de pouvoir pardonner les pécheurs et il est le seul à pouvoir donner une solution. La solution se trouve ici, dans Romains. Nous arrivons maintenant aux conséquences de cette faveur: c'est la rédemption. Nous lisons les versets 27 et 28:

"Où est le sujet de se glorifier? Il est exclu. Par quelle loi? Par la loi des œuvres? Non, mais par la loi de la foi.(verset 28) Car nous pensons que l'homme est justifié par la foi, sans les œuvres de la loi."

Nous avons fait remarquer dans le chapitre 2 que la connaissance religieuse produisait l'orgueil. Plus l'homme religieux connaît de choses, plus il devient orgueilleux! L'orgueil est une abomination devant Dieu, alors il est obligé d'éliminer l'orgueil. Il l'a fait par cette loi de la foi, qui ne nous laisse rien pour nous glorifier. Nous ne pouvons rien réclamer, nous ne pouvions rien faire pour nous-mêmes... Dieu a tout fait! Tout ce que nous avons pu faire a été de recevoir par la foi le don gratuit de la justice que Dieu nous offre.

Vous voyez, je ne veux pas augmenter la controverse mais j'ai eu beaucoup de contacts avec la religion musulmane, l'Islam. Elle envahit tout le Moyen Orient. J'ai vécu dans trois pays musulmans à différentes périodes de ma vie et voici le fruit de mon observation personnelle: je n'ai jamais vu personne que l'Islam ait rendu heureux. J'ose dire qu'il n'a jamais rendu personne heureux en 13 siècles. Quel en est l'attrait alors? C'est une religion d'œuvres. Et pourquoi donc les gens aiment-ils une pareille religion? Parce que cela leur donne l'occasion de se glorifier, cela flatte l'orgueil humain et les musulmans n'en sont pas les seuls exemples!

C'est vrai pour les Juifs orthodoxes et c'est vrai pour beaucoup de chrétiens qui n'ont pas réalisé que nous n'avons à nous glorifier de rien car c'est Dieu qui a tout fait! Tout ce que nous avons à faire c'est de recevoir par la foi ce qu'il a fait. Et, laissez-moi vous dire une chose. La foi et l'orgueil sont incompatibles. Il est très important de s'en souvenir parce que beaucoup d'entre nous courent le risque de devenir orgueilleux: nous faisons des choses... pour Dieu, nous pouvons avoir une mesure de succès dans notre ministère et penser que nous sommes les meilleurs... C'est terriblement dangereux! Et nous voyons qu'il n'y a pas de place pour l'orgueil, celui-ci est totalement exclu.

Il est très intéressant de noter qu'au cours de son ministère terrestre, Jésus a rencontré deux personnes qu'il a louées pour leur foi, ce qui est intéressant, c'est que ni l'une ni l'autre de ces deux personnes n'était juive: la première était un centurion romain qui lui a dit: "*Je ne suis pas digne que tu entres sous mon toit. Mais dis seulement un mot....*" Jésus s'est exclamé: "*Je vous le dis, je n'ai pas trouvé de plus grande foi en Israël.*"

Qu'est-ce qui accompagnait sa foi? L'humilité. "*Je ne suis pas digne. Je n'ai pas de revendication. Dis seulement un mot.*" L'autre - l'une des mes histoires préférées dans la Bible - la femme syro phénicienne qui avait une fille possédée d'un démon. Elle a couru après lui, a crié, a fait beaucoup de bruit et les disciples ont dit: "*Renvoie la, elle fait du bruit, nous ne voulons pas tout ce bruit!*" Mais, elle ne voulait pas partir. Elle l'a d'abord appelé Fils de David et il n'a pas répondu parce que Fils de David était le titre qu'il avait pour les Juifs. Elle n'était pas juive. Alors elle a dit: "*Seigneur*", et là, il a répondu. Et il a dit: "*Que veux-tu?*" Elle a répondu; "*Que le démon sorte de ma fille.*" Il a vraiment testé son humilité parce qu'il lui a dit: "*Il n'est pas bon de prendre le pain et de le donner aux chiens.*" Comment l'a-t-il appelée? Oui, un chien! En occident, c'est une insulte, mais au Moyen Orient , se faire traiter de chien, c'est la pire des insultes! Mais, il mettait les choses au clair: il lui montrait qu'il était engagé envers Israël par alliance, j'ai fait une alliance avec eux à travers Moïse selon laquelle je serai leur médecin mais je n'ai pas traité d'alliance avec toi, alors ta position est semblable à celle d'un petit chien. (Vous voyez, comme Dieu semble dur, il est pourtant plein de grâce!). La réponse "*C'est vrai, Seigneur, mais les petits chiens mangent les miettes*" nous laisse surpris, quelle foi! "*Dieu, je n'ai pas besoin de pain, mais une miette fera sortir le démon de ma fille.*"Jésus lui dit: "*Femme, ta foi est grande. Prends ce dont tu as besoin.*" Qu'est-ce qui était dominant dans son caractère? Elle était humble. Faisons bien attention à ne pas devenir orgueilleux, car la foi et l'orgueil ne peuvent coexister.

Finissons maintenant ce chapitre. Paul montre que ce message est à la fois pour les païens et pour les Juifs, au verset 29:

"Ou bien, Dieu est-il seulement le Dieu des Juifs? Ne l'est-il pas aussi des païens? Oui, il l'est aussi des païens; (verset 30) puisqu'il y a un seul Dieu, (c'est la grande proclamation du judaïsme: il n'y a qu'un seul Dieu) qui justifiera par la foi les circoncis, et par la foi les incirconcis."

La condition de base, c'est la foi vous voyez? La foi peut s'exprimer par la circoncision ou elle peut agir sans la circoncision, mais quelle que soit sa forme, c'est la foi et la foi seule qui est la base de la justification. La circoncision sans la foi ne justifiera pas un homme. Et il finit ainsi et c'est très important. Au verset 31:

"Anéantissons-nous donc la loi par la foi? Loin de là! (Qu'avons-nous dit? loin de moi cette pensée!) Au contraire, nous confirmons la foi."

Il est très important de voir cela. La foi en Jésus et le Nouveau Testament ne mettent pas de côté la loi de Moïse, elle fait partie de la parole de Dieu. Elle est permanente. En fait, les seules personnes qui puissent prendre la loi comme elle est écrite sont ceux qui croient que Jésus est mort à leur place. Tout groupe de personnes - Juifs ou païens, les Mormons ou les Adventistes du septième jour – quel que soit son nom - qui proclame qu'il observe toute la loi de Moïse est menteur. Ces personnes ne le font pas. Nous pouvons dire que nous croyons toute la loi, nous ne mettons aucun commandement de côté, (même pas, que faire d'un lapin si vous le tuez dans un champ) parce que Jésus l'a fait à votre place. Nous seuls sur toute la terre pouvons dire

"C'est vrai. Nous acceptons la loi dans son intégralité, mais elle a été accomplie dans son intégralité en Jésus et à travers sa mort, nous sommes délivrés de la loi". Amen!

Chapitre 5

Romains 4:1-4-25

Nous commençons maintenant la cinquième étape de ce pèlerinage dont la destination est Romains 8. Nous avons déjà fait beaucoup de chemin mais il nous reste encore beaucoup de terrain difficile à traverser avant d'arriver à destination. Dans les études précédentes, nous avons vu les réponses de Dieu aux besoins des hommes. C'était à la fin du chapitre 3. Jusque là, Paul a simplement décrit les problèmes et les problèmes se sont intensifiés. Mais, dans cette dernière partie de Romains 3 qui commence au verset 20 et suivants, il développe le sacrifice total, final et suffisant à travers la foi en la mort expiatoire du Seigneur Jésus-Christ.

Maintenant, dans cette partie et dans la suivante nous allons traiter de Romains 4. En substance, dans Romains 4, Paul considère deux des grandes figures d'Israël: Abraham et David et il montre par l'Ecriture qu'ils n'ont pas été justifiés par les œuvres mais par la foi. Il s'attache principalement à Abraham qui est le père de tous ceux qui croient mais il cite aussi un psaume de David. Ainsi, nous allons maintenant regarder et commencer à lire le chapitre 4. Nous lisons aux versets 1-5:

"Que dirons-nous donc qu'Abraham notre père a obtenu par la foi?"

C'est une question très importante pour chacun d'entre nous. Pour les Juifs et les païens. Comment Abraham a-t-il obtenu la justice avec Dieu?

"Si Abraham a été justifié par les œuvres, il a sujet de se glorifier, mais non devant Dieu. Car que dit l'Ecriture? Abraham crut à Dieu et cela lui fut imputé à justice. Or, à celui qui fait une œuvre, le salaire est imputé, non comme une grâce, mais comme une chose due; et à celui qui ne fait point d'œuvre, mais qui croit en celui qui justifie l'impie, sa foi lui est imputée à justice."

Voici l'un des passages les plus importants de l'Ancien Testament: Genèse 15:6. A cause de son importance, nous allons le chercher et le regarder rapidement. Abraham avait eu une conversation avec l'Eternel à propos des grandes promesses que l'Eternel lui avait faites, qui dépendaient toutes du fait qu'il ait un héritier or, il n'en avait pas. Voici la conversation entre l'Eternel et Abraham dans Genèse 15:5-6:

"Et, après l'avoir (Abraham) conduit dehors, il dit: Regarde vers le ciel, et compte les étoiles..."

Evidemment, il devait faire nuit.

"... si tu peux les compter. Et il (l'Eternel) lui dit: Telle sera ta postérité."

Ca, c'était la promesse, et le commentaire est le suivant:

"Abram eut confiance en l'Eternel qui le lui imputa à justice."

Abraham, à ce stade, n'avait rien fait d'autre que croire. Paul, ainsi que Jacques dans son épître, font remarquer que c'est ainsi qu'Abraham a obtenu la justice. Il ne l'a pas gagnée, ce n'était pas sur la base de ce qu'il avait fait mais cela a été imputé à sa foi. Paul dit, en revenant à Romains 4:5:

"... et à celui qui ne fait point d'œuvre, mais qui croit en celui qui justifie l'impie, sa foi lui est imputée à justice."

C'est un verset très puissant parce qu'il montre que si nous voulons recevoir la justice de Dieu par la foi de la même façon qu'Abraham (et il n'y en a pas d'autre), quelle est la première chose que nous devons faire? Regardez un moment le verset 5. Arrêter de faire quoi que ce soit. "... *et à celui qui ne fait point d'œuvre...*" Vous devez arriver au bout de tout ce que vous pouvez faire pour gagner la faveur de Dieu et ne rien faire sauf croire. C'est le modèle et l'exemple d'Abraham. A ce stade, la foi d'Abraham lui a été imputée comme justice. Est-ce que cela veut dire qu'Abraham n'a commis aucune faute après cela? Je suis heureux que la réponse soit négative sinon nous serions dans une position difficile. Nous voyons, si nous lisons les chapitres qui suivent, qu'Abraham a commis pas mal d'erreurs. Au chapitre 16, nous lisons comment lui et Sarah ont enlevé l'initiative des mains de Dieu et ont décidé qu'il serait mieux pour eux d'avoir un enfant par Agar. J'aimerais vous faire remarquer que dans la vie de la foi nous ne prenons jamais l'initiative. C'est un principe de base. L'initiative doit toujours venir de Dieu. C'est le modèle de Jésus. Il a dit: "Le Fils ne fait rien à part ce qu'il voit faire au Père." La seule base sûre pour vivre la vie de la foi est de laisser toujours Dieu prendre l'initiative. Chaque fois que nous faisons ce qu'Abraham a fait et que nous retirons l'initiative à Dieu, nous finissons par avoir des problèmes.

Puis, plus loin au chapitre 20, Abraham ment sur Sarah, ce qui lui vaut d'être prise dans le harem d'un païen, ce qui n'était pas une bonne attitude. Combien d'entre vous, les femmes, seraient d'accord? Ce n'est pas ainsi qu'un mari doit se comporter. Il nous est dit que Sarah était une femme modèle, elle n'a pas objecté, elle était soumise. C'est remarquable. Elle s'est soumise par la foi et Dieu est intervenu.

Ce que je veux vous dire c'est que Dieu n'approuve pas ces deux aspects de la conduite d'Abraham mais sa foi lui est imputée à justice. C'est extrêmement important pour vous et moi parce qu'au moment où nous mettons vraiment notre foi dans la mort expiatoire de Jésus pour nous et que nous croyons que, sur cette base, la justice nous est accordée, nous sommes reconnus justes. Cela ne veut pas dire que nous ne faisons plus d'erreurs. Grâce à Dieu, l'Ecriture ne dit pas qu'à partir de là nous allons être parfaits. Mais, ce qui est dit c'est que notre foi nous sera imputée à justice tant que nous continuerons à croire. Le danger réel est celui d'abandonner la foi.

J'aimerais lire un passage dans Luc 22, qui est pour moi très significatif. Il a pour cadre la Cène et le Seigneur Jésus a averti ses disciples qu'ils allaient le trahir, s'enfuir et l'abandonner. Tous disent que cela n'arrivera pas et le plus véhément est Simon Pierre. Au verset 31 et 32 Jésus dit ceci à Pierre:

"Simon, Simon, Satan vous a réclamés pour vous cribler comme du froment."

C'est une affirmation remarquable. Apparemment, Satan est venu vers Dieu et lui a dit: "Laisse-moi ces apôtres." Le "vous" indique un pluriel, c'est très clair en grec. "Cribler vos apôtres comme du blé."

Puis il dit spécifiquement à Pierre:

"... mais j'ai prié pour toi afin que ta foi ne défaille point; et toi quand tu seras converti, affermis tes frères."

Ce qui m'a en fait impressionné, c'est que Jésus n'a pas prié pour que Pierre ne le renie pas. Dans de telles circonstances, il était inévitable que Pierre le renie. Etant donné le caractère de Pierre à ce moment-là et le terrible assaut des forces des ténèbres qui allaient venir l'assaillir sous peu, il était inévitable que Pierre renie Jésus. Jésus était réaliste, il l'est toujours. J'en suis si content. Il n'a pas fait un genre de prière pieuse afin que Pierre ne le renie pas. Qu'a-t-il demandé? Il a dit: "J'ai prié afin que ta foi ne défaille pas. Pierre, tu vas faire une terrible erreur, tu vas connaître la honte, tu vas avoir l'impression que tu touches le fond mais ne cesse pas de croire. Si tu peux t'accrocher à ta foi, je te mènerai à bon port." La suite des évènements prouve qu'il avait raison.

J'aimerais vous dire que vous pouvez passer par de dures épreuves, par des tentations, certaines auxquelles vous ne vous attendrez pas. A un certain stade, vous pourrez sentir que vous avez lâché Dieu et que vous touchez le fond et que pouvez-vous faire? Je vais vous dire ce que vous pouvez faire. Continuez à croire, n'abandonnez pas votre foi parce que Dieu vous mènera à bon port si vous n'abandonnez pas votre foi.

C'est l'une des erreurs que nous ne devons pas faire. Tant que nous continuons sincèrement à croire en Jésus et à accepter la justice que Dieu nous a offerte sur la base de cette foi, frères et sœurs, il n'y a aucune garantie que nous ne fassions pas d'erreur. Il n'y a aucune garantie que nous n'ayons pas de problème. Il n'y a aucune garantie que nous n'allions pas échouer. Je n'ai aucune garantie de la part de Dieu à ce sujet. Je peux prêcher ici, partir demain et tomber dans un piège de Satan si je ne fais pas attention. Mais, Dieu m'en sortira, pourvu que je continue à croire. C'est si important. Cela a soulevé tant de problèmes dans mon esprit parce que je me suis vu et que j'ai vu d'autres chrétiens faire des choses regrettables et même mauvaises. Mais Dieu dit: "Tant que tu continues de croire, ta foi te sera imputée à justice. Et sur cette base, votre foi vous sera imputée à justice. Sur cette base, je vous aiderai. Vous ne savez peut-être pas comment, cela peut sembler impossible, mais n'abandonnez pas votre foi."

Je me demande si, parmi ceux et celles lisant ces messages, il y en a qui sont sur le point d'abandonner. Vous êtes presque arrivé au bout. Ne le faites pas! Si tel est le cas, si vous dites: "Je suis à un point de désespoir", prions ensemble maintenant:

"Seigneur Jésus je crois que tu me traites comme tu as traité Pierre.

Tu as prévu de me traiter comme Pierre. Je t'ai peut-être déçu, j'ai échoué, je sens que je suis arrivé au bout. Mais, Seigneur, je prie que ma foi ne faiblisse pas. Jésus, je prie que ma foi ne défaille pas. Amen."

Nous allons maintenant continuer avec les versets 6 à 8. Ici, Paul cite David. Il dit:

"De même David exprime le bonheur de l'homme à qui Dieu impute la justice sans les œuvres"

Et les premiers versets du Psaume 32:

"Heureux ceux dont les iniquités sont pardonnées, et dont les péchés sont couverts! Heureux l'homme à qui le Seigneur n'impute pas son péché."

Remarquez que David dit qu'il y a trois choses dans la bénédiction. Nos mauvaises œuvres ont été pardonnées, nos péchés ont été couverts et Dieu ne tient plus compte de notre péché. C'est le côté négatif de notre justification. Il reconnaît notre justice, il ne tient plus compte de nos péchés.

Paul revient à Abraham après cette courte digression sur David et traite de cette question très importante de la circoncision. Abraham devait-il se faire circoncire pour que sa foi lui soit imputée à justice? C'est une question capitale pour tous ceux qui viennent d'un milieu juif mais cela va plus loin parce qu'il y a d'autres ordonnances externes à la foi. Par exemple, beaucoup de gens comparent le baptême à la circoncision. Je pense qu'il y a une limite à cette comparaison. Il se peut que nous nous posions la question: "Ma foi m'est-elle imputée à justice aussi à partir du moment où je suis baptisé?" et ma réponse serait positive. Si vous croyez sincèrement et que vous avez l'intention d'obéir, votre foi vous est imputée à justice à partir du moment où vous croyez. Après tout, je crois que le baptême est, en un sens, le sceau de la justice que vous avez déjà obtenue par la foi.

Vous voyez, il y a une différence entre le baptême de Jean et celui de Jésus. Je ne sais pas si vous l'avez réalisé. Les gens que Jean baptisait étaient baptisés parce qu'ils étaient pécheurs et avaient confessé leur péché. Dans le baptême chrétien, nous sommes unis à Jésus dans l'ensevelissement et la résurrection. Nous sommes baptisés parce que nous avons été rendus justes. C'est l'accomplissement de notre justification. Jésus a été baptisé afin d'accomplir toute justification. Lorsque vous et moi sommes justifiés par la foi en lui, alors nous accomplissons notre justification, nous l'achevons par l'acte extérieur du baptême.

Regardons maintenant ce que Paul dit dans ce contexte en commençant au verset 9:

"Ce bonheur n'est-il que pour les circoncis, ou est-il également pour les incirconcis? Car nous disons que la foi fut imputée à justice à Abraham. Comment donc lui fut-elle imputée? Etait-ce après ou avant sa circoncision? Il n'était pas encore circoncis, il était incirconcis."

C'est un point extrêmement important. Abraham n'a pas connu la circoncision avant Genèse 17 mais sa foi lui a été imputée à justice en Genèse 15. Il est passé une période de temps considérable entre les deux.
"Et il reçut le signe de la circoncision, comme sceau de la justice qu'il avait obtenue par la foi quand il était incirconcis afin d'être le père de tous les circoncis qui croient, pour que la justice leur fut aussi imputée, et le père des circoncis, qui ne sont pas seulement circoncis, mais encore qui marchent sur les traces de la foi de notre père Abraham quand il était incirconcis."

Ainsi, ce qui est dit là, c'est que Dieu avait promis à Abraham qu'il serait le père d'une multitude de nations. Pas seulement d'une seule nation, Israël, mais de toutes les nations et en fin de compte de ceux qui de toutes les nations de la terre deviendraient les descendants spirituels d'Abraham par la foi en la semence d'Abraham, le Seigneur Jésus. C'était là la promesse de Dieu pour Abraham. Et il n'avait pas besoin d'être circoncis pour que la promesse lui soit faite, elle lui a été faite alors qu'il était incirconcis. Ce que Dieu a essayé de nous faire comprendre à nous qui suivons, à vous et à moi - et je ne suis pas Juif- c'est que nous n'avons pas besoin d'être circoncis pour devenir descendants d'Abraham. Nous sommes devenus descendants d'Abraham uniquement par la foi. Tout comme la foi d'Abraham lui a été imputée à justice, notre foi aussi nous est imputée à justice.

Ainsi, Abraham est devenu le père de deux différents types de personnes. Tout d'abord, ceux qui sont circoncis sur la base de la foi. Et, souvenez-vous que sans la foi, la circoncision ne sert à rien. Le facteur décisif c'est la foi.

Puis, il est devenu le père de ceux qui exercent la foi comme

Abraham sans être circoncis. Il s'agit de tous les croyants qui ne sont pas issus d'un milieu juif. Ainsi, en ce sens, la promesse de Dieu pour Abraham a été accomplie avant que la circoncision n'apparaisse.

Puis, Paul continue à dire d'Abraham qu'il est le père de la circoncision non seulement pour ceux qui sont circoncis mais aussi pour ceux qui ont suivi les traces de la foi de notre père Abraham, quand il était incirconcis. Ainsi, vous voyez, il ne suffit pas à un Juif d'être circoncis pour devenir descendant d'Abraham. Personne n'est un véritable descendant d'Abraham s'il ne marche sur les traces de la foi de notre Père Abraham. La condition essentielle, c'est la foi.

Et, Dieu atteint les gens de deux façons. Il atteint la circoncision sur la base de la foi qui les a amenés à se faire circoncire et il atteint l'incirconcision -c'est en gros le reste du monde- sans leur demander la circoncision mais sur la base de leur foi. C'est le modèle d'Abraham et depuis nous sommes tous descendants d'Abraham selon l'Ecriture, par la foi en Jésus, la semence d'Abraham, c'est très important pour nous. Cela nous amène au-delà de la question de la circoncision. Cela nous montre que c'est la foi et la foi uniquement qui fait de nous des fils de Dieu et des fils d'Abraham et cette foi ne dépend pas d'une ordonnance extérieure.

C'est vraiment une question fondamentale. Nous sommes sauvés uniquement par la foi. Non pas la foi plus autre chose. Soyez toujours sur vos gardes par rapport aux gens qui veulent ajouter quelque chose à la foi, qui exigent autre chose que la foi. C'est contraire à l'Ecriture. La seule condition pour devenir un descendant d'Abraham c'est la foi. Si Dieu insiste autant, c'est qu'il ne renoncera pas à cette condition. Il sera très tolérant dans d'autres domaines, il permettra de nombreuses différences. Je ne crois pas que Dieu veuille que tous ses enfants se ressemblent, qu'ils se conduisent de la même manière, qu'ils ne se conforment qu'à un seul modèle. Je crois vraiment que Dieu aime la variété.

J'aimerais vous dire que moi je l'apprécie. J'ai eu le privilège ces dernières années d'aller dans de très nombreux pays, parmi des gens si différents, d'horizons culturels et sociaux différents et je vous le dis je trouverais la vie bien ennuyeuse si j'étais toujours avec le même genre de personnes, toutes habillées pareil, qui ont la même couleur, se ressemblent et parlent de la même façon. Je trouverais cela d'un monotone! Certains d'entre vous savent que j'ai un peu suivi Abraham parce que j'ai neuf filles adoptives. Notre famille est une sorte de nations unies. Nous avons six Juives, une Arabe, une Anglaise et une Africaine. Nous sommes tous descendants d'Abraham par la foi en Jésus-Christ. C'est la question clé.

Je sens que Dieu veut qu'à ce stade je souligne encore une fois l'importance vitale de la foi. Je voudrais vous dire comme Jésus a dit: "Je prie pour vous afin que votre foi ne défaille pas", parce que c'est l'exigence de base pour appartenir à Dieu, pour être un enfant d'Abraham.

Paul dit au verset 12:

"... et le père des circoncis, qui ne sont pas seulement circoncis mais encore qui marchent sur les traces de la foi de notre père Abraham quand il était incirconcis."

Abraham est plus qu'un personnage, il est un modèle. Il a continué, il a laissé des traces, il est passé par certaines étapes. Et pour être vraiment ses descendants, nous devons marcher sur ses traces, nous devons suivre ses pas. Je vais juste citer brièvement les étapes de la foi d'Abraham puis, dans la partie suivante, j'en parlerai davantage.

Abraham a fait trois choses. Il a accepté la promesse de Dieu par la foi sans preuve. Deuxièmement, il a reconnu qu'il était incapable de produire les résultats de la promesse. Troisièmement, il s'est fixé sur la promesse sans hésiter et cela lui a été imputé à justice. Le résultat, c'est que lui et Sarah ont tous deux reçu la vie surnaturelle dans leurs corps, ainsi, la promesse a été accomplie et Dieu a été glorifié.

Ce sont donc les cinq pas de foi de notre père Abraham. Premier pas: il a accepté la promesse de Dieu sans murmurer, sans demander aucune preuve. Deuxième pas: il a reconnu qu'il était incapable de produire ce que l'Eternel avait promis. Troisième pas: il s'est concentré sans murmurer sur la promesse et cela lui a été imputé à justice. Quatrième pas: c'est là que Dieu intervient. Lui et Sarah ont tous deux reçu une vie surnaturelle dans leurs corps. Cinquième pas: la promesse a été accomplie et Dieu a été glorifié. C'est donc cela qu'Abraham nous a laissé comme modèle.

C'est le modèle de la foi qui est devant chacun d'entre nous. Ce ne sont pas des ordonnances extérieures mais c'est une marche quotidienne de la foi qui suit les traces d'Abraham. Nous devons faire comme Abraham. Nous devons accepter la promesse de Dieu comme elle est. Nous devons reconnaître que nous sommes incapables de produire ce que Dieu a promis pour notre vie. Nous devons nous concentrer sur la promesse et non sur notre capacité ou notre incapacité. Alors, nous recevrons la grâce surnaturelle de la puissance de Dieu libérée dans notre vie à travers notre foi. C'est ainsi que la promesse de Dieu s'accomplira dans notre vie. J'aimerais que vous réfléchissiez pour savoir si vous suivez réellement ces traces. Ce n'est pas simplement une étude abstraite, c'est un modèle très pratique.

Nous allons maintenant essayer de savoir si la loi a été introduite afin qu'Abraham puisse recevoir la promesse. Vous verrez que toute la question de la loi est très importante dans les Romains et nous continuerons au chapitre 7 puis nous reviendrons sur le problème de la loi, pourquoi elle a été donnée, comment nous pouvons recevoir ce qui a été promis pour nous à travers la loi.

Regardons maintenant comment Paul applique cela en revenant à Romains 4, et nous lirons au verset 13.

"En effet, ce n'est pas par la loi que l'héritage du monde a été promis à Abraham ou à sa postérité, c'est par la justice de la foi. Car, si les héritiers le sont par la loi, la foi est vaine, et la promesse est anéantie."

Ce que Paul dit c'est que Dieu a fait cette promesse initiale uniquement sur la base de la foi d'Abraham. Il aurait été totalement injuste et incohérent de l'ajouter plus tard comme condition. "Mais vous devez garder la loi." Paul souligne que la loi a été donnée 430 ans plus tard. Elle n'a jamais été une condition pour entrer dans la promesse que Dieu avait faite à Abraham. En fait, ce qu'il nous montre est une affirmation remarquable mais qui est aussi très vraie -verset 15:

"... parce que la loi produit la colère, et que là où il n'y a point de loi il n'y a point non plus de transgression."

Il serait bon de réfléchir un petit moment. Je crois que dans l'une des études précédentes je vous ai donné l'exemple de la petite fille de cinq ans qui, alors que ses parents étaient sortis, avait dérangé les tiroirs de sa mère, déchiré les mouchoirs et d'autres choses encore. Et, ce n'est pas une histoire inventée, c'est quelque chose qui nous est arrivé. J'espère qu'elle ne sera pas gênée mais cela est arrivé avec notre petite fille africaine quand elle avait à peu près cet âge. Ainsi, les parents reviennent et ils trouvent les choses en désordre et ils disent: "Tu n'aurais pas du faire cela. Ce n'était pas bien." Ils ne sont pas très en colère. La fois suivante, ils sortent et ils disent: "Tu ne vas pas fouiller dans les tiroirs." Ils reviennent et les tiroirs sont complètement retournés. Que se passe-t-il? Ils sont en colère. Parce que, quand il y a une loi et qu'on la transgresse, cela produit la colère. Là où il n'y a pas de loi, on peut faire mal mais il n'y a pas de réaction de colère. Mais, quand une loi est imposée et qu'elle est transgressée, la réaction de celui qui a édicté la loi est la colère. C'est l'une des raisons pour lesquelles vous, parents, vous ne devez pas donner trop de lois à vos enfants, parce que plus vous avez de lois plus vous serez enclins à la colère à un moment ou à un autre. Je ne dis pas qu'il ne faut pas faire de loi mais en avoir peu et qu'elles soient simples.

Vous voyez, nous avons une mauvaise image de ce qu'accomplit la loi. Nous avons dans l'idée que la loi va rapprocher les gens de Dieu. Non. Souvenez-vous que quand la loi a été donnée sur le Sinaï, personne, ni homme ni animal, n'a été autorisé à toucher la montagne. Dieu pose des limites et nous dit de ne pas trop nous approcher. Ceux qui s'approchent trop mourront. Vous comprenez ce que cela signifie? La loi ne vous rapproche pas de Dieu. C'est très important parce que beaucoup de gens essaient de se rapprocher de Dieu en essayant de faire des lois pour eux-mêmes et en fait ce qui se passe c'est qu'ils s'éloignent de Dieu. Laissez-moi vous dire et j'aimerais que vous le répétiez. "La loi ne nous rapproche pas de Dieu".

Ainsi, ce que nous combattons si je puis m'exprimer ainsi, ce sont des siècles de tradition religieuse qui veulent nous persuader que la loi va nous faire du bien. Ou bien qu'elle ait était faite pour nous faire du bien. Nous avons déjà vu les raisons pour lesquelles Dieu a donné la loi, nous n'allons pas revenir sur cela. Mais, si vous n'êtes pas très au clair sur ce sujet, vous pouvez y revenir dans votre étude personnelle.

Revenons au verset 16 de Romains 4:

"C'est pourquoi les héritiers le sont par la foi, pour que ce soit par grâce..."

Vous voyez, la seule façon de recevoir la grâce, c'est par la foi. Ephésiens 2:8 nous le dit.

"Car c'est par la grâce que vous êtes sauvés, par le moyen de la foi. Et cela ne vient pas de vous, c'est le don de Dieu. Ce n'est pas par les œuvres afin que personne ne se glorifie."

De quoi Dieu nous garde t-il toujours? De l'orgueil. Qu'est-ce que le légalisme religieux produit invariablement chez les gens qui le pratiquent? L'orgueil. Est-ce que Dieu aime l'orgueil? Non. Quel a été le premier péché dans l'histoire de l'univers? L'orgueil. Vous voyez, dans nos églises nous avons tendance à nous mettre en colère contre l'adultère, la fornication ou l'alcoolisme, ce qui est bien, je ne veux pas dire que nous devons tolérer ces choses. Mais nous tolérons beaucoup d'orgueil. C'est un péché bien plus sérieux que les autres.

Nous sommes de nouveau au verset 16.

"C'est pourquoi les héritiers le sont par la foi, pour que ce soit par grâce, afin que la promesse soit assurée à toute la postérité, non seulement à celle qui est sous la loi, mais aussi à celle qui a la foi d'Abraham, notre père à tous."

Dieu voulait être sûr que personne ne serait exclu de cette promesse et cela devait être par la foi afin que ce soit par la grâce. C'est très simple, mais très important. Aucun d'entre nous n'a jamais gagné la justification de Dieu. Soit nous la recevons comme un don par la foi soit nous ne l'avons pas. Il n'y a pas d'alternative pour être reconnu juste devant Dieu.

Puis Paul continue en citant en fait Genèse 17 au verset 17 de Romains 4:

"... selon qu'il est écrit, je t'ai établi père d'un grand nombre de nations. Il est notre père devant celui auquel il a cru, Dieu, qui donne la vie aux morts, et qui appelle les choses qui ne sont point comme si elles étaient."

Personnellement, je préfère une autre traduction à la fin: "il appelle les choses qui n'existent pas comme si elles étaient." Vous voyez, il a appelé Abraham père de beaucoup de nations alors qu'il n'avait pas d'enfant. Et il est très important de comprendre que quand Dieu nomme quelque chose, c'est ce qu'elle est .Vous pouvez ne pas avoir de preuve. Quand Dieu vous appelle saint, qu'est-ce que vous êtes? Vous pouvez ne pas le ressentir mais il ne s'agit pas de sentiments, c'est la foi. Quand Dieu a appelé Gédéon, un vaillant héros, que ressentait-il? Il se sentait timide et lâche. Mais vous voyez, Dieu l'a appelé vaillant héros. Qu'est-il devenu? Un vaillant héros. L'appel de Dieu vient avant la réalité parce que c'est toujours sur la base de la foi.

Je me souviens en 1944, Dieu m'a spécifiquement appelé. J'étais encore soldat dans l'armée britannique, relativement ignorant de la parole de Dieu et Dieu m'a appelé pour l'enseignement des Ecritures dans la vérité, la foi et l'amour qui sont en Jésus-Christ. Je n'oublierai jamais ces paroles tant que je vivrai. Est-ce que je suis devenu tout de suite enseignant? Croyez-moi, pas du tout. Aujourd'hui, je peux dire que je suis ce que Dieu m'a appelé, par sa grâce. Non pas par mes œuvres, ni par mes efforts mais par sa grâce. Vous voyez, ce n'est pas celui qui dirige ou celui qui veut mais à Dieu qui nous comble de sa miséricorde. Si quelqu'un avait besoin de la miséricorde de Dieu, croyez-moi, c'était bien moi et j'en ai toujours besoin. Mais, j'avais un gros avantage. Je savais que j'en avais besoin.

Continuons au verset 18. J'aime cette description d'Abraham, je peux toujours m'identifier à Abraham. Il y a certains personnages dans la Bible, Abraham est l'un d'entre eux, David en est un autre. Quand je lis quelque chose sur eux, j'ai l'impression d'être sur place avec eux. Il n'y a pas de fossé de temps ou de culture. Verset 18:

"Espérant contre toute espérance, il crut..."

Qui pourrait trouver à redire à cette expression? On ne peut pas dire mieux. Il a espéré et pourtant il n'avait pas d'espoir. Combien d'entre vous ont fait cette expérience? Vous espérez et pourtant il n'y a pas d'espoir mais vous continuez à croire. J'aimerais vous le redire à chacun d'entre vous. Continuez à croire. Quoi que vous fassiez, ne cessez pas de croire.

"Espérant contre toute espérance, il crut, en sorte qu'il devint père d'un grand nombre de nations, selon ce qui lui avait été dit, telle sera ta postérité (verset 19). Et sans faiblir dans la foi, il ne considéra point que son corps était déjà usé, puisqu'il avait près de cent ans, et que Sara n'était plus en état d'avoir des enfants."

Vous trouverez dans la traduction que la plupart d'entre nous utilisent un "point". "Il ne considéra point..." La raison en est que les traducteurs de cette version n'ont pas eu accès aux textes grecs les plus fiables. Mais sur la base de recherches et d'études d'exégètes, on pense que

la bonne traduction ne contient pas de "point". Et je pense, que dans l'ensemble cela donne un meilleur sens. Alors prenons le sans le "point' .
J'aimerais vous le lire ainsi:

"Sans faiblir dans sa foi, il considéra son propre corps déjà usé, puisqu'il avait près de cent ans, et que Sara n'était plus en état d'avoir des enfants."

J'aimerais dire que la foi est réaliste. La foi dit les choses comme elles sont. Bien, mon corps est mort. Mais cela ne change rien à la promesse de Dieu. Je n'essaie pas de me persuader qu'il y a encore une petite lueur dans mon corps. Ce ne serait pas la foi. Je dis qu'il n'y a pas d'espoir. Dans le naturel, il n'y a pas moyen d'y remédier. J'accepte ce fait. Non seulement mon propre corps est mort mais le ventre de Sarah l'est aussi. Il n'y a aucun moyen naturel d'avoir un enfant par nous-mêmes. Je l'accepte. Je le regarde en face, je n'essaie pas de me voiler la face, je ne l'évite pas, je ne me dis pas qu'il y a un autre aspect dans cette situation. Mais je crois toujours ce que Dieu a dit.

J'ai souvent eu affaire à des personnes qui venaient me voir et qui voulaient qu'on prie mais elles essayaient de se persuader que la situation n'était pas si désespérée. Vraiment, il vaut mieux affronter le fait que la situation est désespérée. Il n'y a qu'une seule personne qui puisse vous aider et c'est Dieu. C'est la foi.

Continuons avec le verset 20:

"Il ne douta point par incrédulité au sujet de la promesse de Dieu; mais il fut fortifié par la foi, donnant gloire à Dieu."

Personnellement, je préfère ma propre traduction qui dit: "il a été rendu fort par la foi". Je pense que c'est cela la signification Il a reçu la force dans son corps physique à travers la foi. Et Sarah a reçu la force, son ventre s'est fortifié et à cet égard, elle est devenue vivante. Je ne sais pas si vous avez déjà médité sur ce sujet mais il ne s'agissait pas d'un changement temporaire dans la vie d'Abraham parce qu'après cela sa femme Sarah est morte, il s'est remarié et il a eu cinq autres enfants. C'était un sacré miracle, n'est-ce pas! Pas mal pour un homme qui, à l'âge de cent ans, considérait qu'il n'avait plus d'espérance. Vous voyez, il y avait de l'espérance parce qu'il a cru à l'espérance contre toute espérance.

Verset 20:

"Il ne douta point par incrédulité au sujet de la promesse de Dieu"

Vous souvenez-vous ce que Jacques a dit dans son épître à propos de ceux qui vacillent?

"Qu'un tel homme ne s'imagine pas qu'il recevra quelque chose de la part du Seigneur. C'est un homme irrésolu, instable dans toutes ses voies."

"... mais il fut fortifié par la foi, donnant gloire à Dieu."

Dans Romains 3:23, beaucoup d'entre vous qui ont amené des gens au Seigneur connaissent Romains 3:23 qui dit:

"Car tous ont péché et sont privés de la gloire de Dieu."

Quel est le vrai problème sérieux de notre péché? Ce n'est pas ce qu'il nous fait mais c'est le fait qu'il vole la gloire de Dieu. C'est le réel et terrible fait du péché. Nous avons dépossédé Dieu de sa gloire. Y a-t-il un moyen qui nous permette de lui rendre la gloire que notre péché lui a volé? La réponse est positive. Comment? Par la foi. Comment Abraham a-t-il donné gloire à Dieu? Pas par ses efforts mais en croyant. Ainsi, Dieu a trouvé un moyen pour que nous lui redonnions la gloire que notre péché lui avait volé et c'est en croyant. Quand nous croyons que Dieu et sa promesse sont à l'œuvre dans nos vies, cela rend gloire à Dieu. C'est la seule façon dont nous pouvons lui rendre gloire, par la foi.

Laissez-moi vous dire un peu plus sur la grâce. Juste trois affirmations. J'espère que je ne vais offenser personne mais j'ai souvent prêché dans des églises qui s'appelaient 'église de la grâce', ou quelque chose de similaire. Et j'ai constaté que les gens qui parlaient de la grâce n'en connaissaient presque rien. Je crois que ceux qui soulignent le fait qu'ils sont sauvés par la grâce n'ont en général pas une vision claire de ce qu'est la grâce. Leur idée de la grâce est celle d'une sorte d'effort religieux. Alors j'aimerais vous dire ceci. Pour moi, c'est très important. S'il vous arrive d'être un pasteur d'une église de la grâce croyez, s'il vous plaît, que cette remarque n'est pas dirigée contre vous ni contre une église en particulier, c'est simplement quelque chose que j'ai remarqué.

J'aimerais vous communiquer ces trois faits sur la grâce. Premièrement, elle commence là où finit la capacité humaine. Tant que vous pouvez le faire vous-mêmes, vous n'avez pas besoin de la grâce de Dieu. Quand vous en arrivez au stade où vous ne pouvez pas le faire et pourtant Dieu veut que vous le fassiez, alors vous entrez par la foi dans le royaume de la grâce. Beaucoup de chrétiens ont peur de faire ce que Dieu leur demande parce qu'ils disent qu'ils ne peuvent pas le faire. En un certain sens, Dieu ne nous demande jamais de faire des choses que nous sommes capables de faire. Vous comprenez? Dieu nous conduit toujours au-delà de notre propre capacité dans le royaume de la grâce par la foi. Chaque fois que votre foi est mise au défi vous pouvez réagir de deux façons. Vous pouvez dire: "Oh Dieu. Est-ce que tu me demandes vraiment cela?" Ou bien: "Merci Seigneur. Je vois que tu veux fortifier ma foi. Tu veux que je reçoive plus de ta grâce. J'accepte ce défi."

J'aimerais vous dire en regardant dans ma propre vie passée, que chaque progrès important que je pense avoir fait dans la vie chrétienne je l'ai fait en réponse à un défi par rapport à quelque chose que je savais ne pas pouvoir faire. Je ne dis pas que je l'ai toujours bien accueilli mais en même temps j'ai appris que c'était une façon de grandir. Chaque fois que vous fuyez un défi, vous diminuez votre stature spirituelle. Mais chaque fois que vous acceptez un défi vous grandissez spirituellement.

Je pense à ce passage d'Hébreux 10:37-38 où l'auteur cite Habakuk 2:4 et dit:

"Et mon juste vivra par la foi; mais, s'il se retire, mon âme ne prend pas plaisir en lui."

C'est Dieu qui parle. S'il se retire, mon âme ne prend pas plaisir en lui.

Maintenant, j'aimerais vous dire cela. Mais, après de nombreuses années de vie chrétienne, je pense à des frères et sœurs qui sont arrivés à un point où ils avaient peur d'aller plus loin dans la foi là où Dieu les mettait face à un défi qu'ils n'étaient pas prêts à relever. J'ai observé qu'à partir de ce moment-là, ils ont commencé à mourir spirituellement. Vous voyez, le juste vivra par la foi. La seule façon d'avoir la vie, c'est par la foi. Plus Dieu vous demande d'agir par la foi plus vous aurez la vie. Si vous voulez demeurer dans la sécurité et dire: "Seigneur, je ne veux prendre aucun risque, je veux faire des choses faciles, celles que je sais que je suis capable de faire." Vous vous coupez de la vie divine. Je ne veux pas dire que votre âme sera perdue mais que vous ne connaîtrez pas la plénitude de la vie divine que Dieu a préparée pour vous dans ce monde. Ne soyez pas effrayés par les défis de la foi.

Ruth et moi pouvons regarder en arrière, depuis dix ans que nous sommes mariés, Dieu a continuellement étendu nos limites. Parfois nous nous demandions si ce n'était pas trop loin. Encore aujourd'hui, c'est une question très importante pour nous. Mais, j'ai confiance en la fidélité de Dieu; s'il voit notre cœur et notre sincérité tôt ou tard nous en aurons le retour.

Je crois que nous vivons dans un monde qui a désespérément besoin de Dieu, qui a désespérément besoin de la parole de Dieu. J'aimerais vous dire que cela ne va pas être facile d'apporter la parole de Dieu aux nations. Dans Matthieu 24:14 mon passage favori, Jésus dit:

"Cette bonne nouvelle du royaume sera prêchée dans le monde entier, pour servir de témoignage à toutes les nations. Alors viendra la fin."

Quand viendra la fin? Quand l'église aura fait son travail. Mais en même temps, dans les versets précédents il nous avertit sur la persécution, sur les faux prophètes, les famines, les guerres, l'anarchie. Il n'a pas dit que la situation mondiale allait s'améliorer. En fait, il dit très clairement qu'elle va devenir de plus en plus difficile. Mais, c'est l'occasion d'élargir notre foi. C'est le défi.

Je voudrais dire que par la grâce de Dieu pour Ruth et moi -et je le dis en présence de Dieu (je fais très attention à ce que je dis devant Dieu) "Seigneur, du mieux que nous pouvons, nous acceptons le défi." Chacun d'entre nous doit prendre une décision personnelle. Mais, souvenez-vous si vous choisissez la voie de la lâcheté vous vous flétrirez. Si vous avancez dans la foi, vous pouvez tituber, vous pouvez penser que vous avez échoué mais tôt ou tard, Dieu vous en sortira. C'est ma promesse parce que c'est la promesse de Dieu.

Nous en arrivons à l'application pour nous et l'Evangile à la fin du quatrième chapitre. Nous sommes maintenant au verset 22:

"C'est pourquoi cela lui fut imputé à justice. Mais ce n'est pas à cause de lui seul qu'il est écrit que cela lui fut imputé, c'est encore à cause de nous, à qui cela sera imputé..."

Que représente cela? La justice.

"... à nous qui croyons en celui qui a ressuscité des morts Jésus notre Seigneur, lequel a été livré pour nos offenses, et est ressuscité pour notre justification."

La justification, notre acquittement, notre être reconnu juste, notre être justifié comme si nous n'avions jamais péché. Que devons-nous faire pour croire afin de recevoir la justice qui nous est imputée par Dieu? Il nous est demandé de croire que le Seigneur a livré Jésus notre Sauveur, notre substitut, au châtiment de la mort à cause de nos péchés, mais au troisième jour il l'a ressuscité afin que nous puissions recevoir la justice.

Voyez-vous, la clé pour cela, c'est un mot. C'est l'identification. Quand vous avez compris ça, c'est la clé qui débloque ce qui s'est passé à la croix. Sur la croix il y a eu une double identification. Tout d'abord, Jésus s'est identifié à nous. Il a pris la place du pécheur, il est devenu le dernier Adam, il a anéanti tout le mauvais héritage qui pesait sur la race adamique. Et il a été enseveli. Quand il a été enseveli, tout l'héritage a été détruit. Puis il est ressuscité le troisième jour, le chef d'une nouvelle race. Nous devons réaliser et reconnaître qu'il était notre représentant. Ainsi quand Dieu a revendiqué sa justice par la résurrection le troisième jour, c'était notre justice qu'il revendiquait aussi. Nous avons aussi été reconnus avec lui dans la mort, reconnus avec lui dans l'ensevelissement mais béni soit Dieu reconnu avec lui dans la résurrection et dans la justice aussi. C'est ce que nous devons croire. Le mot-clé: identification. Quand Jésus est mort, je suis mort. Quand il a été enseveli, j'ai été enseveli. Quand il est ressuscité, je suis ressuscité. En croyant cela, j'ai reçu la justice par la foi de Dieu.

Chapitre 6

Romains 5:1-5:21

Nous passons à la sixième étape de ce pèlerinage, au début du chapitre 5, que j'ai appelé **"Cinq conséquences de la justification par la foi"**.

J'ai montré que l'Evangile est ancré dans l'histoire et dans l'expérience humaine. Ce n'est pas simplement un ensemble de théories mais il est lié à l'histoire et à l'expérience humaine. Il est lié à l'histoire parce qu'il est basé et centré sur des faits historiques: Jésus est mort, il a été enseveli et il est ressuscité le troisième jour. Si ces faits ne sont pas vrais, l'Evangile n'est pas vrai.

Il est aussi ancré dans l'expérience humaine parce que, quand nous y croyons et que nous agissons en fonction de cela, il y a des conséquences dans notre vie que seul l'Evangile peut produire!

Nous allons maintenant regarder aux conséquences, c'est-à-dire ce que nous expérimentons lorsque nous sommes justifiés par la foi. Que nous arrive-t-il quand nous remplissons les conditions pour que notre foi nous soit imputée à justice, ou quand nous sommes justifiés?

Tout d'abord, quelques expressions équivalentes au mot "*justifié*". Par exemple: quand nous sommes acquittés, nous ne sommes pas coupables, nous sommes reconnus justes, nous sommes rendus justes, nous sommes comme si nous n'avions jamais péché.

Que se passe-t-il en nous? Paul traite maintenant de la question au début du chapitre 5. (Voici encore un "*donc*". Je ne le ferai certainement jamais mais il serait intéressant de compter le nombre de "*donc*" dans Romains. En voici donc un autre!)

"Etant donc justifiés par la foi, nous avons la paix avec Dieu par notre Seigneur Jésus-Christ, à qui nous devons d'avoir eu, par la foi, accès à cette grâce dans laquelle nous demeurons fermes et nous nous glorifions dans l'espérance de la gloire de Dieu."

Voici les trois premières conséquences de la justification par la foi. Premièrement, nous avons la paix avec Dieu. Pour la première fois de notre vie, nous sommes en harmonie avec le Créateur. En un sens, parce que nous sommes en harmonie avec le Créateur, nous sommes en harmonie avec la création. Je suis sûr que beaucoup parmi nous ont vécu cette expérience: après avoir rencontré le Seigneur et reçu sa justice par la foi, tout semblait différent. Avez-vous ce genre de souvenir? J'ai rencontré le Seigneur dans une petite ville en bord de mer dans le Yorkshire en Angleterre; le lendemain je suis sorti, je me suis assis au bord de la mer et j'ai regardé les vagues: elles étaient différentes. Tout était différent! Les vagues surgissaient dans ma direction et elles semblaient me dire: "C'est seulement une infime partie de la puissance de Dieu que tu as vue! La puissance de ces vagues c'est la puissance qui agit en toi et même beaucoup plus!"

Ma première épouse, qui est maintenant avec le Seigneur, racontait comment elle était allée se promener aussi le long de la mer le lendemain de sa rencontre avec lui. Tout semblait différent! Elle ne pouvait pas croire que c'était le même endroit que la veille. Bien sûr, tout le monde ne fait pas cette expérience extraordinaire mais ça fait partie de la paix avec Dieu. Vous êtes en paix avec l'environnement, en paix avec la création. C'est écrit dans le livre de Job; Dieu fera une alliance avec les bêtes des champs pour vous. Tout devient soudain différent. Les forces qui étaient contre vous sont maintenant de votre côté. Les forces que vous ne pouviez pas contrôler et qui vous effrayaient, ne vous effraient plus. Vous êtes dans la paix.

Connaissez-vous le mot hébreu pour "paix"? Bien sûr, c'est *shalom*. Il est directement lié avec le mot 'plénitude'. Il est aussi en relation avec le mot qui signifie "*payer*". Payer une facture en hébreu c'est ...le "shal<u>é</u>" (mettre le poids de l'accent sur le **é**).

Ainsi, vous êtes en paix parce que vous avez payé votre facture. Votre paix est *plénitude*. Pour la première fois vous êtes une personne complète. Chaque partie de vous est en harmonie avec les autres parties et avec le grand Dieu qui vous a créé. Ainsi nous avons la paix avec Dieu à travers notre Seigneur Jésus-Christ.

La deuxième conséquence se trouve au verset 2:

"... à qui nous devons d'avoir eu par la foi accès à cette grâce, dans laquelle nous demeurons fermes..."

J'aime ce mot d'"accès". La justification par la foi nous donne accès à la grâce qui nous soutient. Nous pouvons demeurer fermes dans cette grâce, nous ne sommes plus ballottés à droite et à gauche, nous ne sommes plus le jouet de forces, mais nous tenons fermes dans la grâce de Dieu. La grâce de Dieu est sur nous.

Quand vous entendez le mot grâce, il est bon de penser en termes de faveur. Les deux mots sont vraiment deux façons de traduire le même mot. Le mot grec pour grâce est "charis" qui donne charisma et tous ces mots que nous aimons tant. Il signifie 'beauté', 'élégance', 'charme'. Nous n'avons pas l'habitude de l'envisager ainsi mais on dit souvent que l'amour rend aveugle. Quand Dieu nous regarde avec faveur nous devenons beaux à ses yeux. Nous sommes donc dans ce merveilleux état d'avoir la faveur de Dieu sur nous. Quelle différence cela fait! Je suis fortifié quand je reconnais que dans toute situation si je marche avec Dieu dans la volonté de Dieu, la faveur de Dieu est sur moi.

Le livre des Proverbes dit que la faveur de Dieu est comme un nuage de pluie de l'arrière saison et le livre des Psaumes dit que Dieu entoure le juste de sa faveur comme d'un bouclier. Ainsi, nous sommes protégés de tous côtés par la grâce ou la faveur de Dieu sur nous! Tandis que nous avançons, nous sommes sous ce merveilleux nuage de pluie de l'arrière saison et de temps en temps il déverse un peu de cette pluie sur nous.

Vous pouvez penser à la grâce en termes de beauté. Vous voyez, l'une des choses qui manquent dans de nombreuses vies religieuses, c'est la vraie beauté. Nous sommes satisfaits d'être plutôt sombres et éteints. Je ne pense pas que ce soit la volonté de Dieu. Je pense que Dieu veut que nous soyons beaux. Il dit qu'il embellira celui qui est humble par son salut et la beauté qui vient sur nous, c'est sa faveur.

La troisième conséquence est affirmée à la fin du verset 2. Nous exultons dans l'espérance de la gloire de Dieu. Nous avons maintenant l'espérance. A la fin du tunnel, il y a la lumière. C'est peut-être un tunnel long et sombre mais il y a la lumière au bout. Nous savons qu'un jour nous allons partager la gloire de Dieu pour l'éternité à jamais.

Dans Colossiens 1:27, Paul dit:

"… Dieu a voulu faire connaître quelle est la glorieuse richesse de ce mystère parmi les païens, savoir; Christ en vous l'espérance de la gloire."

Une fois que Christ est en vous, vous avez l'espérance de la gloire. L'espérance est une partie très importante du salut. Romains 8:24 que nous verrons plus tard dit que "c'est en espérance que nous sommes sauvés". Dans Thessaloniciens 5:8, l'espérance est appelée un casque. C'est la protection de l'esprit. Après avoir reçu mon salut, Dieu a opéré un changement extraordinaire en moi mais je vivais toujours un grand combat dans mon esprit et ce depuis longtemps. De quoi s'agissait-il? De dépression. Bien sûr, aucun d'entre vous n'a jamais eu à lutter contre la dépression,... mais soyez quand même indulgents avec moi! En fait, j'ai été délivré d'un esprit d'accablement, d'abattement. Puis, Dieu m'a montré que je devais apprendre à protéger mes pensées et quand j'ai sondé les Ecritures à ce sujet, il m'a montré que le casque pour cette protection, c'était l'espérance: une attente sereine, tranquille et confiante de ce qui est bon pour nous. Nous exultons dans cette espérance.

Le mot *exulter* est un mot très fort. Cela signifie que nous sommes si heureux, si "emballés" que nous ne pouvons pas faire autrement qu'en parler autour de nous! (C'est une définition improvisée).

Nous avons donc là les trois premières conséquences de la justification par la foi: Premièrement, nous avons la paix avec Dieu. Deuxièmement, nous avons accès à sa grâce qui nous soutient, nous protège, nous préserve, nous entoure, nous couvre. Et, troisièmement, nous exultons dans l'espérance de la gloire de Dieu. Nous sommes débordants d'enthousiasme! L'enthousiasme joue un rôle important dans la vie. Je suis désolé pour ceux qui traversent la vie sans stimulus, je ne crois pas que ce soit la volonté de Dieu!

Nous en arrivons maintenant à la suivante, elle est très différente, la quatrième conséquence de la justification par la foi est une autre façon d'exulter. C'est là que beaucoup de gens s'arrêtent. Nous allons lire les versets 3-5:

"Bien plus, nous nous glorifions même des afflictions sachant que l'affliction produit la persévérance la persévérance la victoire dans l'épreuve, et cette victoire l'espérance. Or l'espérance ne trompe point parce que l'amour de Dieu est répandu dans nos cœurs par le Saint-Esprit qui nous a été donné."

Quelle est la quatrième conséquence? Se glorifier de quoi? Des tribulations, des pressions, des épreuves, des problèmes. Combien d'entre vous vont aussi loin? Vous ne vous réjouissez pas seulement de l'espérance de la gloire de Dieu mais vous vous réjouissez dans les épreuves et les tests. Paul nous donne des raisons pour lesquelles nous devons nous réjouir dans les épreuves. Regardons un instant dans Jacques. Certains pensent qu'il y a une opposition entre Jacques et Romains. Je ne le crois pas. Je crois qu'il y a deux facettes à la même vérité. Je dois dire que j'en suis arrivé à aimer l'épître de Jacques. Ainsi Jacques dit au chapitre 2, verset 2-4:

"Regardez comme un sujet de joie complète les diverses épreuves auxquelles vous pouvez être exposés."

Jacques dit *joie*, Paul parle *d'exulter*. Ils donnent tous les deux la même raison:

"... sachant que l'affliction produit la persévérance."

Mon épouse Lydia avait l'habitude de dire (et je peux vous dire que s'il y en a qui passent par des épreuves, elle y est passée aussi, car elle a dû élever une famille d'enfants en Palestine sans soutien financier et en subissant une forte opposition de la part de la population locale), donc, lorsqu'elle passait par l'épreuve, elle disait: "Ce sera formidable de voir comment Dieu va me tirer de là." C'était l'espérance, voyez-vous. Elle avait appris par expérience que Dieu nous sortira toujours d'un mauvais pas. Il peut vous sembler qu'il ne le fait pas assez vite mais il va le faire.

Ainsi, lorsque vous passez par une série d'épreuves et que l'épreuve suivante survient, ne soyez pas accablé, ne levez pas les bras au ciel en vous demandant ce qui va encore vous arriver. Vous voyez, ça va être intéressant de voir comment Dieu va vous tirer de là! C'est ça, l'espérance. Mais vous ne pouvez pas avoir ce genre d'espérance sans épreuve!

Nous en arrivons maintenant à l'un des versets les plus glorieux de Romains, le verset 5:

"Or l'espérance ne trompe point, parce que l'amour de Dieu est répandu dans nos cœurs par le Saint-Esprit qui nous a été donné."

Quelle est la base finale de notre espérance? C'est l'amour de Dieu qui est répandu dans nos cœurs. C'est une expression extraordinaire. Il n'est pas dit qu'un peu d'amour de Dieu a été répandu dans nos cœurs mais l'amour de Dieu, l'amour complet de Dieu par l'effusion de l'Esprit dans nos cœurs.

Une fois que vous avez été baptisé dans le Saint-Esprit, je ne pense pas que vous devez prier pour l'amour, je crois que vous devez *puiser dans* l'amour que vous avez en vous. Tout est à votre disposition! C'est un peu comme si quelqu'un qui habitait sur les rives du Mississipi ou de l'Amazone et priait pour avoir de l'eau. En fait, vous avez bien plus d'eau en réserve que vous ne pourrez jamais en utiliser. Je crois que c'est comme ça avec l'amour. Une fois que le Saint-Esprit a été répandu et s'est libéré en nous, nous avons en nous une *source potentielle d'amour inépuisable.*

Puis-je me permettre de suspendre un instant Romains 5 afin de regarder un moment le fameux chapitre de l'amour, 1 Corinthiens 13. J'aimerais juste attirer votre attention sur une chose que vous n'avez peut-être jamais remarquée. Quelle est la chose la plus puissante dans l'univers? Je crois que c'est l'amour de Dieu, je crois qu'il est plus fort que tout. Dans le livre de Salomon, il est dit que l'amour est fort comme la mort et que l'on ne peut résister à la mort, personne ne peut résister à la mort. Cependant, quand Jésus est mort et qu'il est ressuscité, il a prouvé que l'amour est plus fort que la mort! Ainsi, c'est la force la plus invincible de l'univers. Ne sous-estimez jamais sa puissance!

Et ici dans 1 Corinthiens 13: verset 4 et suivants, Paul décrit ce qu'est l'amour.

"L'amour est patient, il est plein de bonté, l'amour n'est pas envieux; l'amour ne se vante pas, il ne s'enfle pas d'orgueil, il ne fait rien de malhonnête, il ne cherche pas son intérêt, il ne s'irrite pas, il ne soupçonne pas le mal, il ne se réjouit pas de l'injustice, mais il se réjouit de la vérité; il excuse tout, il croit tout, il espère tout, il supporte tout."

Quelle est la source de la persévérance et de l'espoir? C'est l'amour de Dieu dans nos cœurs. Rien ne peut épuiser l'amour de Dieu. Rien ne peut anéantir l'amour de Dieu. Il résiste à tout. Il supporte tout, il croit tout, il espère tout. C'est l'amour qui est répandu dans nos cœurs qui nous donne l'espérance.

Regardons maintenant un moment dans Romains 5 et remarquez la

100

description de l'amour de Dieu qui se trouve aux versets 6 à 10. L'amour de Dieu exprimé en Christ et par sa mort pour nous. Souvenez-vous que c'est l'expression de l'amour absolu de la Trinité; Père, Fils et Saint-Esprit. Commençons au verset 6:

"Car lorsque nous étions encore sans force, Christ, au temps marqué, est mort pour des impies. A peine mourrait-on pour un juste; quelqu'un peut-être mourrait-il pour un homme de bien. Mais Dieu prouve son amour envers nous, en ce que lorsque nous étions encore pécheurs, Christ est mort pour nous. A plus forte raison donc, maintenant que nous sommes justifiés par son sang (remarquez cette merveilleuse expression "justifiés par son sang") serons-nous sauvés par lui de la colère. Car si, lorsque nous étions ennemis, nous avons été réconciliés avec Dieu par la mort de son Fils, à plus forte raison, étant réconciliés, serons-nous sauvés par sa vie."

Maintenant, dans ce passage, Paul utilise quatre mots différents pour décrire ce que nous étions au moment où Jésus est mort pour nous. Cela nous donne la mesure de l'amour de Dieu. Si vous regardez au verset 6 *"nous étions sans force."* Nous ne pouvions rien faire. Il n'y avait pas de solution pour faire évoluer notre situation. A la fin du verset 6, il est dit: *"nous étions impies"*. Au verset 8, il est dit: *"Dieu prouve son amour envers nous, en ce que lorsque nous étions encore pécheurs, Christ est mort pour nous."* Et au verset 10: *"Car si lorsque nous étions ennemis..."* C'est la pleine mesure de l'amour de Dieu, Christ est mort pour nous alors que nous étions impuissants, impies, pécheurs et ennemis de Dieu. C'est ce qui, à mon avis, est le mieux exprimé par le mot *agape*: c'est l'amour divin. Il est inconditionnel, il ne demande rien. Christ n'a pas dit à ses disciples: "Si vous faites ceci ou cela, je vous rachèterai." Il l'a fait de sa propre volonté. Il n'y avait rien qui l'y forçait, il n'était sous aucune obligation, il ne nous devait rien,... et c'est cela l'amour dont Paul parle ici: il n'attend rien en retour. Il ne pose pas de condition. C'est simplement de l'amour.

En dernier lieu, dois-je vous le décrire? Il est irrésistible. C'est la plus grande force de l'univers! Quand nous avons épuisé toutes nos démonstrations de puissance, d'intelligence et de compétences, la chose la plus forte qui nous reste est la mesure de l'amour de Dieu en nous. L'amour n'est jamais vaincu, il n'abandonne jamais, il supporte tout, il croit tout, il espère tout, il endure tout.

Parfois, nous pensons à l'amour comme à quelque chose de faible et de sentimental. Nous pensons que les gens qui parlent d'amour sont des gens faibles. C'est une mauvaise conception. Laissez-moi encore vous dire que la chose la plus forte de l'univers, c'est l'amour de Dieu. Dieu ne dit pas: "Je vais te donner une petite partie de mon amour aujourd'hui et si tu fais mieux, je t'en donnerai un peu plus demain." Quand il nous baptise du Saint-Esprit, il nous donne tout. Il est dit dans Jean 3 que Dieu ne donne pas l'esprit avec mesure. Il n'en calcule pas une ration pour nous dire: "Voilà combien tu as gagné et c'est ce que je vais te donner." Il le déverse tout entier sur nous!

Si j'étais Dieu, ce n'est pas comme ça que j'aurais procédé, je peux vous le dire! J'aurais posé des conditions, j'aurais eu des exigences. J'aurais dit: "Si tu mets de l'ordre dans tes affaires et que je vois des signes d'amélioration... " Je vais même vous dire: si j'étais Dieu, je ne **me** serais jamais sauvé! Je n'aurais jamais cru cela possible! Quand je suis retourné à l'université de Cambridge après l'armée et une absence de plusieurs années, j'ai parlé à des gens que je savais chrétiens. Je n'avais jamais eu de contact avec eux. Je leur ai dit: "Pourquoi ne m'avez-vous jamais parlé du Seigneur?" Ils m'ont répondu: "Nous pensions que tu étais trop mauvais." Je suis heureux que Dieu n'ait pas pensé que j'étais trop mauvais!

Concluons avec la dernière conséquence de la justification par la foi. Nous arrivons au verset 11. C'est l'apogée.

"Et non seulement cela, mais encore nous nous glorifions..."

Remarquez encore une fois le mot "*exulter*" (en anglais, c'est le mot utilisé, à la place de *"nous nous glorifions",* soit nous exultons) Dans quelle mesure exultez-vous? Vous réjouissez-vous autant que Paul le dit dans ce verset?

"... nous nous glorifions en Dieu par notre Seigneur Jésus-Christ, par qui maintenant nous avons obtenu la réconciliation."

Quel est l'apogée? C'est de nous réjouir et d'exulter pour quoi? Non pas à cause d'une expérience, d'un don, ou d'une bénédiction mais à cause de Dieu lui-même.

C'est, je crois, ce que David avait en tête dans le Psaume 43. Regardons dans le Psaume 43 ce que David dit. Il était dans une situation de réelle dépression. Il ressentait que les choses allaient mal. Il dit dans le Psaume 43:2, à la fin:

"Pourquoi dois-je marcher dans la tristesse, sous l'oppression de l'ennemi?"

Et il répond à sa propre question. Il dit "Pourquoi suis-je dans la tristesse et dans la dépression? Parce que l'ennemi m'oppresse. Voilà la raison? C'est en général la raison pour laquelle nous sommes tristes. Quel était le remède? Il a crié à Dieu:

"Envoie ta lumière et ta fidélité! Qu'elles me guident, qu'elles me conduisent à ta montagne sainte et à tes demeures! J'irai vers l'autel de Dieu, de Dieu ma joie et mon allégresse, et je te célèbrerai sur la harpe, ô Dieu, mon Dieu!"

Quelle était la joie de David? C'était Dieu lui-même. C'était la suprême joie de la vie de David. Quand il était déprimé et abattu et qu'il ne savait plus où se tourner, il disait: "J'irai à l'autel de Dieu, l'endroit du sacrifice." Et encore: "Je déposerai ma vie sur l'autel de Dieu, je me donnerai. Je m'abandonnerai à lui sans réserve et je ferai de lui toute ma joie."

C'est le but de la vie chrétienne. En continuant cette étude de Romains, nous verrons à la fin du chapitre 8 qui est la destination. Ce n'est rien d'autre que Dieu lui-même. Nous en avons un tout petit peu, c'est comme quand on est au sommet d'une montagne et qu'on sait qu'on n'est pas encore arrivé mais qu'on peut apercevoir ici et là la destination de temps en temps. Nous avons encore beaucoup d'autres vallées à traverser avant d'y arriver mais ici dans Romains 5:11, nous voyons à distance notre destination: le sommet étincelant d'une montagne, qui est Dieu lui-même, notre joie.

Maintenant, nous allons entamer la deuxième moitié de Romains 5, une étape du pèlerinage que j'ai appelée: "Comparaison entre Adam et Jésus." Je dois vous dire par avance que nous voyons ici Paul très proche de l'esprit du Talmud. Ce n'est pas comme le Talmud mais ça s'en rapproche beaucoup! C'est un "morceau" de raisonnement qui est probablement le passage biblique le plus intense et le plus concentré de toute la Bible. Je confesse par avance que cela ne va pas être facile, alors, "accrochez vos ceintures"! Nous devons être forts, entrer et prendre possession du pays!

Nous allons commencer au verset 12 de Romains 5, il débute avec un de ces "*donc*" caractéristiques:

"C'est pourquoi, comme par un seul homme le péché est entré dans le monde, et par le péché la mort, et qu'ainsi la mort s'est étendue sur tous les hommes, parce que tous ont péché, car jusqu'à la loi le péché était dans le monde. Or, le péché n'est pas imputé, quand il n'y a point de loi. Cependant, la mort a régné depuis Adam jusqu'à Moïse, même sur ceux qui n'avaient pas péché par une transgression semblable à celle d'Adam, lequel est la figure (ou le modèle, la préfiguration) de celui qui devait venir. (C'est-à-dire Jésus)".

Tout d'abord, remarquez que Paul discerne deux périodes successives. La première se situe d'Adam à Moïse alors qu'il n'y avait pas eu de loi donnée aux humains. Dieu n'avait donné à Adam qu'un seul commandement, un commandement négatif mais il ne lui avait pas donné de loi. Depuis la transgression de la loi par Adam, il n'y avait pas de loi donnée par Dieu jusqu'à Moïse. Ainsi, d'Adam à Moïse c'est la période où Dieu n'avait pas donné de loi. A partir de Moïse et après, c'est la période de la loi de Moïse.

Puis, nous en arrivons à l'époque de la venue de Jésus et Jean 1:17 dit:

"La loi a été donnée par Moïse ..."

C'est une affirmation très importante. Toute la loi, le système complet, est venue en une fois à travers un homme, Moïse.

"La loi a été donnée à travers Moïse, la grâce et la vérité sont venues par Jésus-Christ."

Quand on étudie la loi, il est toujours très important de se souvenir qu'elle n'a été donnée qu'à une toute petite partie de la race humaine (peut-être trois millions de personnes), à un certain moment de l'histoire et de plus, elle n'a pu s'accomplir qu'à un seul endroit géographique: c'était en Israël, parce que la majorité de la loi concernait des choses qui ne pouvaient se faire qu'en Israël. J'ose dire, et vous pouvez ne pas être d'accord avec moi sur ce point, que la loi n'a jamais été donnée aux païens. Ainsi, nous traitons d'une période particulière de l'humanité et d'une partie spécifique de cette humanité mais c'est aussi la partie la plus importante de la race humaine, parce que tout le but de la rédemption dépendait de cette petite nation nommée Israël!

Paul dit que Jésus était l'accomplissement d'un modèle qui avait été donné initialement en Adam. Celui-ci avait reçu un commandement et, dans le jardin où il avait tout ce que son cœur pouvait désirer, il a désobéi. Jésus a reçu le commandement du Père d'abandonner sa vie pour le monde et, dans le jardin de Gethsémané, il a accepté le commandement et a obéi. Ainsi, il y a un net parallèle entre Adam et Jésus.

Afin de comprendre ce parallèle un peu mieux, j'aimerais que vous regardiez un instant avec moi dans 1 Corinthiens 15:45 et 47. C'est le chapitre qui traite de la résurrection mais nous ne le verrons pas en détail.

"C'est pourquoi il est écrit: le premier homme, Adam devint une âme vivante. Le dernier Adam est devenu un esprit vivifiant."

Il y a deux différences entre le premier et le dernier Adam et entre une âme vivante et un esprit vivifiant.

"Le premier homme, tiré de la terre, est terrestre; le second homme est du ciel."

Je le comprends dans le sens que Paul donne ici deux titres à Jésus. Il l'appelle d'abord "le *dernier Adam*" et "*le second homme*". J'ai souvent entendu dire que Jésus était le dernier Adam mais je ne crois pas que ce soit ce que Paul dit. Il dit qu'il est en premier lieu le dernier Adam et puis le second homme. Quand Jésus est mort sur la croix, il est mort en tant que dernier Adam. En lui tout le mauvais héritage de la race adamique a été anéanti et quand Jésus a été enseveli, il a été enseveli avec lui. Cela comprend même le mal des générations à venir parce qu'il est dit en Hébreux 9:14:

"... par un esprit éternel s'est offert lui-même sans tache à Dieu."

Ainsi, à travers l'Esprit saint éternel qui va au-delà du temps, il a pris en lui-même l'horrible héritage qui est venu sur toute la race adamique, y compris sur vous et moi et il l'a anéanti. Quand Jésus est mort, il est mort. Quand il a été enseveli, il a été enseveli. L'héritage a été totalement et définitivement anéanti. Puis, quand il est ressuscité d'entre les morts il était le second Adam, le chef d'une race totalement nouvelle. La race "Emmanuel" la race "Dieu/homme". Et Pierre dit dans sa première épître *"Nous avons été régénérés par une espérance vivante, par la résurrection de Jésus-Christ d'entre les morts."* Il a été régénéré et par la foi en lui nous sommes régénérés, nous sommes remontés des profondeurs du péché et de la malédiction d'Adam pour devenir membres d'une nouvelle race dont le chef est Christ.

En parlant de Jésus, Paul fait cinq affirmations sur sa nature éternelle dans Colossiens 1, verset 15 et suivants. Puis il fait deux affirmations au verset 18 sur son œuvre rédemptrice Colossiens 1:18:

"Il (Jésus) est à la tête du corps de l'Eglise; il est le commencement le premier-né d'entre les morts, afin d'être en tout le premier."

Ainsi, Jésus est la tête du corps qui est l'Eglise et il est le premier né d'entre les morts, il est le premier à être ressuscité dans une vie totalement nouvelle. Ce genre de vie n'a jamais existé ni ne s'est jamais manifesté dans l'univers avant que Jésus ne ressuscite d'entre les morts avec la vie de résurrection. Mais, il est ressuscité comme la tête du corps. Et il a été régénéré, c'est une belle image. Lors d'une naissance naturelle la première partie qui sort est normalement la tête. Et, quand la tête émerge nous savons que le corps va suivre. Dans cette naissance, Jésus, qui est la tête, a émergé en premier et sa résurrection est la garantie de notre résurrection.

Ainsi, il est donc d'abord le dernier Adam. Il fallait qu'il le soit, il fallait qu'il neutralise tout le mauvais héritage. Puis, il devait ressusciter des morts, le second homme, la tête d'une race entièrement nouvelle qui n'a jamais existé auparavant. C'est donc l'essence de la comparaison entre Adam et Jésus.

Nous en arrivons maintenant aux détails et c'est là qu'il faut s'accrocher; je suis habitué à ce genre de raisonnement et ce n'est pas facile. Si vous avez quelques problèmes la première fois, ne soyez pas découragés. Revenez-y plusieurs fois si besoin est.

Ce que Paul dit c'est qu'il y a une comparaison entre Adam et Jésus. Cette comparaison a deux aspects. Sur certains points, Jésus est comme Adam et sur d'autres, il est différent. Paul nous donne les différences en premier et les ressemblances ensuite. J'ai choisi de faire l'inverse parce que je pense que pour nous, il sera plus facile de voir les ressemblances en premier puis les différences.

Nous allons d'abord regarder les deux versets 18 et 19. Romains 5:18-19 :

"Ainsi donc, comme par une seule offense la condamnation a atteint tous les hommes, de même par un seul acte de justice la justification qui donne la vie s'étend à tous les hommes."

Voilà la comparaison. Adam, par un acte de désobéissance a amené la condamnation sur toute la race qui descendait de lui. Il a reçu le commandement, a désobéi, le péché est entré, la mort a suivi le péché, le péché et la mort se sont étendus à tous les descendants d'Adam, y compris à chacun d'entre nous ici aujourd'hui.

Mais Jésus, par un seul acte d'obéissance, a obtenu la possibilité de la justification de la vie de tous les hommes. L'acte de justification, c'était son sacrifice sur la croix. L'expression "acte de justification" est importante et nous la rencontrerons de nouveau. Nous la reverrons dans Romains 8:4 où il est dit :

"… et cela afin que la justice de la loi fut accomplie en nous..."

Je ne veux pas passer à Romains 8, je veux juste que vous remarquiez ce mot. Il est également utilisé dans Apocalypse 19:8 où il est dit :

"... car le fin lin ce sont les œuvres justes des saints."

Ainsi, ce mot signifie un acte de justice qui accomplit les exigences de Dieu. Par son sacrifice à la croix, par cet acte de justice, Jésus a accompli les exigences de Dieu et a rendu possible ce que Paul appelle "la justification qui donne la vie". Nous avons déjà rencontré le mot "*justification*", il ne nous effraie plus. Certains d'entre nous pensaient que c'était un terme théologique ennuyeux. Nous avons vu que c'est un des mots les plus stimulants et enthousiasmants de la Bible. Etre justifié signifie être acquitté, non coupable, reconnu juste, rendu juste, comme si on n'avait jamais péché. Jésus, par son sacrifice a rendu cela possible. Et, en nous permettant d'être reconnus justes, il nous a aussi permis de recevoir la vie.

Il est très important de voir que tout au long de l'épître aux Romains, Dieu n'a jamais accordé la vie ou des bénédictions aux injustes. La première condition de la rédemption, c'est que nous devons être justifiés. Après cela, Dieu pourra déverser ses bénédictions sur nous. Mais, un Dieu juste ne déversera jamais ses bénédictions sur les injustes. Ainsi, la justice est la première question et c'est pourquoi c'est le thème essentiel des Romains.

C'est donc un point de comparaison entre Jésus et Adam. Adam par un acte de désobéissance a amené la condamnation. Jésus, par un acte d'obéissance a amené la possibilité de la justification. La condamnation et la justification sont tout à fait opposées.
Puis au verset 19:

"Car, par la désobéissance d'un seul homme, beaucoup ont été rendus pécheurs, de même par l'obéissance d'un seul beaucoup seront rendus justes."

Voici la seconde ressemblance. Par un seul acte de désobéissance d'Adam, beaucoup - soit tous ses descendants - ont été rendus pécheurs. Mais, par un seul acte d'obéissance de Jésus, tous ceux qui croient en lui sont justifiés. Et la comparaison est importante parce que le peuple qui est devenu pécheur à la suite du péché d'Adam - y compris vous et moi - ne l'est pas seulement de nom (c'est-à-dire, ne porte pas seulement une étiquette avec l'inscription: "pécheur") mais il est pécheur par nature et par ses actions. Ainsi, de la même manière, quand nous sommes rendus justes à travers la foi en Jésus, Dieu ne nous met simplement une nouvelle étiquette: en enlevant l'étiquette "pécheur" pour nous en mettre une avec l'inscription "juste"! Mais, nous sommes rendus justes dans notre nature et nos actes. Aussi sûrement que la désobéissance d'Adam nous a rendus pécheurs, l'obéissance de Christ peut nous rendre justes. Non pas simplement en théorie, non pas du point de vue théologique mais dans notre nature même et dans la façon dont nous vivons.

Ce sont les deux ressemblances entre Adam et Jésus.

Maintenant, accrochez-vous, car nous allons aborder les trois différences. Revenons donc aux versets 15-17. Chacun contient une différence. Verset 15:

"Mais il n'en est pas du don gratuit (de la justification) comme de l'offense; car, si par l'offense d'un seul il en est beaucoup qui sont morts, à plus forte raison la grâce de Dieu et le don de la grâce venant d'un seul homme, Jésus-Christ, ont-ils été abondamment répandus sur beaucoup."

Donc Paul dit qu'il existe une grande différence parce que le seul acte de désobéissance d'Adam a eu des conséquences sur nous tous mais chacun d'entre nous y a ajouté ses propres actes de désobéissance. Au contraire, en ce qui concerne Jésus, l'unique acte d'obéissance a amené la justification sur nous et nous n'avons rien à y ajouter. C'est Jésus qui a tout fait. Mais, tandis que la faute d'Adam a été aggravée par notre culpabilité, la justification de Jésus est unique et nous ne pouvons rien lui ajouter. C'est le premier point de comparaison.

Puis ensuite au verset 16:

"Et il n'en est pas du don comme de ce qui est arrivé par un seul qui a péché; car c'est après une seule offense que le jugement est devenu condamnation, tandis que le don gratuit devient justification après plusieurs offenses."

Voyez-vous la différence? Un seul acte de désobéissance d'Adam a amené la condamnation sur toute la race humaine mais le sacrifice de Jésus et son acte de justice nous ont permis d'être justifiés après de nombreux actes de désobéissance. Ainsi, dans le cas d'Adam, c'est un seul acte de désobéissance qui a amené le désastre sur nous tous. Mais, dans le cas de l'acte de justice de Jésus, cet acte nous a permis d'être pardonnés d'un nombre incalculable d'actes de désobéissance. Voyez-vous la différence? Si vous ne la voyez pas tout de suite, réfléchissez-y, priez à ce sujet, relisez-le et je crois que ce sera clair pour vous. Il m'a fallu des années pour passer au crible ces versets. Alors si vous ne les comprenez pas tout de suite, si c'est la première fois que vous essayez de les comprendre, essayez encore. Si c'est la première fois que vous tentez le saut, faites encore un essai, prenez du recul et essayez à nouveau!

Nous en arrivons au verset 17, qui énonce la troisième différence.

"Si par l'offense d'un seul la mort a régné par lui seul, à plus forte raison ceux qui reçoivent l'abondance de la grâce et du don de la justice règneront-ils dans la vie par Jésus-Christ lui seul."

Ce verset est si plein de signification que je ne sais pas comment tout dire. Par un seul acte de désobéissance d'Adam, la mort a établi son règne sur toute la race humaine et nous avons tous été soumis à la mort. Il est dit que quand Jésus est venu, il est venu vers ceux qui étaient assis dans les régions de l'ombre de la mort. C'est l'une des phrases les plus tragiques. Mais, c'est là qu'était toute la race humaine, assise dans les régions de l'ombre de la mort. Assise, pas en mouvement, sans aucune possibilité de s'échapper. Puis, il est dit dans l'Evangile que *"sur eux la lumière s'est levée"*. C'est uniquement un acte volontaire de Dieu. Nous qui étions assis dans les ténèbres et dans l'ombre de la mort, nous ne pouvions rien faire pour nous apporter la lumière. Nous n'avions aucun droit à la lumière, et c'est la grâce et la miséricorde souveraines de Dieu qui ont permis à cette lumière de briller!

Ainsi, la mort a régné en maître - je dirai en tyran- sur toute la race. Mais, ceux d'entre nous qui croient, reçoivent (et c'est exprimé merveilleusement bien!) *l'abondance de la grâce*! Ce mot *abondance* est l'un de ceux que Paul préfère et c'est aussi mon cas: l'abondance cela veut dire plus que le nécessaire. J'ai expliqué aux gens qu'il y avait trois niveaux. L'insuffisance, la "suffisance" et l'abondance. Si vous êtes une femme au foyer et que vous allez faire les courses, supposons que vous ayez besoin de par exemple 50 euros et vous n'en avez que 30, quand vous allez faire vos courses, vous êtes dans l'insuffisance. Par contre, s'il vous faut 50 euros et que vous avez cette somme, vous avez juste assez, vous êtes dans la "suffisance". Mais s'il vous faut 50 euros et que vous en avez 60 ou 70, vous êtes dans l'abondance! Vous avez plus que ce qui est nécessaire.

Nous n'avons pas seulement reçu la grâce, mais l'abondance de la grâce. Plus de grâce que ce dont nous pouvons avoir besoin, elle couvre tout et il y en a de surplus!

Non seulement nous avons reçu cette abondance mais nous avons reçu le don de la justice. Je voudrais encore souligner ce point. Ce genre de justice est un don. On ne peut le recevoir que par la foi. On ne peut pas œuvrer pour le recevoir, on ne peut pas se qualifier pour l'obtenir. Il n'y a qu'un seul moyen: croire par la foi, c'est l'unique façon de recevoir.

Quand nous recevons cette abondance de grâce et le don de la justice, nous sommes délivrés du royaume de Satan et nous sommes transportés dans le royaume de Dieu. Jésus est très différent du diable! Le diable est un tyran, il contrôle tout le monde, il ne partage son règne avec personne. Mais, Jésus le roi nous invite à régner avec lui, ça c'est quelque chose de prodigieux! Souvenez-vous que nous ne sommes pas en train de parler d'un monde à venir mais qu'il s'agit de régner ici, dans cette vie et dans ce monde. Nous sommes appelés à partager le trône avec Jésus!

Quelle merveilleuse vérité! Laissez-moi vous montrer dans Ephésiens 2:4-6:

"Mais Dieu qui est riche en miséricorde à cause du grand amour dont il nous a aimés, nous qui étions morts par nos offenses, nous a rendus à la vie avec Christ (c'est par la grâce que vous êtes sauvés); il nous a ressuscités ensemble, et nous a fait asseoir ensemble dans les lieux célestes, en Jésus-Christ;"

Remarquez que chacun de ces verbes est au passé, il n'y a pas de futur. A cause de notre identification avec Jésus, Dieu nous a rendus vivants avec lui, il nous a ressuscités avec lui. Et, ne vous arrêtez pas simplement à la résurrection: la résurrection est merveilleuse mais elle n'est pas le point d'arrivée! Votre point de chute est le trône. La version anglaise dit " *Dieu nous a mis sur le trône avec lui.*" Quel est le mot clé, vous vous souvenez de ce que j'ai dit? L'identification. Jésus s'est d'abord identifié à nous. Puis, par la foi nous sommes identifiés à lui dans tout ce qui a suivi sa mort. Nous avons été ensevelis avec lui dans le baptême, ne l'oubliez pas. Quand nous avons été ensevelis (et nous reverrons cela plus tard dans Romains 6), quand nous avons été ensevelis, nous avons été rendus vivants, nous sommes ressuscités et nous sommes placés sur le trône. Et Jésus dit: "Venez et asseyez-vous avec moi pour partager le trône avec moi." C'est ce que j'appelle l'abondance de la grâce.

Le livre de Job dit que Dieu a tiré le pauvre du fumier et l'a fait asseoir dans les lieux célestes avec ses princes de son peuple. Vous savez, je sais où j'étais quand Dieu m'a appelé. J'étais sur le fumier, au plus bas. Mais Dieu m'a pris, m'a délivré, m'a racheté et m'a demandé de m'asseoir avec lui sur le trône. N'est-ce pas ça la grâce? On ne peut l'appeler autrement si ce n'est la grâce!

Revenons à Romains, les deux derniers versets du chapitre 5 versets 20 et 21:

"Or, la loi est intervenue pour que l'offense abondât..."

Cela va vous surprendre (mais nous reviendrons là-dessus dans Romains 7, nous y traiterons ce sujet), la loi a été faite pour nous rendre conscients de notre état de péché.
"... mais là où le péché a abondé, la grâce a surabondé..."

Remarquez le verbe "*abonder*"? C'est ce verbe qui nous donne "abondance".

"... afin que comme le péché a régné par la mort, ainsi la grâce régnât par la justice pour la vie éternelle, par Jésus-Christ notre Seigneur."

Je n'ai jamais compté le nombre de fois où Paul utilise le mot *grâce* mais ça doit être un nombre important! Nous avons juste le temps de regarder dans Colossiens 1 et de lire les versets 13 et 14.

"Il (Dieu le Père) nous a délivrés de la puissance des ténèbres et nous a transportés dans le royaume du Fils de son amour, en qui nous avons la rédemption, la rémission des péchés."

C'est ce que produit la rédemption: elle nous tire du royaume des ténèbres, du royaume de Satan, elle nous transpose dans le royaume de Dieu et nous installe sur le trône avec notre Seigneur Jésus-Christ! Nous sommes appelés à régner avec lui dans la vie, et c'est cela l'abondance de la grâce!

Chapitre 7

Romains 6:1-6:23

Nous allons maintenant voir la huitième étape de notre pèlerinage qui traitera de la première partie de Romains 6. Dans la partie précédente, nous avons traité de la seconde moitié de Romains 5 et d'une comparaison très élaborée et compliquée entre Adam et Jésus. Nous continuerons avec quelque chose qui est un peu plus simple mais très radical et c'est en Romains 6. C'est un de mes chapitres préférés de la Bible. J'ai étudié si souvent ce chapitre et cependant, il y a toujours quelque chose de nouveau. Chaque fois que je le lis, je trouve quelque chose de nouveau que je n'avais pas vu auparavant.

Le titre de cette étape de notre voyage est: **"La solution de Dieu pour notre vieil homme: l'exécution."** Dieu n'a pas de plan B pour notre vieil homme. Il ne l'envoie pas à l'église ou à l'école du dimanche. Il ne lui enseigne pas à mémoriser l'Ecriture. Il l'a condamné à mort et il n'y a pas de sursis ni d'alternative.

En Romains 3, nous avons déjà traité du pardon de nos péchés passés. C'est merveilleux mais ce n'est pas tout ce dont nous avons besoin. Je reviendrai encore une fois quelques instants sur ma propre enfance dans l'église anglicane à laquelle je dois beaucoup. Dans l'église anglicane de cette époque - c'est peut-être différent aujourd'hui dans l'église épiscopale – mais, chaque dimanche matin aux environs de 11 heures, nous disions la confession générale. Je me souviens de ces mots, je ne les oublierai jamais. " Pardonne-nous misérables pécheurs etc. Chaque fois que nous disions cela je réalisai bien que j'étais pécheur - je ne me sentais pas tellement misérable pour autant- et je pensais que si la religion ne pouvait faire de moi qu'un misérable pécheur, je pouvais tout aussi bien être un pécheur sans religion et pas si misérable que ça. Mais, j'avais toujours ce sentiment en moi que peut-être mes péchés étaient pardonnés. Je n'en étais jamais sûr. En fait, à cette époque je pensais que la religion avait pour but de nous faire sentir coupables. Je croyais avoir fait quelque chose de bien si je sortais de l'église en me sentant un peu coupable. Je ne sais pas s'il y avait quelque chose derrière tout cela. Mais, je me demandais simplement si Dieu avait vraiment pardonné mes péchés. L'embêtant c'était que je sortais de l'église en sachant très bien que dans la semaine à venir j'allais commettre de nouveau les mêmes péchés. Mais, je me demandais si je plaisais à Dieu en confessant des péchés que j'allais de nouveau commettre ou bien est-ce que je le provoquais? Je n'avais pas de réponse claire à cette question.

Mais voyez-vous, la réponse se trouve dans Romains 6. C'est merveilleux d'avoir vos péchés pardonnés. Mais, ce n'est pas tout parce qu'en chacun de nous, sans exception, nous qui descendons d'Adam, sommeille un rebelle. Et même si nos péchés passés ont été pardonnés, ce rebelle en nous va commettre le même genre de péchés à moins que nous nous occupions de lui.

Il est historiquement significatif qu'Adam n'a pas engendré d'enfant avant d'avoir été rebelle. Ainsi, chaque descendant d'Adam est né d'une rébellion. Chacun d'entre nous abrite un rebelle. Parfois, il n'est pas très discret, il peut être vu dans nos attitudes et nos actions. Parfois, il est caché, il peut être très religieux, très poli, très correct. Mais, il est toujours au fond, un rebelle. Dieu ne fera pas la paix avec ce rebelle, il l'a condamné à mort.

La bonne nouvelle c'est que c'est la grâce de Dieu. L'exécution a eu lieu il y a plus de 19 siècles quand Jésus est mort sur la croix. C'est l'issue, la porte de sortie.

Mais, pour un petit moment j'aimerais regarder ce que la Bible dit sur cette nature adamique en chacun *de* nous. On l'appelle 'le vieil homme' ou bien la traduction moderne dit: 'le vieux moi'. Je préfère le mot 'homme' parce que cela nous ramène directement à Adam, le premier homme. On l'appelle la nature charnelle, la chair, le corps, le corps de péché et le corps de la chair. La Bible utilise certains mots dans un sens technique. Presque tous les systèmes de communication possèdent des mots techniques comme l'électronique qui a ses propres mots techniques. Si vous voulez comprendre l'électronique - ce que je ne souhaite pas- vous devez apprendre le vrai sens des mots techniques. Il y a quelques mots techniques dans la Bible. Peut-être que le plus important est celui dont nous sommes en train de parler. La chair, le corps, le corps du péché, le corps de la chair. Cela ne désigne pas votre corps physique. A d'autres endroits, la chair signifie le corps physique. Mais ailleurs, cela ne désigne pas le corps physique sinon la nature dont nous avons hérité dans notre corps par notre descendance adamique. Seul le contexte peut nous indiquer comment le traduire.

Encore une fois, c'est vrai pour de nombreux mots que nous

utilisons dans la vie courante. Ils ont plus d'une signification. Par exemple, de par mon passé britannique, pour moi un sac est un objet en papier ou en plastique qu'on porte à la main. Mais ma femme Ruth m'a dit un jour alors que nous arrivions dans un aéroport: "As-tu été chercher les sacs sur le tapis à bagages?" J'ai donc dû apprendre ce qu'elle voulait dire, parce que nous n'utilisons jamais le mot 'sac' pour désigner une valise. Pourquoi devrions-nous le faire? C'est juste un exemple mais quand ma femme m'a dit 'sac' je me suis dit: " Est-ce qu'elle veut parler de cet objet en papier ou en plastique ou bien veut-elle parler d'une valise? Seul le contexte me l'indique. C'est un exemple très simple et il y a de nombreux cas dans la langue française. Nous devons penser au contexte.

Alors laissez-moi voir avec vous quelques-uns de ces passages. Par exemple, la chair. Vous trouverez ce mot utilisé de nombreuses fois dans Romains Chapitre 7: 5:

"Car, lorsque nous étions encore dans la chair... "

Cela ne veut pas dire quand nous étions vivants dans ce corps mais avant de connaître le Seigneur et d'avoir connu un changement. Romains 7:18:

"Ce qui est bon, je le sais, n'habite pas en moi, c'est-à-dire dans ma chair... "

Verset 25:

"Grâces soient rendues à Dieu par Jésus-Christ notre Seigneur!... Ainsi donc, moi-même je suis par l'entendement esclave de la loi de Dieu, et je suis par la chair esclave de la loi du péché."

Dans aucun de ces passages 'chair' ne signifie le corps physique. Cela signifie la vieille nature adamique.

Prenons maintenant le mot corps. Romains 8:10:

"Et si Christ est en vous, le corps, il est vrai, est mort à cause du péché, mais l'esprit est vie à cause de la justice."

Quand Christ vient en nous, nous ne mourons pas physiquement mais notre vieux corps de péché, la vieille nature adamique est condamnée à mort. Vous voyez?

Puis le 'corps du péché' dans Romains 6:6:

"Sachant que notre vieil homme a été crucifié avec lui, afin que le corps du péché fut détruit... "

Quand vous êtes sauvés, vous ne cessez pas d'avoir un corps. Vous le savez parfaitement bien. Mais le corps du péché est neutralisé, il est rendu incapable de fonctionner. C'est ce dont nous allons traiter.

Puis dans Colossiens 2:11, il est dit le 'corps de la chair'. Mettons cela au clair parce que je pense que beaucoup de gens lisent la Bible sans avoir une bonne compréhension de ce dont elle parle. Colossiens 2:11:

"Et c'est en lui que vous avez été circoncis d'une circoncision que la main n'a pas faite, mais de la circoncision de Christ, qui consiste dans le dépouillement du corps de la chair."

Ainsi, nous ne perdons pas notre corps physique par cette expérience mais le corps de la chair, la vieille nature adamique pécheresse et rebelle est traitée, elle est mise hors service.

Revenons au commencement de Romains 6 et encore une fois Paul commence ce chapitre en imaginant une objection possible. A mon avis, il a toujours en tête un contestataire juif. J'ai peut-être tort mais il me semble que ce sont des objections typiques que pourrait formuler un Juif qui s'attache à garder la loi de Moïse. A la fin du chapitre 5 il dit au verset 20:

"Là où le péché abonde la grâce surabonde."

Ainsi, plus le péché émerge et se manifeste, plus grande est la grâce de Dieu. L'objection qu'il imagine se trouve au début du chapitre 6. Et souvenez-vous que les divisions en chapitres n'étaient pas dans le texte original, elles ont été placées par les traducteurs. Elles ne sont pas sacro saintes.

"Que dirons-nous donc? Demeurerions-nous dans le péché, afin que la grâce abonde?"

Vous comprenez? C'est basé sur Romains 5:20. Il dit que là où le péché abonde, la grâce surabonde. Alors des objecteurs diront: "D'accord. Alors, c'est ainsi que plus nous péchons plus nous aurons la grâce. Le moyen de garder la grâce, c'est de continuer à pécher." C'est l'objection. Mais, la réponse de Paul est: "Loin de là! Comment vivrions-nous encore dans le péché?" Ce que Paul dit c'est que si vous tenez ce raisonnement vous ne comprenez pas du tout la façon dont la grâce de Dieu opère parce que la grâce de Dieu ne nous maintient pas vivants dans le péché. Quand nous entrons dans la grâce de Dieu, une expérience extraordinaire a lieu. Nous mourons au péché afin de vivre dans la justice, dans la grâce de Dieu. Ainsi, ce que Paul veut nous faire comprendre, c'est qu'il existe une contradiction totale dans les termes quand on parle de "vivre dans le péché dans la grâce de Dieu." Dieu ne donne pas la grâce à ceux qui vivent dans le péché.

La condition pour recevoir la grâce de Dieu est de cesser de vivre dans le péché. C'est très important parce que, selon ce que j'ai observé, il y a beaucoup de chrétiens qui parlent de la grâce de Dieu mais qui ne comprennent pas ce que cela veut dire. Vous ne pouvez pas vivre dans le péché et être dans la grâce de Dieu. Ce sont deux possibilités qui s'excluent mutuellement. Si vous êtes dans la grâce de Dieu vous ne vivez pas dans le péché. Si vous vivez dans le péché, vous n'êtes pas dans la grâce de Dieu. Alors il vous faut choisir.

Vous voyez, je ne veux pas avoir l'air d'avoir quelque chose contre les gens qui appellent leurs églises "Grâce quelque chose", mais j'ai observé que beaucoup de croyants associés à de telles églises n'avaient pas commencé à comprendre ce qu'impliquait la grâce de Dieu. Ecoutez, la grâce est gratuite mais elle n'est pas bon marché. Il y a des conditions essentielles, et radicales attachées à la grâce de Dieu. Et si vous ne remplissez pas ces conditions ne parlez pas d'être dans la grâce de Dieu, vous vous trompez vous-mêmes. Vous êtes probablement la seule personne à être dupée.

Paul étaye cela par un argument sur la signification du baptême chrétien. Je voudrais dire que, selon moi, chez la plupart des évangélistes, pentecôtistes, baptistes etc. l'importance et la signification du baptême sont grandement sous-estimées. C'est beaucoup plus important que la plupart des gens qui le pratiquent ne le pensent. Je ne trouve aucun cas, depuis la pentecôte, de personne ayant proclamé le salut par la foi en Jésus sans être baptisé. Jésus a dit: "Celui qui croira et qui sera baptisé sera sauvé." Beaucoup de gens disent qu'ils croient mais ils n'ont pas été baptisés. C'est entre Dieu et eux, ce n'est pas mon affaire mais, je dis que vous violez la grâce de Dieu. Il n'y a rien de tel dans le Nouveau Testament.

Paul suppose que les chrétiens à qui il écrit sont tous baptisés. Laissez-moi vous le redire. Je crois au baptême du Saint-Esprit. Je crois que c'est une expérience qui change la vie. Mais je crois que le baptême d'eau doit être aussi important et changer autant la vie que le baptême dans l'Esprit. Ce n'est pas une petite cérémonie que vous accomplissez pour vous joindre à une communauté. "Bien. Maintenant que vous êtes sauvé, dans trois semaines nous avons un service de baptême. Inscrivez-vous." Vous ne trouverez aucun apôtre qui dit cela. Quand le geôlier philippien et sa maison ont été sauvés, ils n'ont pas attendu le matin pour se faire baptiser, ils ont été baptisés au milieu de la nuit.

J'ai eu le privilège de conduire des gens au Seigneur et ils me demandaient ce qu'ils devaient faire ensuite. Je leur répondais: vous faire baptiser. Je les ai emmenés à la mer, je les ai baptisés et ils sont rentrés chez eux dans des vêtements trempés. Le baptême est une affaire urgente. Lisez le Nouveau Testament et vous verrez si vous pouvez trouver une seule fois une attitude désinvolte concernant le baptême. Il n'y en a pas. C'est essentiel. C'est crucial. Et ceux qui n'en font qu'une cérémonie passent à côté de la véritable bénédiction.

Je suis allé en Nouvelle Zélande il y a longtemps et j'ai enseigné sur le baptême dans une église et un certain nombre de personnes qui n'avaient pas été baptisées ont souhaité le faire. Alors, nous nous sommes rassemblés autour de la piscine d'un frère et nous avons eu un service de baptêmes. La puissance de Dieu était si forte que tous ceux qui étaient sur le bord de la piscine se sont trouvés sous la puissance de Dieu sans que personne ne prie pour eux. Il y avait là un groupe de chers frères et sœurs baptistes, ils m'ont regardé et ils m'ont dit: "J'aurais aimé avoir cela." Vous voyez? Ils avaient l'impression qu'ils avaient manqué quelque chose. Ce n'est pas une attaque contre les baptistes parce que cela est vrai pour la plupart des pentecôtistes. Ils n'ont pas saisi la signification du baptême.

Regardons maintenant à la lumière de ce que Paul dit. Verset 3:

"Ignorez-vous que nous tous qui avons été baptisés en Jésus-Christ, c'est en sa mort que nous avons été baptisés?"

C'est la question. Et remarquez, s'il vous plaît, que vous êtes baptisé en Jésus-Christ. Vous n'êtes pas baptisé dans une église baptiste ou pentecôtiste ou une mission intérieure africaine. Que Dieu nous en préserve! Le seul en qui nous avons été baptisés est Jésus-Christ lui-même et ne vous contentez pas de moins.

Je le dis parce que j'ai été missionnaire en Afrique et là-bas si vous changez d'église si vous étiez dans la Mission Intérieure Africaine et que vous alliez dans les Assemblées de Dieu du Canada, vous deviez vous refaire baptiser. Pour moi c'est une affreuse hérésie.

"Ignorez-vous que nous tous qui avons été baptisés en Jésus-Christ, c'est en sa mort que nous avons été baptisés?"

De quoi parlez-vous encore? Quand vous avez été baptisé, c'était la mort. C'est ce que Paul dit.

"Nous avons donc été ensevelis avec lui par le baptême en sa mort, afin que, comme Christ est ressuscité des morts par la gloire du Père, de même nous aussi nous marchions en nouveauté de vie."

Nous avons été ensevelis avec Christ dans ce tombeau aquatique afin de ressusciter en même temps que Jésus. Non pas par sa propre force mais par la puissance surnaturelle du Saint-Esprit, la gloire de Dieu qui l'a fait sortir du tombeau. Vous voyez, quand nous sommes baptisés dans l'eau, voici ce que nous disons: "Dieu, à partir de maintenant je ne vais plus vivre par ma propre force, je suis mort. La puissance qui me fait vivre, c'est la puissance surnaturelle du Saint-Esprit. Je vais marcher de façon surnaturelle." Revenons au verset:

" En effet, si nous sommes devenus une même plante avec lui par la conformité à sa mort, nous le serons aussi par la conformité à sa résurrection."

Quand il parle d'être uni à lui dans la ressemblance de sa mort, de quoi parle-t-il? Etre quoi? Baptisé. Ainsi, il dit que si nous avons été baptisés nous devons aussi être dans la ressemblance dans sa résurrection. Je dis que si vous n'êtes pas baptisé, vous courez un risque parce que la promesse est pour ceux qui sont unis à lui, ensevelis avec lui dans le baptême. Verset 6:

"Sachant que notre vieil homme a été crucifié avec lui afin que le corps du péché fut détruit, pour que nous ne soyons plus esclaves du péché."

Nous reviendrons à cela dans notre prochaine session. Allons plus loin dans ce mystère d'identification que j'ai déjà mentionné plusieurs fois. Vous voyez, c'est la clé qui nous ouvre toutes les richesses de la croix. Nous ne faisons pas que contempler Jésus sur la croix, nous disons que quand il est mort, nous sommes morts avec lui parce qu'il a pris notre place. Il était notre représentant. Il était le dernier Adam. Tout l'héritage mauvais qui nous était réservé à moi et à tous les descendants d'Adam est venu sur lui.

Maintenant, si je veux être identifié avec lui et marcher toute ma vie avec lui, qu'est-ce que je dois faire, quelle est l'étape clé? "Si nous avons été ensevelis avec lui par le baptême en sa mort." C'est là que nous rejoignons la procession, si vous voyez ce que je veux dire. C'est par cet acte de volonté et d'obéissance que nous déclarons notre identification avec lui pour le reste de notre voyage. Quand nous avons été ensevelis avec lui, alors nous avons le droit d'entrer dans tout ce qui suit son ensevelissement. La vie lui a été rendue, il a été ressuscité, ne vous arrêtez pas là. Il a été mis sur le trône.

Il y a très longtemps, alors que j'arrivais dans ce pays pour la première fois -en fait en 1964- j'ai visité Houston en tant qu'invité des Hommes d'Affaires du Plein Evangile et ils m'avaient logé dans le Rice Hotel de Houston. Je suis monté dans l'ascenseur et j'ai regardé tous les boutons et il y avait le 1, le 2, le 3... Mais il y avait une mezzanine 3, et ensuite 4,5 et je crois qu'il y avait dix étages. Mais sous le 1, il y avait le B. Il y avait un pilote d'avion dans l'ascenseur et il était assez affable et il m'a expliqué ce nouveau système de boutons et il m'a dit: "Ce bouton fonctionne par la pression, grâce à un champ d'activité. Vous savez, un champ électrique. Quand votre doigt s'approche du bouton, cela l'active." J'y réfléchis et je me suis dit: "Nous sommes au premier, nous voulons monter, mais le B c'est quoi?" C'est alors que le Saint-Esprit m'a dit clairement: "B c'est la base, l'ensevelissement (anglais: 'burial') et le baptême." J'ai compris le message. Si vous voulez aller en haut vous devez d'abord descendre. Quand vous êtes descendus à la base, alors vous pouvez décider à quel étage vous voulez aller, quel qu'il soit.

Tandis que je racontais cela à une rencontre des Hommes d'Affaires du Plein Evangile, le frère Sherman McCurty qui était le président à cette époque est venu me voir après et m'a dit: "Vous savez, vous pouvez décider si vous voulez aller au dixième étage, vous appuyez sur le 10 et c'est là que vous allez." Il est venu me voir après et m'a dit: "Frère Prince, n'est-ce pas tragique que tant de chrétiens appuient sur M pour Mezzanine et descendent là?"

Vous saisissez l'image? L'ascenseur, c'est Jésus. Nous devons descendre à B qui est la base, l'ensevelissement et le baptême. Et après cela nous avons le droit d'aller là où l'ascenseur nous emmène. C'est en Christ. Vous voyez? C'est la façon de s'élever. C'est l'identification. Mais la clé selon moi c'est le baptême.

J'ai comme but d'enseigner ce que la Bible dit. C'est très difficile. Quand je me suis décidé à le faire, j'ai découvert que j'avais tout un tas d'idées préconçues, toutes sortes d'idées héritées de mon milieu chrétien dont beaucoup n'étaient pas bibliques. Les gens disent: "Je ne fais qu'enseigner la Bible." Frère c'est très difficile. Je ne crois pas que j'y sois arrivé mais j'y travaille. Et quand je regarde ce que la Bible dit, j'en tire les mêmes conclusions.

Je pense à une autre histoire que je vais vous raconter. Pendant la Seconde Guerre mondiale, on avait interdit aux Allemands par le Traité de Versailles de se réarmer. Ils n'avaient pas le droit de construire des usines d'armement. Mais quand Hitler a pris le pouvoir, il a rapidement recommencé à réarmer secrètement l'Allemagne. Ainsi, ils avaient toutes sortes d'usines qui produisaient apparemment des poussettes mais qui en fait construisaient des choses totalement différentes. Il y avait un homme qui travaillait dans un secteur de cette usine de poussettes et sa femme est tombée enceinte. Alors il a décidé qu'il allait demander à tous ses collègues des différents secteurs de voler chacun une partie de poussette et de les lui amener afin qu'il puisse construire une poussette. Après cela, l'un de ses collègues le rencontra dans la rue perplexe et frustré, et lui demanda "Que se passe-t-il?" Il répondit: "J'ai fait deux fois le montage en imbriquant les pièces et à chaque fois cela a donné une mitraillette." Pour moi, la Bible c'est ça. Quand vous imbriquez toutes les pièces elles forment ce que Dieu veut qu'elles forment. Vous ne pouvez pas faire une poussette à partir d'une mitraillette.

Regardons un moment dans Colossiens 2:11 pour souligner cela. Tout est en lui. Nous commençons au verset 10:

"Vous avez tout pleinement en lui, qui est le chef de toute domination et de toute autorité. Et c'est en lui que vous avez été circoncis d'une circoncision que la main n'a pas faite, mais de la circoncision de Christ"

Vous voyez? Il ne s'agit pas de se débarrasser de son corps physique mais d'en finir avec notre vieille nature adamique rebelle qui nous a si longtemps dominés.
Puis au verset 12:

"Ayant été ensevelis avec lui par le baptême... "

C'est le point clé de l'union avec Jésus. Laissez-moi vous dire quelque chose. Dans les pays non-chrétiens les gens ne se préoccupent pas de savoir si vous croyez en Jésus. Mais vous vous faites baptiser et tout le monde explose. Qui le génère cette explosion? Satan parce qu'il sait qu'à ce stade vous êtes hors de sa portée. Vous êtes passés par les eaux.

"… ayant été ensevelis avec lui par le baptême vous êtes aussi ressuscités en lui et avec lui, par la foi en la puissance de Dieu, qui l'a ressuscité des morts."

Revenons à Romains 6, Paul demande si on se souvient qu'on a été baptisé? Ne savez-vous pas ce que cela signifie? Vous avez été enseveli avec lui et vous en avez fini avec votre ancienne vie. Alors, vous ne pouvez plus parler de vivre encore dans le péché une fois que vous avez été baptisé. Vous voyez l'application?
Lorsque nous nous sommes identifiés à lui dans sa mort, c'est la fin du péché. Nous sommes morts au péché il est donc absurde à partir de là de parler de vivre dans le péché.
Nous avons déjà regardé quelques instants la façon dont Dieu traite le vieil homme, la chair, le corps, le corps du péché, le corps de la chair. Toutes ces expressions différentes décrivent non pas notre corps physique mais la vieille nature adamique que nous avons héritée d'Adam. Chacun d'entre nous a en lui par nature un rebelle. Même le plus mignon des bébés ou votre adorable petite fille qui a tout juste deux ans. En elle, il y a un rebelle.
J'ai remarqué cela avec les enfants et en particulier avec les filles (j'ai aidé neuf filles à grandir alors, j'ai quelque expérience). Vers l'âge de

deux ans, il y a quelque chose qui apparaît. Vous dites par exemple: "Chérie, viens ici". Elle vous regarde droit dans les yeux et elle part dans l'autre direction. Elle n'a pas réfléchi à cela, c'est simplement une première manifestation du rebelle. C'est peut-être une enfant adorable, tendre et aimable mais elle a le même problème que le petit garçon méchant qui se conduit mal. Chacun d'entre nous a un rebelle en lui. Mais la rébellion du garçon est visible tandis que celle de la fille ne l'est pas, sauf dans des moments de relâchement. Combien d'entre vous ont des moments de relâchement durant lesquels le rebelle se manifeste?

J'aimerais approfondir davantage ce sujet parce que souvent là où l'Evangile est prêché, le salut est présenté comme le pardon, la vie nouvelle et le moyen d'échapper au péché mais souvent on ne fait aucun cas du rebelle. On le laisse se cacher derrière un vernis et un langage religieux. Il nous est dit qu'aux Etats-Unis, 40 à 50 millions de personnes disent qu'elles sont nées de nouveau. Je vous dis que s'il y avait vraiment 40 à 50 millions de chrétiens nés de nouveau dans ce pays, ce serait un pays totalement différent. Ils ont le langage et ils sont peut-être sincères.

Il y a quelques années, j'ai entendu le témoignage d'une personnalité bien connue dans le monde des acteurs (vous connaissez son nom) Elle disait: "Petite, j'ai reçu Jésus comme mon Sauveur mais c'est beaucoup plus tard que je l'ai confessé comme Seigneur." Je me suis assis et je me suis dit que cela n'avait aucun sens car Paul dit dans Romains 10:11 que si vous voulez être sauvé vous devez confesser de votre bouche Jésus en tant que Seigneur et croire dans votre cœur que Dieu l'a ressuscité des morts. Il n'y a pas de salut sans la reconnaissance de la seigneurie de Jésus. C'est un faux salut.

Dans ses écrits, Charles Finney avait beaucoup à dire sur les fausses conversions. Si vous ne les avez jamais lus, je vous suggère de le faire, cela vous sera profitable. Je dois vous dire franchement que je pense qu'il y a pas mal de fausses conversions chez les soi-disant protestants, charismatiques et dans le monde épiscopal aujourd'hui.

J'ai été au Ghana, qui est un beau pays et dont les habitants sont des gens charmants. J'avais avec moi deux aides en plus de ma femme. L'un était un Arabe palestinien qui avait rencontré le Seigneur aux Etats-Unis. L'autre était un jeune Marocain, un musulman de naissance, qui avait miraculeusement rencontré Jésus alors qu'il faisait du stop à travers l'Europe. Le dimanche matin, étant donné que nous n'avions pas de réunion pour notre conférence, Ruth et moi sommes restés à la maison pour nous reposer. Mais le jeune musulman arabe, merveilleusement converti et l'un des esprits les plus doux qu'il m'ait été donné de rencontrer, s'en alla prêcher dans une église pentecôtiste. Lorsqu'il est rentré, je lui ai demandé: "Sur quoi as-tu prêché?" Il me répondit: "J'ai prêché sur le fait de ne pas travailler." Je lui demandai ce qu'il voulait dire par là. Il me répondit: "J'ai prêché sur le fait qu'on ne peut pas travailler pour être sauvé, on est sauvé par grâce sans les œuvres." Et à la fin de la réunion, j'ai demandé s'il y avait quelqu'un qui voulait être sauvé et qui jusque là s'était confié dans les œuvres sans expérimenter la grâce. A mon grand étonnement, toute l'église s'est levée. J'ai cru qu'ils s'étaient trompés, j'ai ré expliqué clairement ce que je voulais dire et j'ai demandé combien de personnes avaient besoin de se confier dans la grâce? Toute l'église se leva de nouveau. Je ne dis pas que tous ces gens n'étaient pas sauvés. Je crois que beaucoup d'entre eux ne l'étaient pas. Ils avaient une forme de religion, une étiquette.

Vous voyez, le salut n'est pas simplement le fait de changer d'étiquettes. Vous vous asseyez sur une chaise et vous avez une étiquette "pécheur" épinglée dans le dos. Puis vous allez plus loin, vous faites une petite prière, vous revenez et quelqu'un vous met une étiquette "sauvé" dans le dos. C'est beaucoup plus que cela. Vous devez en finir avec ce rebelle et il a une personnalité très fuyante. Il est très rusé, il a pas mal de moyens pour éviter l'exécution.

J'aimerais partager avec vous une expérience personnelle qui a rendu tout cela très parlant pour moi. Au début des années 50, j'étais le pasteur d'une petite église à Londres, en Angleterre et nous avions l'habitude d'avoir des réunions dans la rue trois fois par semaine dans un endroit du centre de Londres appelé Marble Arch. Une nuit, j'ai fait un rêve et dans ce rêve, je voyais une réunion dans la rue avec un cercle de gens autour de nous et un homme au centre du cercle en train de prêcher. Je regardai, j'écoutai et je me suis dit que ce qu'il disait était bon, je n'avais pas de critique sur ce qu'il disait. Mais je n'aimais pas sa façon d'être. La seule façon dont je pouvais le décrire c'est qu'il semblait malhonnête, on aurait dit qu'il était bossu et qu'il avait une jambe de bois. Je ne comprenais pas comment il pouvait être ainsi et pourtant dire de bonnes choses.

Je me suis réveillé le matin, je n'ai pas compris le rêve et je l'ai oublié. Mais presque deux semaines plus tard, j'ai fait précisément le même rêve. Cette fois-ci, je pensai: "Dieu doit essayer de me parler". Je dis alors: "Seigneur, cet homme au milieu du cercle là, ce qu'il disait était bien mais il y avait quelque chose de malhonnête en lui. Qui est cet homme?" J'ai eu la même réponse que Nathan a donnée à David: "Tu es cet homme."

Ça a été un choc. Mais j'ai réalisé pour la première fois, que Dieu montrait du doigt le rebelle, le vieil homme en moi. J'ai lu Romains 6 et j'ai vu que la solution c'était l'exécution mais que par la grâce de Dieu elle avait eu lieu 19 siècles plus tôt quand Jésus était mort à la croix. Notre vieil homme a été crucifié avec lui. C'est un fait historique. Que nous le croyions ou pas n'y change rien mais le fait de le croire et de le vivre nous transforme.

On était presque à Pâque et j'avais continuellement en tête l'image de la colline de Golgotha avec trois croix. Mais la croix du milieu était plus haute que les deux autres. Et j'ai compris que c'était sur cette croix que Jésus allait être crucifié. Alors le Saint-Esprit m'a dit: "Pour qui est la croix du milieu?" C'était comme s'il m'avait dit: "Fais attention avant de donner ta réponse." J'ai donc réfléchi et j'ai dit: "Elle était pour Barabbas." Il m'a dit que c'était ça. Tu vois, c'était pour lui. Elle attendait Barabbas. Puis, le Saint-Esprit me dit: "Mais Jésus a pris la place de Barabbas." J'ai répondu que j'étais d'accord. Puis, il me dit: "Mais je croyais que Jésus avait pris ta place." Je lui dis que oui. Alors, il me dit: "Tu dois être Barabbas." Je ne discute jamais avec les gens mais ce fut pour moi une révélation. Je suis Barabbas, je suis le criminel, je suis celui pour qui la croix a été dressée. Elle a été faite pour moi, à ma mesure, j'aurais dû aller dessus. Mais, au dernier moment, un changement inattendu a eu lieu et Jésus a pris la place de Barabbas. C'est la façon dont Dieu démontre que le rebelle, le vieil homme a été crucifié en Jésus.

Nous devons seulement le croire. Je dois vous donner une autre image qui vient du prophète Esaïe. Dans Esaïe 1 Dieu condamne Israël pour ses nombreux péchés mais la racine du problème d'Israël c'était la rébellion. C'est ainsi qu'il le décrit dans Esaïe 1:5-6:

"Où donc vous frapper encore quand vous multipliez vos rébellions?"

Vous voyez où était le problème? La rébellion.

"La tête entière est malade, et tout le cœur est souffrant. De la plante du pied jusqu'à la tête, rien n'est en bon état; blessures, contusions, plaies vives, n'ont été ni pansées ni bandées."

Dieu m'a montré que c'est la façon dont il traite la rébellion. C'est la fin de la rébellion. Et puis je me suis rendu compte que c'était une image très éloquente de Jésus alors qu'il était sur la croix. Il a exactement accompli cette prophétie. Laissez-moi vous lire encore ces paroles:

"La tête entière est malade... "

De plein de façons différentes. Des épines dans la tête, des coups au visage, la barbe arrachée.

"... et tout le cœur est souffrant... "

Il est mort le cœur brisé.

"De la plante du pied jusqu'à la tête, rien n'est en bon état; blessures, contusions, plaies vives n'ont été ni pansées ni bandées."

C'est l'image la plus exacte que vous puissiez donner en quelques mots de l'apparence de Jésus sur la croix. Que nous dit Dieu à travers le prophète? Que le rebelle a été puni en Jésus. Jésus a porté le châtiment du rebelle parce que le péché d'Israël, la racine du problème au milieu de toute sa religiosité était la rébellion.

Puis, nous avons Esaïe 52:13 qui nous décrit Jésus défiguré pendant le sacrifice. Versets 13-14:

"Voici mon serviteur, il prospérera; il montera, il s'élèvera, il sera très haut placé."

Et Paul cite cela dans Philippiens 2 où il est dit: "Dieu l'a souverainement élevé". Il se réfère à ce verset. Puis il continue:

"De même que tu as été pour beaucoup un sujet d'effroi, de même son aspect n'était pas celui de l'homme, son apparence n'était plus celle des fils d'Adam."

Voyez-vous, nous avons tant de belles images de Jésus sur la croix avec peut-être un filet de sang coulant de ses mains ou une blessure à son côté. Cela ne représente pas du tout la réalité. Considérez tout ce qu'il a dû subir pour en arriver là. Il n'y avait plus un seul endroit sain sur son corps.

Pourquoi? Il devait en être ainsi. C'était le résultat de la rébellion. C'est là que vous et moi aurions dû être. Mais, dans la grâce infinie de Dieu, un changement a eu lieu. Jésus a pris la place de Barabbas, il a pris ma place et il a pris la vôtre.

Puis, si vous allez plus loin dans Esaïe 53 vous trouverez la grande image du serviteur qui souffre. Mais en fait, l'introduction se trouve dans Esaïe 52:13 et suivants. Vous allez au verset 6 qui est le verset central de toute la deuxième partie d'Esaïe. Je ne peux pas faire ici des mathématiques mais mathématiquement, Esaïe 53:6 est le centre exact des vingt-sept derniers chapitres d'Esaïe. Vous savez peut-être qu'Esaïe est divisé de la même façon que les livres de la Bible. 39 chapitres, puis 27. Les 27 chapitres sont vraiment l'Evangile prophétique. Si vous les lisez, vous verrez, qu'Esaïe 53:6 est le verset central du chapitre central, c'est en fait le passage central. C'est la clé de tout et il est dit:

"Nous étions tous errants comme des brebis, chacun suivait sa propre voie."

En un mot de quoi s'agit-il? De la rébellion. Quel est le péché commun à toute l'humanité? La rébellion, exactement.

"Et l'Eternel a fait retomber sur lui l'iniquité de nous tous."

Le mot iniquité, en hébreu 'avon', signifie rébellion et englobe le châtiment pour la rébellion et toutes ses conséquences néfastes. Sur la croix, Jésus, le dernier Adam, s'est substitué à nous, il est devenu rebelle de notre rébellion et en a subi toutes les conséquences néfastes.

C'est l'un de mes thèmes favoris, il n'est pas approprié mais laissez-moi juste vous en donner une clé. Un échange a eu lieu et c'est la porte d'entrée au trésor de la maison de Dieu si vous comprenez. En fait, à la croix, Jésus s'est identifié à notre rébellion et c'est cela l'échange. Tout le mal qui nous était réservé à cause de notre rébellion est venu sur Jésus afin que nous soit donné tout le bien qui lui était réservé à cause de son obéissance parfaite. Quelle que soit la façon dont vous considérez cet échange, il est parfait. Il a été châtié afin que nous soyons pardonnés. Il a été blessé afin que nous soyons guéris. Il a pris notre péché afin que nous puissions bénéficier de sa justice. Il est mort à notre place afin que nous puissions partager sa vie. Il a été fait malédiction afin que nous puissions recevoir la bénédiction. Il a enduré notre pauvreté afin que nous partagions son abondance. Il a porté notre honte pour que nous obtenions sa gloire. Il a subi le rejet pour que nous soyons acceptés par Dieu. Je ne peux pas m'étendre sur ce sujet mais si vous pouviez avoir cette image du rebelle, là sur la croix et comprendre que vous êtes le rebelle mais que Jésus a pris votre place. Non seulement il a porté votre rébellion mais il a en plus subi toutes les conséquences néfastes de cette rébellion afin que vous puissiez entrer dans toutes les bénédictions liées à sa parfaite obéissance. Savez-vous de quoi il s'agit? De la grâce. Vous ne pouvez pas la gagner, vous ne la méritez pas, vous n'y avez aucun droit. Il n'y a qu'une seule façon de la recevoir c'est par la foi, c'est vrai. Vous devez juste croire.

Il est intéressant de voir que lorsque Esaïe présente cette image du serviteur souffrant au chapitre 53, il commence par un avertissement contre l'incrédulité. "Qui a cru à ce qui nous était annoncé?" La grande barrière qui empêche de recevoir les bienfaits de l'expiation de Christ, c'est l'incrédulité. Renonçons-y chacun d'entre nous. Disons: "Seigneur, je veux croire. Je crois en tout ce que Jésus a fait pour moi. Peut-être que je ne le comprends pas mais je le crois. Amen." Ces quelques mots vont vous transformer.

Parfois, dans les réunions, je surprends des gens parce que je dis que la première chose à laquelle nous allons renoncer dès le début, c'est à l'esprit d'incrédulité. Ils me regardent et ils me disent: "Vous?" Je réponds: "Oui moi." Chacun d'entre nous doit continuellement se battre contre l'incrédulité. Affrontons-la.

Nous devons revenir à Romains 6. Voyez quelles infinies richesses nous sont offertes dans le sixième chapitre. Je ne veux pas insister sur ce sujet mais je voudrais vous dire que si vous ne pratiquez pas le baptême comme dans le Nouveau Testament, toute cette vérité est annulée parce que le baptême c'est l'action extérieure de notre identification avec lui.

Quand j'enseignais des professeurs en Afrique de l'est, nous avions l'habitude de leur dire à peu près ceci. Rappelez-vous que les enfants se souviennent de 40% de ce qu'ils entendent, de 60% de ce qu'ils entendent et voient de 80% de ce qu'ils entendent, voient et font. Dieu étant le grand professeur, quand il en arrive à cette vérité centrale, il nous dit: "Je ne veux pas simplement que tu entendes cela, je veux que tu l'entendes, que tu le voies et que tu le fasses." Et chaque fois que quelqu'un se fait baptiser et que des nouveaux croyants sont ajoutés à l'Eglise, cette glorieuse vérité de notre identification avec Jésus dans sa mort, son ensevelissement et sa résurrection se met en marche devant nous. Je pense que l'un des premiers objectifs de Satan a été de gommer ce fait de l'Eglise afin de perdre cette glorieuse vérité qu'il représente.

Revenons aux paroles de Paul. Romains 6:6:

"Sachant que notre vieil homme a été crucifié avec Christ... "

Souvenez-vous que c'est vrai, que vous le sachiez ou non, que vous le croyez ou pas, c'est vrai. Le fait d'en avoir connaissance et de le croire, c'est ce qui va faire la différence dans votre vie. Voyez-vous, Paul dit au verset 6: "sachant". Puis il est dit au verset 11 "considérez-vous" ou je préfère l'ancienne version, "reconnaissez". Vous devez d'abord connaître, puis reconnaître. Si vous ne connaissez pas, vous ne pouvez pas reconnaître.

Au début de ces leçons, nous avons cité le passage qui dit: "Mon peuple périt faute de connaissance." C'est exactement cela. Le peuple ne connaît pas, alors il ne peut pas reconnaître. Si vous le savez, il est de votre responsabilité de le reconnaître. Mais je suppose que c'est la responsabilité des ministères dans l'église de s'assurer que vous le savez. Les pasteurs, les enseignants, les évangélistes... Tous sont responsables de s'assurer que le peuple de Dieu sait cela parce que si ce n'est pas le cas, il ne peut pas le reconnaître et s'il ne le reconnaît pas il ne peut pas l'expérimenter.

Continuons au verset 6:

" Sachant que notre vieille nature a été crucifiée avec lui afin que ce corps de péché soit réduit à l'impuissance... "

Mais je préfère dire "rendu inefficace, mis hors service."

"… afin que nous ne soyons plus esclaves du péché."

Voyez-vous, vous pouvez avoir vos péchés pardonnés et continuer à être esclave du péché. Le vieil homme n'a pas été détruit.

"Car celui qui est mort est libre du péché."

Je ne sais pas pourquoi ils disent 'libre' parce que dans la marge il est dit 'justifié' et c'est la bonne affirmation. Quand vous mourez, vous êtes justifié du péché. Savez-vous pourquoi? Parce que quand la loi vous a condamné à mort, elle ne peut rien faire de plus. Après cela, la loi ne peut plus rien exiger de vous. Vous êtes sorti de sa compétence. Ainsi, quand nous sommes morts avec Jésus, nous sommes justifiés. On ne nous demande plus rien. Nous avons payé le dernier châtiment.

Retenons ce mot, 'justifié'. Premièrement, parce que c'est un mot si glorieux et ensuite parce que c'est ce que Paul dit. Celui qui est mort est justifié, acquitté du péché, il a payé le prix, il n'y a rien de plus que la loi puisse exiger de nous. Verset 8:

"Or si nous sommes morts avec Christ, nous croyons que nous vivrons aussi avec lui."

Remarquez le "si". Avant il est dit "Si nous sommes ensevelis, nous ressusciterons." Mais si nous n'avons pas été ensevelis nous n'avons pas droit à la résurrection. Si nous sommes morts, nous croyons que nous vivrons aussi avec lui.

"... sachant que Christ ressuscité d'entre les morts ne meurt plus; (loué soit Dieu!) la mort ne domine plus sur lui. Car il est mort et c'est pour le péché qu'il est mort une fois pour toutes, et maintenant qu'il vit, il vit pour Dieu. "

Souvenez-vous qu'il s'est identifié à nous. Nous sommes morts au péché une fois pour toutes et après cela? La vie que nous avons est pour Dieu. C'est la transition.

Et Paul continue:

"Ainsi..."

Autrement dit, comme cela est arrivé à Jésus.

"... considérez-vous comme morts au péchés et comme vivants pour Dieu en Christ-Jésus."

J'ai souvent demandé à des gens de réfléchir un moment à ce que signifiait l'expression "mort au péché." On s'imagine toujours un homme terrible qui fait toutes sortes de choses que les gens religieux ne feraient pas. Il jure, il boit du whisky, il fume le cigare, il regarde de la pornographie à la télé. C'est une bête, un homme mauvais. Sa femme est croyante ainsi que ses enfants et il leur fait passer de terribles quarts d'heure. Il les injurie et il se fâche contre eux. Un samedi après-midi, ils sortent discrètement pour aller à l'église, le laissant assis sur sa chaise en train de fumer son cigare, sirotant son whisky et regardant des choses qu'il ne devrait pas à la télé.

Ils ont une magnifique réunion cette soirée-là, le Saint-Esprit les visite et ils reviennent chez eux en chantant des cantiques. Soudain, ils se souviennent qu'il va les maudire. Ils s'arrêtent net mais rien ne se passe. Ils entrent doucement dans la chambre. Il est assis sur sa chaise, la fumée du cigare s'élève en volutes mais il n'est pas en train de fumer. Le whisky est intact sur la table. Il ne s'intéresse pas à la télévision. Savez-vous ce qui s'est passé? Il a eu une crise cardiaque, il est mort. Il est mort au péché. Vous voyez? Vous comprenez ce que cela veut dire? Le péché n'a plus de puissance sur lui, le péché ne l'attire plus et il ne produit plus de réaction en lui. C'est cela être mort au péché.

On ne peut pas discuter là-dessus, n'est-ce pas? Un homme mort ne perd pas son calme, ne boit pas de whisky, ne jure pas, ne fait plus tout un tas de choses. Il ne se vante pas.

Ainsi, vous et moi, à cause de ce que Jésus a fait, nous nous reconnaissons comme morts au péché. Cela signifie que le péché n'a plus de puissance sur nous, qu'il n'a plus d'attraction sur nous, qu'il ne produit plus de réaction en nous.

Chapitre 8

Romains 6:23-7:16

Dans notre étude précédente, nous avons vu la huitième étape de notre pèlerinage qui est la solution de Dieu pour vaincre le vieil homme et nous avons vu que cette solution se résumait en un mot: l'exécution. Mais la grâce de Dieu est là: l'exécution a eu lieu quand Jésus est mort sur la croix. Notre vieil homme a été crucifié avec lui. Et nous avons obtenu le privilège, à travers le baptême, de nous identifier à lui dans sa mort, dans son ensevelissement et dans tout ce qui en découle. Dieu n'a pas d'autre programme pour le vieil homme que l'exécution. Ainsi, Paul a répondu à l'objection suivante: "Alors, si nous voulons davantage de grâce, continuons à pécher, continuons à vivre dans le péché". Il démontre que c'est impossible parce que, pour être dans la grâce de Dieu, il faut être mort au péché. " La grâce de Dieu opère d'une façon incompréhensible.

Nous allons maintenant voir la neuvième étape qui est la deuxième partie du chapitre 6. C'est très concret: comment appliquer la solution de Dieu dans notre vie. Dans la partie précédente du chapitre, Paul nous a donné la base doctrinale. Il nous dit maintenant comment mettre ces choses en application dans nos vies.(Lisons) tout d'abord les versets 12 à 14:

"Que le péché ne règne donc point dans votre corps mortel et, n'obéissez pas à ses convoitises. Ne livrez pas vos membres au péché, comme des instruments d'iniquité; mais donnez-vous vous-mêmes à Dieu, comme étant vivants de morts que vous étiez et, offrez à Dieu vos membres, comme des instruments de justice. Car le péché n'aura point de pouvoir sur vous, puisque vous êtes, non sous la loi, mais sous la grâce."

Vous remarquez ce 'donc'? Je ne sais pas si un jour quelqu'un va répertorier tous les 'donc'. Ce serait intéressant. Bien sûr, cela dépend en partie de la traduction que vous utilisez mais la version Segond me semble appropriée.

Paul donne des instructions mais celles-ci ne peuvent être appliquées que par des gens qui sont passés par la transition décrite dans la partie précédente du chapitre. Une personne qui n'a pas mis sa foi en Jésus et qui n'a pas accepté son sacrifice à notre place est incapable de mettre en pratique ces instructions. Ainsi, ces instructions ne marchent que sur la base de ce que Paul a déjà dit dans la partie précédente de ce chapitre.

Il dit maintenant que vous devez vous opposer fermement au péché. Il y a quelques années, j'ai entendu un sermon dans lequel le prédicateur disait que si nous voulions aller au paradis, il fallait apprendre à dire non. Et c'est la vérité. Paul dit que vous devez vous décider à dire non au péché à partir de maintenant. "Tu ne vas plus me contrôler, je m'oppose à toi, tu n'as plus de droit sur moi, tu n'as plus de pouvoir sur moi et je ne vais plus me soumettre à toi." Le péché et Satan se ressemblent, ils n'écoutent que quand vous le dites de tout votre cœur. Ils savent tous deux si vous dites les choses sans les penser ou si vous les dites en le pensant vraiment. Vous devez le dire avec détermination.

Voyez-vous, pour appliquer l'œuvre de Jésus dans nos vies il faut exercer notre volonté. C'est impossible si nous n'exerçons pas notre volonté correctement. Je crois que par la foi en Jésus notre volonté est libérée de la domination du péché. Après cela, il est de notre responsabilité de bien l'utiliser. Dieu ne va pas le faire à notre place. C'est là que nous devons nous élever et dire que c'est notre responsabilité.

J'aimerais illustrer cela rapidement par une expérience personnelle. Lorsque j'étais pasteur à Londres, j'ai eu à lutter intérieurement contre la dépression durant plusieurs années. Je ne peux pas décrire comment la dépression est arrivée, a pesé sur moi, m'a enfermé et m'a donné un sentiment de désespoir et d'échec. Si vous êtes déjà passé par là, vous pouvez comprendre. Je me suis battu contre cela de toutes les façons possibles et je ne faisais aucun progrès. En fait, je devais abandonner, je ne pouvais rien faire de plus et j'ai lu Esaïe 61:3 où il est dit:

"Un vêtement de louange au lieu d'un esprit abattu… "

En lisant ces mots, le Saint-Esprit me parla intérieurement et en lisant "un esprit abattu" je me suis dit: "C'est le problème." C'était comme un flot de lumière jaillissant en moi. Je réalisai que je ne me battais pas contre moi-même. C'était une autre personne, une personne sans corps, un esprit qui me tourmentait et m'oppressait. Quand j'ai réalisé que je me battais contre une personne qui n'était pas moi, je dirais que j'étais à 80% sur le chemin de la victoire. J'avais en fait besoin d'un autre passage, et en l'occurrence ce fut Joël 2:32:

"Alors quiconque invoquera le nom de l'Eternel sera délivré" (Semeur)

Alors j'ai mis tout cela ensemble très simplement et je suis venu à Dieu dans la prière et j'ai dit: "Seigneur, tu m'as montré que j'étais opprimé par un esprit d'abattement. Je viens à toi maintenant et je compte sur toi dans le nom du Seigneur Jésus. Délivre-moi de cet esprit d'abattement." Et il m'a délivré, j'ai senti que l'esprit me quittait.

Puis, Dieu m'a montré que ma responsabilité commençait. Il m'a montré qu'il avait fait pour moi ce que je ne pouvais pas faire moi-même. Mais maintenant, je pouvais reprogrammer mon esprit. J'avais l'habitude de penser négativement. J'étais un professionnel du pessimisme et Dieu m'a montré que c'était là une négation de ma foi en Jésus, qu'il m'avait libéré de cet esprit d'oppression mais qu'il n'allait pas faire pour moi ce que je pouvais faire. Il m'a montré que je devais reprogrammer mes pensées. Et je l'ai fait. Pendant un certain temps, chaque fois qu'une pensée négative ou pessimiste me venait, je la rejetais et la remplaçais par quelque chose de positif basé sur l'Ecriture. Au bout de plusieurs années toute ma façon de fonctionner a complètement changé, je suis devenu une personne totalement différente.

Je vous raconte cela parce que Dieu fera pour nous ce que nous ne pouvons pas faire nous-mêmes. Dans ce cas, il nous délivrera de la domination du péché. Mais après cela, il est de notre responsabilité de faire ce que nous pouvons. C'est notre responsabilité d'agir correctement, de prendre position contre le péché, de nous dissocier de tout ce qui est péché. Et cela nous devons le faire en exerçant notre volonté.

Puis Paul dit:

"Que le péché ne règne donc point dans votre corps mortel, et n'obéissez pas à ses convoitises. Ne livrez pas vos membres (les membres de votre corps) au péché, comme des instruments d'iniquité; mais donnez-vous vous-mêmes à Dieu, comme étant vivants de morts que vous étiez, et offrez à Dieu vos membres, comme des instruments de justice."

Paul dit de refuser que le péché accède à vos membres. Ne le laissez pas contrôler votre main, votre pied, votre langue, vous ne devez pas. Vous avez été libéré.

Il dit au contraire de vous abandonner, vous et vos membres, à Dieu comme des instruments de justice. Il y a un double abandon. D'abord, vous abandonnez votre volonté à Dieu. Vous dites: "Seigneur, non pas ma volonté mais la tienne." Si vous faites la même prière que le Seigneur, vous devez aussi demander la deuxième chose que demande le Seigneur "Que ta volonté soit faite sur la terre comme au ciel". Quand on dit: "Que ta volonté soit faite" où commence-t-elle? En moi, qui prie. Ainsi, nous devons abandonner notre volonté à Dieu.

Puis, ayant abandonné notre volonté à Dieu, nous devons abandonner nos membres comme des instruments de justice à Dieu. Quand les traductions disent "instruments" le grec dit littéralement "armes". Je pense que cela implique un conflit spirituel. Ce n'est pas simplement un outil, ce n'est pas seulement une houe ou une charrue mais une épée. C'est un instrument avec lequel nous combattons.

Pour moi personnellement, le baptême dans le Saint-Esprit est l'expérience clé parce qu'à travers elle, comme je le conçois, nous nous abandonnons d'abord à Dieu puis nous abandonnons à Dieu le membre de notre corps que nous ne pouvons pas contrôler, la langue. En fait, nous mettons en pratique l'instruction d'abandonner nos membres, nos membres physiques, à Dieu comme des instruments (ou des armes) de justice. Et quand notre langue a été abandonnée et que le Saint-Esprit en prend le contrôle, elle devient une arme dans la prière, le témoignage et la prédication.

Voyez-vous, Dieu est si terre à terre. Je vous ai fait remarquer que lorsque Paul a fini les 11 premiers chapitres de Romains, toute sa théologie, il y a un autre donc.

"Je vous exhorte donc, frères, par les compassions de Dieu à offrir vos corps comme un sacrifice vivant… "

C'est vraiment une question de volonté et d'abandon. Vous devez le faire dans cet ordre parce que si vous ne le voulez pas, vous vous abandonnerez par habitude à ce qui est mauvais. Parce que vous avez l'habitude de vous abandonner au péché. Paul dit de ne plus continuer à présenter son corps, ses membres au péché. Vous l'avez fait pendant longtemps. Je l'avais fait pendant 25 ans avant de rencontrer le Seigneur. Mais j'ai dû arrêter, j'ai dû dire que c'était terminé. Ma volonté a été libérée. Je peux être une seule volonté avec Dieu et une fois que j'ai abandonné ma volonté à Dieu je n'ai plus à abandonner mes membres comme des instruments de péché, à Satan.

Puis Paul met en avant une affirmation très importante au verset 14:

"Car le péché n'aura pas de pouvoir sur vous (une ancienne version dit: le péché ne dominera plus sur vous) puisque vous êtes, non sous la loi, mais sous la grâce."

L'implication de cette affirmation va très loin. Paul dit que vous n'êtes plus sous la loi mais sous la grâce. C'est l'un ou l'autre, ça ne peut pas être les deux à la fois. Si vous êtes sous la loi, vous n'êtes pas sous la grâce. Si vous êtes sous la grâce, vous n'êtes pas sous la loi. Vous devez choisir.

Nous allons passer un assez long moment à traiter de la loi, lorsque nous arriverons à Romains, chapitre 7. Je ne veux donc pas aborder ce sujet en détail maintenant. Pour l'instant, contentez-vous uniquement de noter que c'est un choix. N'essayez pas d'adhérer aux deux à la fois parce que c'est impossible.

L'application de ce principe est très puissante. Paul dit que le péché n'aura plus de pouvoir sur nous parce que nous ne sommes plus sous la loi. Qu'est-ce que cela implique? Si vous êtes sous la loi, le péché vous dominera. Je sais que cette affirmation choque un certain nombre de personnes mais c'est pourtant ce que la Bible dit. Et elle le dit tout du long avec insistance.

Ainsi, nous avons le choix. Je ne suis pas sous la loi, je ne suis pas gouverné par toute une série de règles, je n'agis pas sous le coup de la peur, je suis devenu un enfant de Dieu, je lui obéis parce que je l'aime; l'amour est ce qui motive mon obéissance à partir de maintenant et non la peur. Vous voyez? Dieu ne veut pas faire des esclaves. La loi a fait des esclaves, Dieu fait des fils et des filles. Mais vous devez choisir. Il est très important d'exercer votre volonté et de le faire correctement parce que si vous vous laissez manipuler par Satan, il vous manipulera, croyez-moi. C'est un tyran et il attaque les faibles. Vous ne pouvez pas vous permettre d'être faible dans ce domaine de votre vie.

Vient maintenant l'objection fictive suivante. Vous y êtes maintenant habitués. Il dit que nous ne sommes plus sous la loi mais sous la grâce. Quelle est donc cette objection? Verset 15:

"Quoi donc! Pécherions-nous, parce que nous sommes, non sous la loi mais sous la grâce?"

Et quelle est la réponse?

"Loin de là!"

Voyez-vous ce qu'il dit? La première objection au début du chapitre était de demander si nous allions continuer à vivre dans le péché afin que la grâce abonde. C'est différent. Si nous ne sommes pas sous la loi, sommes-nous libres de commettre des actes de péché quand cela nous convient parce que nous ne sommes pas sous une loi qui nous dit de ne pas le faire? Vous comprenez? Ce n'est pas la même objection, c'en est une autre. C'est sa réponse et nous lirons les versets 15-22. Ce sujet fera l'objet d'une session.

"Loin de là! Ne savez-vous pas qu'en vous livrant à quelqu'un comme esclaves pour lui obéir, vous êtes esclaves de celui à qui vous obéissez, soit du péché qui conduit à la mort, soit de l'obéissance qui conduit à la justice?"

Paul dit donc que quand vous vous abandonnez à quelqu'un pour lui obéir, vous devenez son esclave. Ainsi, si par une décision de votre volonté vous décidez de commettre un péché (disons par exemple un acte immoral), en pensant: "Je ne suis pas sous la loi, donc je peux le faire", Paul dit que si vous faites cela, vous vous abandonnez à l'immoralité. Que se passe-t-il? Vous devenez esclave de l'immoralité. Je ne vais pas vous demander de lever la main mais je crois que certains d'entre vous le savent par expérience. Vous ne pouvez pas vous abandonner à une telle chose sans en devenir. Ainsi, vous devez décider à qui vous voulez vous abandonner.

J'aimerais regarder un moment Josué 24:15. Josué, à la fin de sa mission, est confronté à un choix. Certains d'entre nous n'aiment pas les choix n'est-ce pas? Nous préférerions aller de l'avant sans avoir à décider mais dans la vie spirituelle vous ne pouvez pas éviter les choix. Il dit à Israël:

"Maintenant, craignez l'Eternel et servez-le avec intégrité et fidélité... (verset 15) Et si vous ne trouvez pas bon de servir l'Eternel, choisissez aujourd'hui qui vous voulez servir..."

Il nous demande si nous voulons servir le véritable Dieu ou si nous allons servir de faux dieux. Remarquez le choix et il ne change jamais. Il ne s'agit pas de savoir si vous allez servir mais qui vous allez servir.

Ainsi, le seul choix que vous avez, une fois que vous êtes rachetés, est de savoir si vous allez servir le péché ou la justice. Avant d'être sauvé, vous n'aviez pas le choix, vous ne pouviez vous empêcher de pécher, il n'y avait pas d'autre possibilité. Ceci s'adresse uniquement à ceux qui ont expérimenté la rédemption à travers la foi en Jésus-Christ.

Revenons maintenant à Romains 6, verset 17:

"Or grâces à Dieu de ce que vous étiez esclaves du péché, mais de ce que ensuite vous avez obéi de cœur à la forme de doctrine dans laquelle vous avez été instruits." (Darby)

C'est très important. Nous ne pouvons pas nous étendre sur le mot "forme" mais c'est le même mot qui est utilisé pour désigner le moule dans lequel on coule le métal pour qu'il prenne la forme désirée. J'ai toujours été impressionné par le fait que, quand les gens sont nouvellement convertis, ils sont bouillants. Et il est très important de leur faire prendre tout de suite la bonne forme. Beaucoup de gens se convertissent de façon merveilleuse, ils sont enthousiastes mais ils vont dans une église ou fréquentent un groupe qui ne leur présente pas vraiment la vérité de la Bible et ils ne prennent pas la bonne forme. Il est ensuite difficile de les changer.

Je me sens personnellement très concerné par le fait que les gens prennent une bonne forme. Je suis allé dans de nombreuses croisades d'évangélisation et j'ai vu des milliers de gens aller de l'avant mais je me suis toujours demandé quelle forme allait prendre ce métal, comment il allait ressortir. Et je suis désolé de dire que très souvent le résultat n'était pas très bon.

J'ai été conseiller de la première campagne de Billy Graham à Harringay à Londres en 1954 et, croyez-moi, les gens étaient réveillés à cette époque! J'ai conseillé 22 personnes et j'ai apprécié les instructions que nous avions pour le conseil. Nous n'étions pas autorisés à leur dire quelle église nous fréquentions. Nous devions garder le contact avec eux par téléphone ou par courrier, les suivre. J'ai fait tout ce que j'ai pu mais, sur ces 22 personnes, en fait, j'ai conclu qu'il n'y en avait que deux qui sont devenus de solides convertis. Par hasard, elles ont rejoint mon église! Je ne le voulais pas, je les ai poussées dehors mais elles avaient essayé autre chose et elles voulaient rester là.

Ce n'est pas une critique envers Billy Graham, comprenez-moi. Je l'admire et je l'apprécie. Mais l'évangéliste n'est pas responsable de la forme que le converti va prendre. Quelqu'un a dit à cette époque en Angleterre à propos des nouveaux convertis: "C'est une honte de mettre un poussin vivant sous une poule morte." Je ne ferai pas de commentaire!

Continuons au verset 18:

"… ayant été affranchis du péché, vous êtes devenus esclaves de la justice."

C'est donc un choix. Quelque chose va vous contrôler. Quoi? Est-ce que ce sera le péché ou la justice? Maintenant vous dites que ce sera la justice. Croyez-moi, vous serez vraiment éprouvés. Le diable n'abandonnera pas tant qu'il pensera qu'il a une chance d'y arriver. J'ai remarqué que, quand les gens sont éprouvés et tentés, le diable continuera jusqu'à ce que la personne arrive au stade où la tentation ne signifie plus rien pour elle. Elle n'y pense même plus. Et le diable est assez intelligent pour ne pas perdre son temps avec des gens comme ça. Vous voyez? Mais s'il y a de la dualité en vous, le diable va l'exploiter. Vous devez prendre une décision ferme.

Continuons au verset 19:

"Je parle à la manière des hommes, à cause de la faiblesse de votre chair. De même donc que vous avez livré vos membres comme esclaves à l'impureté et à l'iniquité pour arriver à l'iniquité…"

Si vous allez vers l'iniquité, elle augmente. Vous devenez de plus en plus inique. Beaucoup d'entre nous peuvent retrouver cela dans leur propre vie. C'est mon cas.

"… ainsi maintenant livrez vos membres comme esclaves à la justice, pour arriver à la sainteté."

Vous devez choisir l'une de ces deux voies. Il est presque impossible de rester statique dans la vie spirituelle: soit vous allez de l'avant, soit vous reculez. Vous continuez dans la rébellion ou vous progressez dans la sainteté. Mais rester statique dans la vie spirituelle est presque impossible.

Paul continue encore. Il est très explicite et souvenez-vous, il écrit dans le contexte d'une société où l'esclavage était une chose normale. Si les gens n'étaient pas eux-mêmes esclaves, ils en avaient probablement. Il utilise donc une image qui était très appropriée pour l'époque.

"Car, lorsque vous étiez esclaves du péché, vous étiez libres à l'égard de la justice."

Il dit maintenant d'y réfléchir. Verset 21:

"Quels fruits portiez-vous alors? Des fruits dont vous rougissez aujourd'hui. Car la fin de ces choses, c'est la mort."

Paul demande d'y réfléchir un moment. Quand vous étiez au service du péché, quand vous étiez esclaves du péché, qu'avez-vous récolté? Certains d'entre nous avaient des 'maux de tête du lendemain' un sentiment de honte, beaucoup d'entre nous se demandaient si la vie valait vraiment la peine d'être vécue, si la vie c'était cela. Nous vivions souvent en désaccord et nous nous disputions souvent avec nos proches. N'est-ce pas? Alors Paul demande d'y réfléchir, souvenez-vous où vous étiez. Voulez-vous y retourner?

J'ai eu beaucoup de tentations et de découragements durant ma vie chrétienne. Mais je vous dis une chose. Je n'ai jamais entretenu l'idée de revenir à mon ancienne vie. Parce qu'en ce qui me concerne, elle n'a rien à m'offrir. Pour moi, c'est clair. Quand j'ai fermé cette porte, j'ai jeté la clé. En fait, je me suis souvent demandé où j'allais, si le Seigneur m'avait vraiment pardonné, quel était le problème, qu'est-ce que j'avais fait de mal mais, je n'ai jamais ressenti le besoin de retourner en arrière. Maintenant, je suis allé trop loin pour reconnaître le chemin d'où je viens, merci Seigneur!

"Car la fin de ces choses, c'est la mort."

Puis Paul dit:

"Mais maintenant, étant affranchis du péché et devenus esclaves de Dieu, vous avez pour fruit la sainteté et pour fin la vie éternelle."

Ainsi, Paul dit d'arrêter de regarder en arrière et de s'attacher à regarder en avant. Vers quoi vous dirigez-vous? Vous vous dirigez vers une vie de sainteté, vous vous dirigez vers la vie éternelle qui ne finira pas avec cette vie mais qui ira jusque dans l'éternité. C'est là que vous allez. Il est difficile d'aller de l'avant si vous regardez en arrière. Le saviez-vous? Ainsi, Paul dit de tourner le dos à tout votre passé.

Quel privilège d'être capable de faire cela n'est-ce pas? Je crois qu'il y a des millions de gens sur cette terre qui seraient contents de le faire si on leur disait comment. C'est pourquoi je me sens vraiment concerné par le fait d'apporter la parole de Dieu au monde entier. Je me demande si vous réalisez combien nous avons de la chance. Nous savons quoi faire de la culpabilité. Nous savons qu'il y a une solution à la culpabilité. Mais, sur la terre aujourd'hui, il y a des millions de personnes qui se sentent coupables et qui ne savent pas où aller. Ils n'ont jamais connu la bonté de Dieu, sa grâce, sa miséricorde. Ils n'ont jamais entendu que le pardon existe. Je me sens concerné par eux, je ne m'intéresse pas au passé. Je ne me réfère au passé que pour illustrer les choses, c'est le seul intérêt du passé, les leçons que j'en ai tirées.

Puis Paul résume cela avec sa clarté habituelle. Quel est le choix réel? Verset 23:

"Le salaire du péché c'est la mort, mais le don gratuit de Dieu c'est la vie éternelle en Jésus-Christ notre Seigneur."

Ce sont les options. Si vous voulez le salaire qui vous est dû pour ce que vous avez fait, souvenez-vous, vous êtes un pécheur. Dieu est juste et, si vous faites ce choix, vous recevrez votre salaire. Quel est votre salaire? La mort, oui. C'est la justice de Dieu.

Mais si vous refusez cette option et que vous dites: "Seigneur, je ne veux pas ce que je mérite, donne-moi ce que je n'ai pas mérité. Donne-moi ton don gratuit (en grec charisma) le don de la grâce que je ne peux pas gagner (c'est-à-dire la vie éternelle) Seigneur, c'est ce que je veux."

J'espère que chacun de nous a pris cette décision. Et si vous avez pris cette décision, je pense qu'il serait approprié, à ce moment même, de dire à Dieu une fois encore que vous lui abandonnez votre volonté et que vous lui abandonnez vos membres. Maintenant, si vous voulez le faire avec moi, dites: "Seigneur, je t'abandonne ma volonté maintenant et j'élève mes mains pour montrer que je t'abandonne mes membres physiques. Au nom de Jésus, amen."

Nous allons maintenant entrer dans la dernière étape de ce voyage avant d'atteindre la conclusion qui est Romains 8. L'étape finale se trouve dans Romains 7 et à mon avis, selon ce que j'ai observé et mon expérience personnelle, c'est l'étape la plus difficile. Je pense souvent que Paul l'a mise à la mauvaise place parce qu'elle traite de la loi; je pense que nous avons eu affaire à la loi avant de nous convertir mais qu'après, il n'y a plus de place pour elle dans nos vies. Cependant, j'ai appris, par observation et par expérience, que ce n'est pas vrai. Une fois que nous sommes convertis, une fois que nous avons expérimenté la délivrance du vieil homme, nous nous retrouvons en face d'une question très difficile: quelle est la place de la loi? Quelle est ma relation par rapport à la loi? Je ne suis pas très féru de littérature mais je ne connais aucun ouvrage de doctrine chrétienne qui traite vraiment cette question honnêtement. S'il y en a un, je ne le connais pas. C'est quelque chose qui m'a toujours intéressé à partir de ma conversion quand j'ai commencé à lire le Nouveau Testament, à cause de mes connaissances en philosophie. Je crois que cela m'a montré qu'il y avait un problème à résoudre si nous voulons avancer dans la vie chrétienne.

Je dirais que la majorité des chrétiens que je connais, avec lesquels je voyage et que je rencontre –il y a de nombreuses exceptions- mais la majorité des chrétiens aujourd'hui n'est pas consciente qu'il existe un problème et en connaît encore moins la solution. Dans ma série de livres "Les fondements de la foi", j'utilise ce petit exemple de l'homme qui a été chez le médecin pour une douleur au ventre. Le docteur l'ausculte et lui dit: "Je pense que vous avez une appendicite." Il répond: "Une appendicite, qu'est-ce que c'est?" Le docteur répond: "C'est une inflammation de l'appendice." Et l'homme dit: "Jusqu'à maintenant je ne savais pas que j'avais un appendice susceptible de provoquer une inflammation." Beaucoup de chrétiens sont comme ça. Ils ont un problème, ils ont une douleur. Quand ils vont regarder dans la parole de Dieu elle leur dit: "Ton problème, c'est que tu as une mauvaise relation avec la loi". Et le chrétien répond: "Je ne savais pas qu'il y avait un problème, c'est la première fois que j'en entends parler."

Ainsi, avec l'aide de Dieu nous allons consacrer deux chapitres au chapitre 7 des Romains. Je prie pour que la grâce soit avec nous afin que nous comprenions bien les choses. Je ne pense pas que ce soit facile mais je crois que c'est possible par la grâce de Dieu.

Nous allons traiter maintenant, dans cette partie, des six premiers versets de ce septième chapitre. Paul utilise ce que j'appellerais une métaphore tirée du mariage pour expliquer que nous sommes libres par rapport à la loi et que nous avons la liberté de vivre autrement. Je vais vous le lire et essayer de vous l'interpréter.

"Ne savez-vous donc pas, frères... "

J'ai observé que Paul utilise ce genre de phrase probablement une demi-douzaine de fois en écrivant aux chrétiens. Je dirais, en étant un peu cynique, qu'effectivement la plupart du temps, les chrétiens d'aujourd'hui ne savent pas.

"Ne savez-vous donc pas frères, car je parle à des gens qui connaissent la loi..."

Et c'est "la loi" et non pas une loi, c'est la loi de Moïse.

"... que la loi exerce son pouvoir sur l'homme aussi longtemps qu'il vit?"

Une fois que vous êtes sous la loi il n'y a d'échappatoire qu'en la mort. C'est un engagement pour toute la vie.

"Ainsi, une femme mariée est liée par la loi à son mari tant qu'il est vivant; mais si le mari meurt, elle est dégagée de la loi qui la liait à son mari. Si donc, du vivant de son mari, elle devient la femme d'un autre homme, elle sera appelée adultère; mais si le mari meurt, elle est affranchie de la loi, de sorte qu'elle n'est point adultère en devenant la femme d'un autre. De même, mes frères, vous aussi vous avez été, par le corps de Christ, mis à mort en ce qui concerne la loi, pour que vous apparteniez à un autre, à celui qui est ressuscité des morts, afin que nous portions des fruits pour Dieu. Car, lorsque nous étions dans la chair, les passions des péchés provoquées par la loi agissaient dans nos membres, de sorte que nous portions des fruits pour la mort. Mais maintenant, nous avons été dégagés de la loi... "

De quoi avons-nous été libérés? En êtes-vous sûr?

"... étant morts à cette loi sous laquelle nous étions retenus de sorte que nous servons dans un esprit nouveau, et non selon la lettre qui a vieilli."

C'est l'analogie. Laissez-moi essayer de l'interpréter. Premièrement, prenons le postulat de base: si un homme se marie à une femme, tant que l'homme est vivant, la femme n'est pas libre de se marier avec un autre homme. Si elle se marie avec un autre homme, elle sera considérée comme adultère, elle commettra l'adultère. Mais si l'homme à qui elle est mariée meurt, alors elle est libre de se marier avec un autre homme sans être dans l'adultère.

Je vais maintenant faire une digression pour un moment et vous faire part d'une conviction personnelle. Certains d'entre vous vont sûrement être violemment en désaccord avec moi. J'ai entendu ce verset être utilisé comme argument contre une femme dont le premier mari a commis l'adultère et qui, ayant divorcé, prend la liberté de se remarier. Je voudrais juste vous faire remarquer que cela n'est pas logique parce que si vous appliquez la loi à cette situation, vous devez l'appliquer entièrement. Et fort heureusement, elle libère toute femme dont le mari est adultère parce que la condamnation sous la loi pour l'adultère, c'était la mort. Il n'y a pas d'alternative. Les Juifs ont rappelé cela à Jésus, ils lui ont dit: "Que dis-tu à cette femme prise en flagrant délit d'adultère?" Et ils ont continué: "Moïse a dit qu'elle devait être mise à mort." Ils ne le faisaient pas parce qu'ils n'observaient pas la loi de Moïse.

Ainsi, chères amies, et je sais qu'il y a des centaines de femmes qui se débattent avec ce problème. Si votre mari a été infidèle envers vous et vous a laissé pour une autre femme en commettant l'adultère, il est légalement mort et la loi qui vous lie à lui n'est plus valable. Vous comprenez?

Vous ne pouvez pas appliquer la loi d'un côté et dire qu'elle ne s'applique pas de l'autre. Si vous voulez appliquer la loi, il faut l'appliquer tout du long. Jacques dit que vous ne pouvez pas garder un commandement et en ignorer un autre. Si vous transgressez un commandement vous transgressez toute la loi. La loi s'applique ou s'écroule dans son intégralité. Vous ne pouvez pas en prendre seulement une petite partie et dire que vous allez observer ceci et pas cela. C'est ce que font la majorité des gens. Ils disent qu'ils observent ceci et pas cela. Par exemple, dans le Judaïsme, les Juifs orthodoxes ont 613 commandements et ils admettent en privé qu'ils en observent environ 32. Les Juifs conservateurs décident du moment de leur observance de la loi –ce qui, dans un sens, est un point de vue raisonnable. Les Juifs réformés font tout simplement ce qu'ils veulent. Et vous avez des groupes similaires dans l'Eglise chrétienne. Je ne vais pas entrer dans les détails mais je ne veux pas laisser des femmes ou des hommes sous la culpabilité alors qu'ils n'ont pas à se sentir coupables.

J'irais un peu plus loin et je dirais que, si un homme me dit que sa femme a commis l'adultère et qu'elle ne montre aucun signe de repentance, je lui conseille de divorcer. Essayez d'avoir le meilleur avocat possible! Il se peut que vous ne soyez pas d'accord avec moi sur cela. S'il y a une possibilité de repentance et de réconciliation, c'est autre chose. Mais je ne fais pas confiance à ceux qui disent qu'ils se sont repentis parce que cela les arrange. Vous pensez bien, de par ce que je dis, que j'ai été concerné par ce genre de situation. C'est vrai.

Nous allons maintenant revenir à la vraie question. Paul dit que vous avez été marié sous la loi. La loi a été comme un acte de mariage et c'était pour la vie. A quoi ont-ils été mariés? C'est une partie difficile. Ils ont été mariés à leur nature charnelle. Vous voyez? Parce que toute l'essence de la loi, et c'est le problème de la loi, c'est qu'on vous demande d'agir avec vos propres capacités. Vous vous fiez à votre nature charnelle. C'est pourquoi cela ne marche pas, comme nous allons le voir en allant plus loin.

Mais quand on parle du fait de venir sous la loi, il faut considérer qu'il n'y a eu qu'une seule nation qui ait jamais été sous la loi, c'est Israël. C'est un modèle pour nous tous. Venir sous la loi c'est comme une cérémonie de mariage lors de laquelle vous épousez votre nature charnelle. Tant que votre nature charnelle est vivante, vous ne pouvez vous marier avec quelqu'un d'autre, parce que vous serez adultère. Mais ce que Paul dit, c'est que, bonne nouvelle, votre premier mari est mort. Quand est-il mort? Quand Jésus est mort sur la croix. Notre vieil homme a été crucifié avec lui. Vous voyez? Quand vous comprenez cela, vous dites: "Loué soit Dieu! Je suis libre. Je n'ai plus à continuer à vivre avec cet horrible mari qui m'a gâché la vie et ne m'a donné ni bénédictions, ni paix, ni justice. Je ne suis plus liée à lui. Je peux me marier avec un autre homme."

Quelle est l'alternative? Etre marié à qui? A celui qui est ressuscité des morts. Le Christ glorifié et ressuscité. Il peut devenir votre mari, que vous soyez un homme ou une femme. Nous parlons ici d'une relation dans l'esprit. Pour que cela soit plus clair, nous allons regarder un moment 1 Corinthiens 6:17. Nous allons lire le verset 16 pour avoir le contexte. Paul enseigne contre la fornication et l'immoralité sexuelle et il dit au verset 16:

"Ne savez-vous pas que celui qui s'attache à la prostituée est un seul corps avec elle? Car, est-il dit, les deux deviennent une seule chair."

C'est le contexte. Puis, il en arrive à une alternative totalement différente mais sur la même base.

"Mais celui qui s'attache au Seigneur est avec lui un seul esprit…"

L'image était celle d'une union sexuelle entre un homme et une prostituée. Sur la base de cette image, Paul dit qu'il y a un autre genre d'union que vous pouvez avoir avec le Seigneur. Elle n'est pas sexuelle, elle est spirituelle. C'est une relation matrimoniale avec le Seigneur. Celui qui est uni avec le Seigneur est un avec lui dans l'esprit.

J'aimerais vous poser une question et votre réponse peut être aussi bonne que la mienne. Par quel acte sommes-nous unis au Seigneur dans un même esprit? Par l'adoration, exactement. Voyez-vous, c'est pourquoi l'adoration est la plus grande activité de l'être humain. L'adoration est procréatrice. Si vous voyez ce que je veux dire: lorsque nous sommes unis au Seigneur dans l'adoration, nous commençons à engendrer, à donner naissance aux choses que Dieu veut que nous engendrions. L'adoration n'est pas une sorte d'option dans la vie chrétienne, ce n'est pas un petit plus, c'est l'apogée. C'est la confirmation. Si je pouvais dire cela sans choquer personne, c'est la consommation de notre mariage avec le Seigneur. Nous sommes unis à lui en un esprit. Et quand nous avons cette union, l'union maritale est toujours dans le but de la procréation. Quand nous procréons, nous engendrons. C'est à ce moment-là que nous portons des fruits spirituels dans nos vies.

Ainsi, vous devez savoir à quel mari vous vous êtes unis. Regardons Galates chapitre 5 un moment. J'aimerais vous dire combien j'apprécie les conducteurs de louange. Ils sont souvent attaqués. Ils sont presque la cible numéro un de Satan. Vous devez prier pour eux.

Galates 5:19 et la suite. Nous allons maintenant voir les deux sortes de progénitures selon la nature de l'union. Verset 19:

"Or les œuvres de la chair sont manifestes…"

Elles le sont. Elles sont évidentes, elles se voient. Vous pouvez dire aux gens que vous êtes spirituel mais si vous êtes charnel, cela se verra.

"… ce sont l'impudicité, l'impureté, la dissolution, l'idolâtrie, la magie, les inimitiés, les querelles, les jalousies, les animosités, les disputes, les divisions, les sectes, l'envie, l'ivrognerie, les excès de table, et les choses semblables…"

Maintenant, permettez-moi de vous demander si vous voulez ce genre d'enfant? C'est pourtant ce que la chair engendre. Vous ne pouvez pas trouver une seule bonne chose dans cette liste. La chair ne peut rien produire d'acceptable pour Dieu. Elle est corrompue. C'est le mot-clé pour décrire notre nature charnelle. Jésus a dit qu'un arbre pourri ne peut produire de bon fruit. C'est impossible. Paul dit dans Romains 8 et nous le verrons un peu plus tard, que ceux qui sont dans la chair ne peuvent plaire à Dieu. C'est impossible, parce qu'aucune des choses de cette liste ne plaît à Dieu.

Quelle est l'alternative? Vous êtes marié à Christ, uni à lui dans une union spirituelle et sacrée. Verset 22:

"Mais le fruit de l'Esprit, c'est l'amour, la joie, la paix, la patience, la bonté, la bénignité, la fidélité, la douceur, la tempérance."

Vous ne pouvez pas trouver quelque chose de mauvais dans cette liste. Ce n'est pas une question de gris, c'est une question de noir ou blanc. Les œuvres de la chair sont complètement mauvaises mais le fruit de l'Esprit est totalement bon.

Puis, comme une sorte d'arrière-pensée, Paul ajoute quelque chose sur le fruit de l'Esprit:

"… la loi n'est pas contre ces choses."

Les gens qui portent ce genre de fruits n'ont pas besoin d'être gouvernés par la loi. Ils ne sont pas sous la loi. Ils ont échappé à leur mariage avec la chair sous la loi, ils sont libres de se marier par le Saint-Esprit au Christ ressuscité et d'engendrer le genre de fruit qui découle de cette union.

La clé de la vie chrétienne ce n'est pas l'effort, c'est l'union. Beaucoup d'entre nous sont très occupés à essayer. Montrez-moi une vigne qui produit du raisin en faisant des efforts. J'aimerais bien voir à quoi il ressemble. Tous les personnages importants du Nouveau Testament parlent d'une relation personnelle avec Dieu qui engendre sans effort ce que Dieu veut.

Regardons, par exemple, Jean 15, la parabole bien connue de la vigne. Les cinq premiers versets. Jésus parle:

"Je suis le vrai cep et mon Père est le vigneron."

Je suis très heureux de cette affirmation, parce que certains ont essayé de m'élaguer! Le seul qui soit assez habile pour nous élaguer, c'est le Père. Ne laissez-pas les êtres humains venir à vous avec leurs sécateurs. Continuons au verset 2:

"Tout sarment qui est en moi et qui ne porte pas de fruit, il le retranche."

Cela pose une question théologique intéressante. Comment être une branche en Jésus sans être croyant? Et pourtant, si vous ne portez pas de fruit, il vous retranche. Bon, je vous laisse y réfléchir.

"Et tout sarment qui porte du fruit, il l'émonde, afin qu'il porte encore plus de fruit."

Certains d'entre vous passent par l'émondage et vous luttez contre et vous vous demandez: "Qu'est-ce que j'ai fait de mal?" Rien. C'est une partie du processus. Vous n'êtes pas émondé parce que vous avez chuté ou parce que vous êtes méchant ou pas assez engagé. Vous êtes émondé pour que vous portiez du fruit. Et vous êtes émondé pour que vous portiez encore plus de fruit. Nous allons faire la différence entre le châtiment de Dieu et l'émondage de Dieu.

"Déjà vous êtes purs, à cause de la parole que je vous ai annoncée. (Verset 4) Demeurez en moi; et je demeurerai en vous. Comme le sarment ne peut de lui-même porter du fruit, s'il ne demeure attaché au cep, ainsi vous ne le pouvez non plus, si vous ne demeurez en moi."

Jésus continue:

"Je suis le cep, vous êtes les sarments. Celui qui demeure en moi et en qui je demeure porte beaucoup de fruit, car sans moi vous ne pouvez rien faire."

Lorsque vous rompez votre relation avec moi, vous ne pouvez rien produire de bon. C'est vraiment une belle parabole. Elle contient très simplement les trois personnes de la divinité. Jésus, le Fils est le cep. Le Père est le vigneron et la sève qui coule du cep dans les branches et porte du fruit, c'est le Saint-Esprit.

C'est cela la vie chrétienne. Ce n'est pas une série de lois. Je ne dis pas que les lois n'ont pas leur place. Mais nous ne sommes pas rendus justes par les lois. Si nous avons été rendus justes par la foi, nous observerons les lois appropriées. Mais nous n'avons jamais été rendus justes en respectant des lois.

Je crois que nous avons vraiment besoin de le comprendre. Je rencontre des chrétiens tellement passionnés par la politique. Je crois que les chrétiens doivent s'intéresser à la politique mais si vous vous imaginez que vous allez changer la nation par de nouvelles lois, vous vous trompez. Les lois n'ont jamais changé le cœur des gens. Je suggère que pour beaucoup il serait plus important d'être sûr que vous portiez vous-mêmes du fruit. Peu importe qui est élu président, cela ne changera pas beaucoup la nation. Ce qui va changer la nation, c'est la puissance du Saint-Esprit.

Le problème de l'Amérique (et c'est la même chose pour l'Angleterre et pour d'autres nations) c'est que les mauvaises gens sont plus nombreuses que les bonnes et qu'elles augmentent en nombre chaque jour. Laissez-moi vous poser une question. Dans quel genre de pays préférez-vous vivre? Un pays avec de bonnes lois et de mauvaises gens ou avec de mauvaises lois et de braves gens? Ce n'est pas très intelligent si vous choisissez les bonnes lois et les mauvaises gens, parce que l'histoire montre très clairement que même si une nation a de bonnes lois, les mauvaises gens en feront mauvais usage. C'est exactement ce qui se passe aux Etats-Unis aujourd'hui. La solution n'est pas de changer les lois mais de changer les gens. Qu'est-ce qui peut produire cela? Une seule chose, un réveil.

Certains efforts qui ont été faits pour la politique auraient été mieux employés pour le réveil. Naïvement, je dis ceci: "La seule solution pour l'Amérique, pour l'Angleterre, pour beaucoup d'autres nations c'est quelque chose qui va très rapidement et radicalement changer les mauvais en bons. Qui est capable de faire ça? Le Saint-Esprit. Personne d'autre. Combien d'entre vous savent par expérience que vous pouvez être transformé de mauvais en bon en une seule nuit? Soyez bénis, je le sais aussi. Je lève mes deux mains. J'étais encore un pécheur le soir et je me suis réveillé le matin serviteur du Seigneur. J'avais rencontré Jésus.

Ce qui est enseigné ici sur la loi a des résultats très concrets. Souvent, les gens se tournent vers les lois par paresse. Si vous comprenez ce que je veux dire, ils veulent que la loi fasse à leur place ce qu'eux peuvent faire.

Revenons à Romains 7. Ce que j'essaie de vous enseigner au mieux, c'est ce que Dieu a prévu pour nous en matière de justice. Et c'est seulement à travers la foi en Jésus, sa mort rédemptrice, sa résurrection et la puissance du Saint-Esprit que Dieu a parfaitement prévu ces choses. Je crois non seulement à la justice personnelle et à la sainteté mais aussi à la santé. Je crois personnellement que la rédemption de Jésus a pourvu à la guérison. C'est ma conviction personnelle. J'ai été à l'hôpital pendant un an, je n'en suis pas sorti tant que je n'y ai pas cru. Alors, en plus de ce que la Bible dit, (des paroles de la Bible) j'ai des raisons de penser que cela est vrai.

Nous devons faire très attention de ne pas oublier que nous sommes ce que nous sommes. Autrement dit, si vous avez cru mon enseignement à ce propos, ne finissez pas ce livre en disant à tout le monde que vous n'allez plus jamais pécher. Soyez sûr d'une chose, vous allez trébucher avant la fin de la journée.

Il existe une grande différence entre la loi et le vécu. Légalement, vous êtes totalement justes. Au niveau du vécu, vous avez peut-être encore pas mal de chemin à faire. Ce que je vous enseigne, cette différence très importante entre ce qui est légal et ce que vous vivez, ce sont vos droits en Christ. Mais que vous vous les soyez appropriés ou pas, ça c'est une autre histoire.

Chapitre 9

Romains 7:1-7:25

Dans la partie précédente, nous sommes entrés dans l'étape finale de ce pèlerinage avant d'atteindre l'apogée et notre but qui est Romains 8. Nous avons commencé à étudier Romains 7 qui est le chapitre traitant de la relation du croyant avec la loi. Je vous ai avertis que ce serait difficile et nous avons vu les six premiers versets dans lesquels Paul fait une analogie avec le mariage. Paul dit que, quand une femme est mariée à un homme, tant que celui-ci est vivant elle n'est pas libre de se remarier à un autre. Mais si l'homme meurt alors elle est libre de se remarier. Il applique cette analogie à l'alliance de la loi. Israël était marié à sa nature charnelle parce que la loi nous demande de faire des choses en nous appuyant sur notre nature charnelle, nos capacités, sans regarder à la grâce de Dieu. Mais sur la croix, quand Jésus est mort, cette nature charnelle a été mise à mort avec lui. A cause de cette mort nous sommes maintenant libres de nous remarier à un autre. L'autre à qui nous nous sommes mariés est celui qui est ressuscité des morts, c'est le Seigneur Jésus. Ainsi, nous pouvons entrer dans une nouvelle relation matrimoniale, nous ne sommes plus mariés à notre nature charnelle mais au Seigneur Jésus ressuscité et glorifié. A travers cette union matrimoniale avec lui nous pouvons engendrer le fruit du Saint-Esprit.

Quand nous étions dans la chair nous étions incapables de produire du fruit de l'Esprit, tout ce que nous pouvions produire c'est ce que Paul appelle les œuvres mortes de la chair et il les cite dans Galates 5:19 et suivants. Il n'y a pas une seule bonne chose dans cette liste. Nous devons bien nous en rendre compte. Les œuvres de la chair ne peuvent être que mauvaises et le fruit de l'Esprit ne peut être que bon. Ce n'est pas un peu de l'un et un peu de l'autre, ils sont totalement opposés. Nous allons encore voir cela à travers Romains 8.

En traitant cette analogie avec la relation matrimoniale, j'ai peut-être dit quelque chose qui vous a offensé, énervé ou fait sursauter, au sujet du divorce. Ce n'était pas là mon propos mais je suis concerné au premier chef parce que je crois que de nombreux chrétiens aujourd'hui, hommes et femmes, sont liés ou culpabilisés à cause d'un mariage brisé. Alors quand j'ai écrit le livre "Dieu est un faiseur de mariages" les éditeurs qui avaient choisi les livres, m'ont demandé d'écrire un chapitre sur le divorce. J'ai répondu: "Frère, j'ai assez de problèmes avec son contenu actuel, je n'en veux pas d'autres!" Mais ils ont insisté, j'ai prié, j'ai cherché Dieu et j'ai senti que Dieu voulait que j'écrive ce chapitre. Ça a été un chapitre très difficile à écrire. Dans ce livre, bien que le thème soit comment trouver son conjoint, il y a un chapitre pour les divorcés et un pour ceux qui ne sont pas mariés. Je ne veux pas entrer là dedans mais si vous étiez concernés par ce que j'ai dit sur le divorce, je pense qu'il serait bon pour vous de vous procurer ce livre et de lire le chapitre intitulé "Divorce et remariage". Lisez-le attentivement et voyez si ce que je dis est biblique. Je sens que de nombreux chrétiens ont été maintenus dans les liens ou sous la culpabilité à cause d'un mauvais enseignement sur le divorce.

Je me suis senti coupable à cause de ce mauvais enseignement moi-même, au début de mon ministère. J'avais l'habitude de prêcher ainsi. J'ai eu pas mal de lettres, à la fois d'hommes et de femmes, qui ont lu ce livre et ce chapitre en particulier et qui m'ont remercié. Ils me disaient: "Merci de nous avoir libérés de la culpabilité et du sentiment d'être un chrétien de seconde classe"

Revenons donc à Romains 7 et nous allons traiter le second point, qui dit que la loi met en lumière le péché dans notre vie. Retourner sous la loi quand nous avons été libérés du péché réveille le vieil homme qui est toujours un criminel. Voyons où cela est marqué parce que c'est affirmé plusieurs fois. Premièrement, revenons un moment à Romains 3:20. Paul dit:

"Car nul ne sera justifié devant lui par les œuvres de la loi ..."

Personne n'arrivera jamais à atteindre le niveau de la justice devant Dieu en respectant la loi. Alors il conclut:

"... puisque c'est par la loi que vient la connaissance du péché."

La loi ne permet pas aux gens de devenir justes mais elle met le péché en lumière et nous rend pleinement conscients de la nature et de la puissance mauvaise du péché. C'est l'un de ses buts principaux.

Puis, dans ce septième chapitre des Romains, nous lisons un ou deux versets qui appuient cette idée. Verset 5:

"Car lorsque nous étions dans la chair, les passions des péchés provoqués par la loi agissaient dans nos membres de sorte que nous portions des fruits pour la mort."

Remarquez ce qui peut être une assertion surprenante pour certains: "les passions des péchés provoquées par la loi". La plupart des gens ne voient pas la loi sous cet angle.

Et encore en Romains 7:7-11:

"Que dirons-nous donc? La loi est-elle péché? Loin de là! Mais je n'ai connu le péché que par la loi. Car je n'aurais pas connu la convoitise…"

Le même mot signifie 'désir sexuel'. Je crois que Paul avait en tête bien plus que la convoitise, selon moi.

"… car je n'aurais pas connu le désir si la loi n'eût dit: Tu ne convoiteras point (ou tu ne désireras point)"

Ainsi, ce que le commandement a fait, c'est de mettre à jour la nature et la puissance de la luxure ou de la convoitise. Sans cela, dit Paul, "je n'aurais jamais réalisé la pleine et véritable nature de la luxure."

Puis il continue:

"Et le péché, saisissant l'occasion produisit en moi par le commandement toutes sortes de convoitises (ou luxure) car sans loi le péché est mort."

Ainsi, loin de me rendre capable de dominer la convoitise, le commandement a produit en moi une hausse de la convoitise. Je crois que c'est psychologiquement vrai. J'aimerais dire que c'est quelque chose qui va vous aider. Si vous avez un problème avec la luxure, la crainte, la haine ou le ressentiment, vous ne les vaincrez pas par des règles qui vous interdisent de le faire. En fait, plus vous vous concentrerez sur les règles négatives, plus ces choses auront de la puissance sur vous. Si vous dites sans cesse: "Je ne dois pas convoiter, je ne dois pas convoiter", tout votre esprit devient plein du concept de luxure. Loin de vous délivrer de la luxure cela va vous y enchaîner. Il en va de même pour la peur, et pour le ressentiment. "Je ne dois pas en vouloir à ma belle-mère." La prochaine fois que vous verrez votre belle-mère, tout ce que vous éprouverez pour elle sera du ressentiment. Ce n'est pas la solution.

Puis Paul fait une affirmation étonnante sur laquelle je reviendrai plus tard. Il dit à la fin du verset:

"Car sans loi le péché est mort."

Je peux vous dire que j'ai médité cette allégation pendant des années. Je crois que Dieu m'a montré la réponse mais nous continuerons à lire un peu pour rendre notre étude complète. Verset 9:

"Pour moi, étant autrefois sans loi, je vivais; mais quand le commandement vint, le péché reprit vie et moi je mourus."

Quand le péché est devenu vivant, je suis mort. Vous comprenez?

"Ainsi le commandement qui conduit à la vie se trouva pour moi conduire à la mort. Car le péché saisissant l'occasion me séduisit par le commandement et par lui me fit mourir."

Par quel moyen le péché m'a-t-il fait mourir? Au moyen du commandement. Ce ne sont pas les paroles de Derek Prince, elles ont été écrites bien avant que je n'y aie jamais réfléchi.

Puis aux versets 16 à 21:

"Or, si je fais ce que je ne veux pas, je reconnais par là que la loi est bonne. Et maintenant, ce n'est plus moi qui le fais, mais c'est le péché qui habite en moi. Ce qui est bon, je le sais, n'habite pas en moi, c'est-à-dire dans ma chair…"

J'ai parfois dit que la différence entre Paul et nous c'est qu'il savait et nous pas. Mais c'est la seule différence.

"Ce qui est bon, je le sais, n'habite pas en moi c'est-à-dire dans ma chair; j'ai la volonté, mais non le pouvoir de faire le bien. Car je ne fais pas le bien que je veux, et je fais le mal que je ne veux pas. Et si je fais ce que je ne veux pas, ce n'est plus moi qui le fais, c'est le péché qui habite en moi."

Vous voyez ce que le commandement a fait? Il nous fait prendre parti pour la loi de Dieu et nous fait dire: "c'est ce que nous devons faire", puis nous réalisons que plus nous essayons de le faire, moins nous y arrivons. Nous découvrons alors qu'il y a quelque chose qui œuvre contre toutes nos bonnes intentions et cette chose s'appelle le péché. Qu'a donc fait la loi? Elle a obligé le péché à se dévoiler. Avant, il était tapi là mais très souvent nous n'en étions pas conscients. Ainsi, la loi a servi un but divin mais ce but n'était pas de rendre les gens justes, cela vient autrement.

Je voudrais revenir à ce que j'appelle une allégation surprenante, au verset 9:

"Pour moi, étant autrefois sans loi, je vivais; mais quand le commandement vint, le péché reprit vie, et moi je mourus."

Je vais maintenant vous offrir trois explications de ce que Paul dit ici. Premièrement, en tant que descendant d'Adam, Paul, dans un sens, représentait Adam comme nous tous. Adam était vivant dans le jardin. Il était un être humain parfait sans corruption ni défaut d'aucune sorte. Nous ne savons pas combien de temps il est resté dans cet état. Il se peut que ce soit des centaines d'années, nous n'en savons rien. Mais quand le commandement est venu, le péché est entré dans sa vie. La rébellion s'est levée en lui et il a fait exactement ce qu'il ne devait pas faire. Il devait y avoir des milliers d'arbres dans ce jardin mais il voulait avoir le seul qui était interdit. Quand il en a pris, le péché est venu dans sa vie et il est mort. Dieu l'avait averti. Il lui avait dit que le jour même où il en mangerait, il mourrait. Il n'est pas mort physiquement pendant 900 ans ou plus mais il est mort spirituellement. Il a été coupé de Dieu par cette rébellion. Il n'était plus fait pour la présence de Dieu. Quand Dieu est venu dans le jardin, il s'est caché. Vous connaissez l'histoire. C'est la seule explication possible qui s'applique à nous tous puisque nous descendons tous d'Adam.

Paul était Israélite, contrairement à la plupart d'entre nous. Nous devons nous souvenir qu'Israël n'a pas été racheté d'Egypte et de son esclavage par la loi. La loi ne les a pas fait sortir. Qu'est-ce qui les a fait sortir? La foi dans l'agneau pascal et dans son sang versé. La loi n'a pas fait sortir Israël d'Egypte. C'est la foi qui les a fait sortir d'Egypte. La foi en un sacrifice expiatoire.

Mais quand ils sont arrivés au pied du mont Sinaï, Dieu s'est présenté à eux avec la loi et ils ont dit: "Tout ce que Dieu dit, nous le ferons". En quoi se confiaient-ils? En leur nature charnelle. "Nous pouvons le faire" Quelle est la première chose qui est arrivé ensuite? Ils ont violé le premier commandement. Non pas un petit commandement insignifiant mais le premier commandement. "Tu n'auras pas d'autre dieu devant ma face, tu ne te feras pas d'images taillées."

Ce n'est pas un hasard. C'est le résultat quand on se confie en la chair. Quand nous nous confions dans la chair nous ressuscitons le rebelle et tout ce que nous produisons, c'est de la rébellion. Il n'est pas capable de produire autre chose que de la rébellion. Paul dit: "Je sais qu'en moi, c'est-à-dire dans ma chair, ne se trouve rien de bon." Pour la plupart d'entre nous il a fallu beaucoup de temps pour découvrir cela, n'est-ce pas? Je ne vais pas rentrer dans les détails de mon pèlerinage mais cela m'a pris pas mal de temps pour arriver à réaliser qu'il n'y avait rien de bon dans ma nature charnelle et que c'était folie d'espérer en tirer quelque chose de bon. S'il n'y a rien de bon en elle, vous n'en tirerez jamais rien de bon, n'est-ce pas vrai?

Cela s'applique donc à Paul en tant qu'Israélite. Israël est sorti d'Egypte racheté par la foi dans l'agneau pascal, ils étaient vivants pour Dieu. Mais quand le commandement est venu, ils se sont fiés à la capacité de leur nature charnelle. Le péché est entré dans leur vie et ils ont été coupés de Dieu. Ils sont morts. Cela ne veut pas dire qu'ils ont été coupés de Dieu pour toujours, parce que Dieu a ouvert une voie pour qu'ils reviennent à lui dans la repentance mais ils ont dû revenir par la foi et non par les œuvres de la loi.

Je pense à cette affirmation: "Pour moi étant autrefois sans loi, je vivais. Mais quand le commandement vint, le péché reprit vie et moi je mourus." Je pense que c'était vraisemblablement une affirmation autobiographique de Paul liée à sa propre expérience chrétienne. J'ai eu beaucoup de contacts, à la fois avec des Juifs et des musulmans et, tant le judaïsme que l'islam sont des religions basées sur les œuvres. Et elles l'affirment. Elles méprisent les chrétiens qui n'ont pas à faire d'œuvres. Elles disent toutes sortes de choses négatives sur les chrétiens parce qu'ils n'ont pas à accomplir d'œuvres. Elles ne savent pas vraiment ce que cela implique mais elles critiquent et attaquent les chrétiens pour cette raison. J'ai réfléchi sur cette affirmation pendant des années. Je me suis dit que c'était vrai. Je pense que, chaque Juif que j'ai rencontré et qui est venu à Jésus s'est fait prendre au piège du légalisme, du moins pour un temps. Je pensais que c'était vrai pour les Juifs. Mais c'est certainement aussi vrai pour les musulmans. J'ai peut-être tort mais je ne pense pas qu'il y ait un seul Juif ou musulman qui soit venu à Jésus et qui ait pleinement échappé au légalisme du premier coup. C'est une chose très difficile à faire. De toutes les choses difficiles de ce pèlerinage, c'est la plus dure: échapper au légalisme.

Puis, j'ai pensé à une chose étrange qui m'est aussi arrivée. Je ne vais pas entrer dans les détails mais je vais vous dire ceci. J'étais chrétien depuis cinq ans lorsque je me suis marié avec une belle femme, ma première femme Lydia, qui avait un magnifique orphelinat à Jérusalem. L'orphelinat était rempli du Saint-Esprit. Ces petites filles marchaient dans l'Esprit, elles priaient, elles voyaient des miracles, elles avaient des visions, elles voyaient les réponses aux prières. Je suis devenu le chef de cette famille et j'ai pensé que nous devions avoir des règles! Nous devions instaurer des temps pour la prière, pour l'étude de la Bible. Mais je reconnais franchement être moi-même devenu la proie du légalisme. Plus d'une fois. Plus récemment, je me suis trouvé impliqué dans quelque chose et qui était du pur légalisme. N'en parlons plus! Merci Seigneur, il m'en a sorti!

Vous dites peut-être que la loi est une mauvaise chose. Paul dit au contraire, que la loi est totalement bonne. Le mauvais n'est pas dans la loi mais en nous. Alors regardons ce que Paul dit sur la loi ici.

Avant cela permettez-moi de vous faire remarquer quelque chose à propos du retour à la loi. C'est un passage que j'oublie presque tout le temps de citer quand je prêche. Jérémie 17:5:

"Ainsi parle l'Eternel: Maudit soit l'homme qui se confie dans l'homme…"

Mais la traduction n'est pas bonne. L'hébreu dit qui se confie dans la chair ou dans l'homme.

"… qui prend la chair pour son appui et qui détourne son cœur de l'Eternel."

Il faut comprendre que cela parle du légalisme. Quand nous avons connu le Seigneur, apprécié sa grâce, expérimenté sa puissance surnaturelle et sa délivrance du lien du péché et que nous recommençons à nous confier en notre propre capacité, nos propres règles, nos propres programmes, toutes les choses dans lesquelles les églises sont impliquées, notre cœur s'écarte du Seigneur. Frères et sœurs, ce qui est capital, c'est que nous nous plaçons sous une malédiction. Maudit est l'homme qui a connu le Seigneur, a expérimenté sa puissance et qui s'en est détourné par sa propre force et ses propres efforts.

Vous êtes libres de vous faire votre propre opinion mais selon moi, c'est l'état de la plupart des chrétiens de l'Eglise aujourd'hui. Presque tous les mouvements significatifs de l'Eglise commencent par la puissance du Saint-Esprit. Autrement, ils n'auraient jamais commencé. Je ne vais pas citer toutes les dénominations mais vous pouvez tous penser à quelque chose qui a commencé avec des hommes de Dieu extraordinaires, ayant reçu une visitation de Dieu et qui aujourd'hui se confient dans la chair. Ils se confient dans leurs propres efforts, leurs programmes, leurs promotions, leurs règles, leurs systèmes. Et au lieu d'avoir la bénédiction de Dieu, ils sont sous une malédiction.

Je suis passé par là. Comme je viens de le dire, je sais ce qui arrive quand vous faites cela. Je me suis moi-même mis sous une malédiction. J'ai vu beaucoup de gens sous la malédiction. Je remercie Dieu parce qu'il a été miséricordieux et fidèle pour m'ouvrir les yeux et pour me montrer les choses. Mais je voulais dire que c'est simplement là un des nombreux exemples qui sont arrivés dans l'histoire de l'Eglise. Vous ne pouvez pas jouer avec la bénédiction de Dieu. Il la donne librement mais il nous demande de l'apprécier. Il nous demande de reconnaître notre dépendance totale envers sa grâce et sa puissance surnaturelle. Vous ne pouvez pas être chrétien par vos propres forces et vos propres efforts, en ayant connu la grâce et la puissance surnaturelle de Dieu. Si vous essayez de le faire, vous vous placez sous la malédiction. Je pense que je ferais mieux de lire le verset suivant aussi. C'est à propos de celui qui a agi comme nous venons de le dire:

"Il est comme un misérable dans le désert, et il ne voit point arriver le bonheur; il habite les lieux brûlés du désert, une terre salée et sans habitants."

Quelle description de celui qui est sous la malédiction. Dieu a ouvert mes yeux sur cette vérité, je ne peux pas en parler maintenant mais l'homme ou la femme qui est sous une malédiction est comme un buisson dans le désert. La bénédiction vient tout autour, la prospérité, la liberté, mais il est dans ce petit buisson. Il ne sent jamais la pluie, il ne profite jamais de la verdure, il est sous la malédiction.

Je pense que la raison la plus courante de cette malédiction chez les chrétiens, c'est le légalisme. Si vous regardez dans Galates vous verrez que c'en est le thème principal. C'est résumé dans Galates 3:

"O Galates dépourvus de sens! Qui vous a fascinés…" (L'anglais et certaines versions françaises disent "ensorcelés" n.d.t.)

Savez-vous que vous pouvez être ensorcelés? C'étaient des chrétiens remplis du Saint-Esprit mais ils étaient ensorcelés. Comment Paul savait-il qu'ils étaient ensorcelés? Parce qu'ils avaient perdu la vision de Jésus sur la croix.

"Vous aux yeux de qui Jésus-Christ a été peint comme crucifié?"

Quelle en était la preuve?

"Après avoir commencé par l'Esprit voulez-vous maintenant finir par la chair?"

C'est de la stupidité. Nous sommes ensorcelés quand nous essayons de faire cela. Puis Paul continue:
"Car tous ceux qui s'attachent aux œuvres de la loi, sont sous la malédiction."

Il leur rappelle dans Galates 3:10:

"Maudit soit quiconque n'observe pas tout ce qui est écrit dans le livre de la loi, et ne le met pas en pratique."

Si vous essayez d'être justifié par la loi, vous devez garder toute la loi tout le temps ou bien vous serez sous la malédiction. Je vous suggère de ne pas essayer parce que vous avez peu de chance d'y arriver.

Regardons maintenant cette affirmation avec laquelle nous allons terminer ce chapitre. La faute ne vient pas de la loi. Regardons dans Romains 7 rapidement avant de terminer cette partie. Romains 7, verset 7:

"Que dirons-nous donc? La loi est-elle péché? Loin de là! Mais je n'ai connu le péché que par la loi…"

Puis aux versets 12-13:

"La loi est donc sainte, et le commandement est saint, juste et bon. Ce qui est bon a-t-il été pour moi une cause de mort? Loin de là! Mais c'est le péché …"

Puis il continue au verset 14:

"Nous savons en effet que la loi est spirituelle; mais moi, je suis charnel, vendu au péché."

Il n'y a donc rien de mauvais dans la loi. Elle est bonne, sainte, spirituelle. Ne blâmez pas la loi. Le problème n'est pas dans la loi. Où est l-il? Il est en nous, dans notre chair. La loi remplit la fonction essentielle de nous confronter à l'état réel de notre nature charnelle.

J'ai utilisé le mot 'légalisme'. Il va falloir que je le définisse parce que je ne veux pas l'utiliser dans un sens trop vague. Je vous donne deux définitions du légalisme. Premièrement, le légalisme c'est essayer d'atteindre la justice de Dieu en respectant un certain nombre de règles. Peu importe les règles. Les règles catholiques, baptistes, pentecôtistes… Si vous essayez d'atteindre la justice de Dieu au moyen de ces règles vous vous placez sous le légalisme. Je dois vous dire que beaucoup de gens sont dans cette situation. Je suis pentecôtiste, si tant est que je suis quelque chose mais, je dois dire que beaucoup de mes chers frères et sœurs du mouvement pentecôtiste ne sont pas dans la liberté de l'Esprit, ils sont sous le légalisme. Ils sont captifs d'un certain nombre de règles.

Il n'y a rien de mauvais en soi dans les règles. Nous avons besoin d'elles. Ce qui est mauvais, c'est d'imaginer que les respecter va nous rendre justes devant Dieu. J'espère qu'il est clair que je ne prêche pas l'anarchie. Je ne prêche pas qu'il faut les rejeter toutes et faire ce qui nous plaît. Ce que je veux dire, c'est qu'il ne faut pas vous tromper vous-mêmes en pensant qu'il faut respecter toutes ces règles. Mon ami Bob Mumford m'a dit que dans l'église où il était pasteur il y avait 33 règles. Quelqu'un est venu un jour le voir et lui a dit: "Pourquoi Moïse avait-il seulement dix commandements et nous nous en avons 33?" Même si vous respectez les 33 règles, cela ne vous rendra pas juste.

L'autre définition du légalisme c'est d'ajouter à ce que Dieu a demandé, des compléments individuels. Personne n'est autorisé à rajouter des choses personnelles à ce que Dieu a demandé. Et Dieu dit : "Tout ce que je vous demande, c'est de croire en Dieu qui a donné Jésus pour vos offenses et l'a ressuscité pour notre justification." C'est tout ce que vous avez à faire pour être juste.

Nous allons maintenant continuer notre étude dans Romains 7 et j'aimerais vous faire remarquer qu'être confronté à la loi a tendance à produire en nous une sorte de conflit spirituel interne. Une guerre commence en nous. En fait, Paul parle d'être pris en otage par la guerre du péché qui œuvre dans nos membres. Je suppose que plus nous voulons être bons et faire le bien, plus nous sommes conscients de notre conflit interne. Les gens qui ne se soucient pas de la justice ou de la bonté n'ont probablement guère de conflit. Mais plus les gens s'en préoccupent, plus ils ont le désir d'être bons et de faire le bien et plus ils sont conscients de ce conflit interne.

Je crois que la Bible nous donne une image de ce conflit à travers l'expérience de Rébecca. Souvenez-vous : Rébecca était la femme d'Isaac, ils étaient mariés depuis longtemps mais ils ne pouvaient pas avoir d'enfant parce que Rébecca était stérile. Je ne sais pas si vous avez jamais déjà réalisé le nombre de femmes de la Bible prévues par Dieu pour être les mères des enfants les plus importants de la Bible et qui étaient stériles: Sara, Rébecca, et beaucoup d'autres. C'est comme si Dieu nous amenait à un point où nous devons prier pour voir l'accomplissement de sa volonté révélée. Je pense que c'est une expérience qui arrive dans la vie de beaucoup d'entre nous. Dieu nous montre sa volonté mais elle semble impossible. Nous allons donc lire dans Genèse 25:21 et suivants sur Rébecca:
"Isaac implora l'Eternel pour sa femme, car elle était stérile et l'Eternel l'exauça; Rébecca, sa femme devint enceinte."

Alors, si vous êtes un couple marié, désirant des enfants et que vous n'en avez pas, ne baissez pas les bras. Je ne peux pas vous dire le nombre de couples stériles pour lesquels Ruth et moi avons prié qui, lorsque nous avons chassé la malédiction de stérilité, ont eu un bébé rapidement.
Revenons à l'histoire de Rébecca, verset 22:

"Les enfants se heurtaient dans son sein; et elle dit: s'il en est ainsi, pourquoi suis-je enceinte?"

Autrement dit, Dieu, qu'est-ce que cela veut dire? Pourquoi y a-t-il un combat en moi?

"Elle alla consulter l'Eternel. Et l'Eternel lui dit: deux nations sont dans ton ventre, et deux peuples se sépareront au sortir de tes entrailles; un de ces peuple sera plus fort que l'autre, et le plus grand sera assujetti au plus petit."

Ceci est contraire à la tradition et à la culture naturelle, en particulier au Moyen Orient.

"Les jours où elle devait accoucher s'accomplirent; et voici, il y avait deux jumeaux dans son ventre. Le premier sortit entièrement roux comme un manteau de poil; et on lui donna le nom d'Esaü. Ensuite sortit son frère, dont la main tenait le talon d'Esaü; et on lui donna le nom de Jacob."

Le mot Jacob est dérivé du mot qui signifie talon. Le mot hébreu pour talon est 'aqeb' et le mot hébreu pour Jacob est 'yaqob'. Cela veut simplement dire qu'il le tenait par le talon. Il a été nommé d'après cela.

"… dont la main tenait le talon d'Esaü, et on lui donna le nom de Jacob. Isaac était âgé de soixante ans lorsqu'ils naquirent."

Il a donc dû attendre ses soixante ans pour avoir des enfants. Mais j'aimerais prendre cela comme une image. Rébecca a senti la bataille qui se passait en elle et elle ne pouvait pas le comprendre, alors elle est allée demander à l'Eternel qui lui a répondu qu'il y avait deux types d'hommes en elle. Il n'a pas donné beaucoup de détails mais il a dit quelque chose qui était contraire à la culture et à la tradition ordinaires. Quand ils sortiront, le plus âgé sera le serviteur du plus jeune. Ensuite est venu Esaü puis Jacob.

Esaü est en fait, tout au long de la Bible, un spécimen de ce que nous pouvons appeler la nature charnelle ou l'homme charnel. Jacob est le type d'homme spirituellement bien disposé. Cela ne signifie pas que Jacob était toujours un homme accompli, vous le savez bien. Vous devez vous demander pourquoi Dieu a dit: "J'ai haï Esaü et j'ai aimé Jacob". Dans notre culture contemporaine Esaü serait le type bien et Jacob serait celui contre qui tout le monde se dresserait. C'est un fait remarquable mais c'est vrai. Esaü n'a rien fait de vraiment mauvais mais Dieu le haïssait parce qu'il ne s'occupait pas de son droit d'aînesse. Il était prêt à le vendre pour un bol de soupe. Et Dieu a haï cela. L'indifférence et le manque d'intérêt pour la grâce et les bénédictions spirituelles de Dieu sont des choses qui provoquent la colère de Dieu.

Ce qui a racheté Jacob c'est son estime pour le droit d'aînesse et les bénédictions. Il a usé de malhonnêteté pour les obtenir. Il a fait beaucoup de choses qu'il n'aurait pas dû faire et il en a fait les frais. Mais il a toujours eu ce trait de caractère qui l'a racheté. Il était déterminé à obtenir le droit d'aînesse et les bénédictions. C'est en fait ce que l'on peut dire de mieux quant à notre personnalité humaine.

Voici donc deux sortes de nature. La nature charnelle ne s'occupe pas des choses de Dieu ni de ses bénédictions. Elle veut seulement du bon temps, plein de choses à manger, beaucoup d'argent, une belle maison et une piscine. Bien sûr, c'est le cas en Amérique. Il en va différemment dans beaucoup d'autres endroits. L'homme spirituel n'est pas bon, il y a beaucoup de malhonnêteté en lui mais il abrite ce désir en lui qui le rachète; il est réellement déterminé à obtenir les bénédictions de Dieu. Et souvenez-vous, cela a fini par une lutte où Jacob a combattu toute une nuit avec un ange. Peu d'entre nous pourraient lutter toute une nuit avec un ange. C'était un homme pétri de force et de détermination. Il est sorti de cette lutte avec l'emboîture de la hanche démise et en boitant. Beaucoup d'hommes et de femmes ont eu une rencontre avec Dieu qui les a laissés boiteux. Pour le reste de leur vie, ils ne pourront plus marcher sans la force de Dieu. Au moins, Jacob a appris qu'il ne pouvait pas le faire par ses propres efforts. La dernière chose qu'il a dite à l'ange, qui était son Messie, est: "Je ne te laisserai partir que tu ne m'aies béni. Je sais que ce que je dois obtenir c'est ta bénédiction".

Cela me parle beaucoup parce que la nuit où j'ai rencontré Jésus sans vraiment connaître la Bible j'ai fini par dire exactement la même chose. 'Je ne te laisserai pas partir tant que tu ne m'auras pas béni.' Et c'est là que j'ai eu un contact avec lui pour la première fois. Alors, c'est une histoire qui me parle beaucoup.

Mais ce que je veux vous dire, c'est de ne pas vous sentir troublés s'il y a un conflit en vous parce que chacun d'entre nous va avoir un conflit. En fait, non pas *chacun* d'entre nous parce que certains d'entre nous n'ont pas de Jacob en eux mais je pense que tout le monde a un Esaü. Ces deux natures ne peuvent s'entendre.

Revenons à Romains 7 et voyons comment sortir de ce conflit. Il est évident que Paul vivait lui-même ce conflit très fortement. Il dit à la fin de Romains 7:24-25:

"Misérable que je suis! Qui me délivrera de ce corps de mort?"

On peut dire aussi: de cette nature charnelle, mortelle qui est la mienne. Ce corps de la chair qui lutte toujours contre les choses de Dieu, qui résiste à mes meilleures intentions de faire le bien et de garder les lois de Dieu. Qui me délivrera? C'est un cri d'angoisse.

Les traductions ne le font pas vraiment ressortir mais le verset suivant continue:

"Grâces soient rendues à Dieu par Jésus-Christ notre Seigneur"

Mais ce qu'il voulait dire c'était: "Grâces soient rendues à Dieu, il y a une issue par Jésus-Christ notre Seigneur!" C'est le message que je veux vous laisser. Il y a une issue à travers Jésus-Christ notre Seigneur. L'issue passe par la croix. A travers le sacrifice substitutif et la mort de Jésus. Revenons à Romains 6:6 qui dit:

"Notre vieil homme (notre nature charnelle) a été crucifié avec lui..."

Il a été mis à mort. Et à cause de cela nous pouvons être délivrés de la nature charnelle et venir dans la plénitude de la liberté et de la vie de l'Esprit. Mais c'est uniquement à travers le sacrifice substitutif de Jésus sur la croix. Cela vient uniquement seulement lorsque nous faisons deux choses. Vous vous souvenez de ce qui est dit dans Romains 6? "Notre vieil homme (notre nature charnelle) a été crucifié avec lui." Sachant que notre vieil homme a été crucifié avec lui et, reconnaissant qu'il est mort, tant que nous continuerons à le reconnaître dans la foi, nous l'expérimenterons.

Nous allons maintenant être confrontés au fait que nous n'avons que deux possibilités. Soit nous sommes sous la loi et dominés par le péché soit nous sommes sous la grâce, conduits par le Saint-Esprit et libérés de la loi et du péché. Ce sont deux alternatives qui s'excluent mutuellement.

Vous ne pouvez cadrer avec les deux. C'est un fait important. Regardons encore un instant dans Romains 6:14, cette même allégation:

"Car le péché n'aura pas de pouvoir sur vous, puisque vous êtes, non sous la loi mais sous la grâce."

J'ai déjà clairement souligné que si vous êtes sous la loi, cela implique que le péché domine sur vous. Si vous êtes sous la grâce, vous n'êtes plus sous la loi. Vous ne pouvez pas être sous la loi et sous la grâce en même temps. Vous devez vous décider.

L'alternative, c'est d'être sous la grâce et conduit par le Saint-Esprit. C'est très important parce que beaucoup de gens disent: "Si je ne suis pas sous la loi, je peux faire tout ce que je veux." C'est complètement faux. Ne pas être sous la loi ce n'est pas faire ce qui vous plaît, c'est être conduit par le Saint-Esprit. Et laissez-moi vous dire une chose sûre: le Saint-Esprit ne vous conduira jamais à faire quelque chose de mauvais qui déplait à Dieu. Vous pouvez avoir davantage confiance en Dieu que dans tous vos efforts pour garder la loi.

Regardez ces déclarations très puissantes: Romains 8:14. Nous y reviendrons plus tard, mais nous allons le regarder un instant:

"Car tous ceux qui sont conduits par l'Esprit de Dieu sont fils de Dieu."

Et le mot fils signifie des fils matures. Vous voyez, afin de devenir un enfant de Dieu, vous devez naître du Saint-Esprit. Vous le savez. Mais pour devenir matures en Christ, vous devez être conduit par le Saint-Esprit. Le seul chemin vers la maturité, c'est le Saint-Esprit. Et je voudrais vous dire qu'il y a beaucoup d'enfants de Dieu nés de l'Esprit qui n'ont jamais appris à être conduits par le Saint-Esprit; ils restent des bébés spirituels toute leur vie parce que le seul chemin vers la maturité c'est d'être conduit par le Saint-Esprit. Et c'est au temps présent continu, car seuls ceux qui sont continuellement conduits par le Saint Esprit sont des fils de Dieu.

Laissez-moi vous le dire très clairement. Le contraire d'être sous la loi, c'est d'être sous la grâce. Et si vous êtes sous la grâce, vous êtes conduit par le Saint-Esprit. Ne dites pas que le frère Prince a dit que nous ne devions pas avoir de règles et que nous pouvions faire ce qui nous plaisait. C'est totalement faux. Le contraire d'observer des règles c'est d'être conduit par le Saint-Esprit.

Les règles sont parfaitement bonnes. Mais vous ne pouvez pas vous y conformer. Ainsi, vous n'avez plus que l'autre solution. Faites confiance au Saint-Esprit. Apprenez à être conduit par lui. Il ne vous détournera jamais du droit chemin.

Regardez maintenant dans Galates 5 un instant et nous allons voir apparaître la même vérité. Galates 5:18:

"Si vous êtes conduits par l'Esprit, vous n'êtes pas sous la loi."

Peut-on être plus clair? Ce sont deux alternatives qui s'excluent mutuellement. Si vous êtes conduit par le Saint-Esprit, vous n'êtes pas sous la loi. Si vous êtes sous la loi, vous n'êtes pas conduit par le Saint-Esprit. Mais le seul chemin vers la maturité, c'est d'être conduit par le Saint-Esprit. Vous ne pouvez donc pas parvenir à la maturité en restant sous la loi.

Regardons 1 Timothée 1. C'est un de ces passages qui me procurent un plaisir particulier lorsque je les lis. Je suis désolé de le dire, parce que c'est contraire à la façon de penser de nombreux chrétiens. Je ne veux pas choquer les gens mais parfois je désire réveiller les gens. 1 Timothée 1:9. Paul dit au verset 8:

"Nous n'ignorons pas que la loi est bonne, pourvu qu'on en fasse un usage légitime, sachant bien que la loi n'est pas faite pour le juste."

Avez-vous été rendu juste par la foi en Jésus-Christ? Si oui, alors la loi n'est pas faite pour vous. Laissez-moi vous citer le genre de personne pour qui elle est faite et demandez-vous si vous souhaitez figurer dans cette liste.

"... mais pour les méchants et les rebelles, les impies et les pécheurs, les irréligieux et les profanes, les parricides les meurtriers, les impudiques, les infâmes, les voleurs d'hommes, les menteurs, les parjures, et tout ce qui est contraire à la saine doctrine."

Souhaitez-vous figurer dans cette liste? Ce sont les gens pour qui la loi est faite. Puis Paul résume:

"... conformément à l'Evangile de la gloire du Dieu bienheureux, Evangile qui m'a été confié."

C'est là le message de l'Evangile. Vous ne pouvez devenir juste en gardant la loi. Le seul chemin pour parvenir à la justice c'est par la foi en la mort substitutive et en la résurrection de Jésus-Christ.

Dans Galates, Paul fait encore une fois une comparaison avec l'expérience des patriarches. Il nous parle des deux fils nés d'Abraham. Ismaël et Isaac. Nous avons leur type. Ismaël est un type de la femme esclave Agar. Paul dit dans Galates qu'Agar correspond à l'alliance qui a été faite au Sinaï, l'alliance de la loi. Ainsi, Ismaël est le produit de la loi, il est l'œuvre de la chair. Il est le résultat de l'effort d'Abraham pour accomplir le dessein de Dieu par ses propres efforts. Il a perdu patience, il était fatigué d'attendre le fils promis et il a écouté sa femme qui lui disait: "Ayons un enfant avec ma servante Agar". Ce n'était pas immoral à l'époque, c'était parfaitement légitime dans la culture de l'époque. Mais c'était hors de la foi, ce n'était pas dans la foi. La Bible dit que tout ce qui n'est pas basé sur la foi est péché. Le saviez-vous? Romains 14:23:

"Tout ce qui ne résulte pas de la foi est péché."

Je vous le dis, Dieu a pardonné à Abraham mais celui-ci a payé cher pour cet acte et on le paie encore aujourd'hui. 4000 ans plus tard, ce sont les descendants d'Ismaël qui sont la principale source de problèmes pour les descendants d'Isaac. Peut-on interpréter cela comme un avertissement sur le fait que cela ne rapporte rien d'engendrer des choses dans la chair? Parce que nous devrons vivre avec elles.

Le fait intéressant à propos d'Abraham, c'est que sa seule erreur n'a pas été de ne pas faire ce que Dieu lui demandait mais de faire plus que ce que Dieu lui demandait. Je suppose que pour la plupart des chrétiens, il en va de même. Notre problème n'est pas de désobéir et de ne pas faire ce que Dieu nous demande mais d'aller au-delà de ce que Dieu dit et de faire les choses par nous-mêmes, de notre propre initiative. Le résultat sera toujours un Ismaël. Qu'est-ce qui est le plus dur à faire? Attendre. C'est en général là que nous prenons l'initiative et que nous engendrons un Ismaël parce que nous en avons assez d'attendre.

J'aimerais voir ce que Paul dit aux Galates. Il dit que quand Isaac est venu, Ismaël s'est tout de suite moqué de lui. La chair ridiculise toujours l'Esprit, voyez-vous? Sara s'est mise en colère et elle s'est contredite. C'est tellement typique quand on est dans la chair! Elle a dit à Abraham: "Tu as eu un fils d'Agar." Elle dit maintenant: "Chasse cette esclave et son fils."Chaque fois Abraham a tenu compte de son avis. La première fois il était mauvais, la deuxième fois il était bon. Mais c'est là que réside le message. Quand l'enfant de la foi et de la grâce vient, il n'y a plus de place pour la servante et son fils. Chassez la loi et les fruits de la chair lorsque l'enfant de la foi arrive.

Remarquez qu'Isaac n'était pas le fruit de la capacité d'Abraham mais celui d'un don surnaturel de Dieu. C'est tout ce qui est acceptable. Ce que nous pouvons faire avec nos propres capacités n'est jamais suffisant pour plaire à Dieu. Nous devons agir à un niveau surnaturel. Il ne s'agit pas de devenir des supers chrétiens mais des chrétiens tout court. Vous ne pouvez pas vivre une vie chrétienne au niveau de vos propres capacités. Lisez le sermon sur la montagne et demandez-vous combien de ces choses vous pouvez faire avec vos propres capacités, votre propre volonté! Laissez-moi vous dire encore une fois que la foi chrétienne n'est pas une série de règles.

Nous allons maintenant aborder quelque chose de très important: le fait d'être sous la loi une fois que vous avez connu la grâce. Je ne parle pas de ceux qui n'ont jamais connu la grâce. Mais si vous avez connu la grâce et que vous êtes revenu sous la loi, vous êtes hors de la grâce, vous ne pouvez être sous la loi et sous la grâce en même temps. Regardons Galates 5:3-4. Quel était le problème de l'église de Galate? Elle avait connu la grâce et la puissance surnaturelle de Dieu d'une manière extraordinaire et à cause de faux docteurs, de docteurs juifs, elle a cru qu'il fallait revenir en arrière et garder la loi de Moïse. Comme je le dis, Paul était davantage énervé contre l'église des Galates que contre n'importe quelle autre. C'est la seule église à laquelle il écrit sans remercier Dieu pour elle. Il a pu remercier Dieu pour l'église de Corinthe même s'il y avait de l'adultère, de l'inceste et des beuveries, il a remercié Dieu quand même. Mais quand il commence à écrire aux Galates, il est si en colère qu'au lieu de dire "je remercie Dieu pour vous" il dit "Je m'étonne que vous vous détourniez si promptement de celui qui vous a appelés par la grâce de Christ." Si Paul avait eu un col, je crois qu'il aurait été rouge de colère dessous. Il vaut la peine de noter sa réaction dans cette situation.

C'est donc ce qu'il dit dans Galates 5:3-4. Et il parle à des gens qui sont circoncis afin de garder la loi de Moïse, vous comprenez cela? Un bébé juif n'est pas circoncis pour garder la loi de Moïse, vous devez le comprendre. Il est circoncis à cause de l'alliance avec Dieu faite en Genèse 17. C'est très intéressant et je vous le fais remarquer pour corroborer ce que je dis. Paul avait deux disciples proches, Timothée et Tite. Timothée était né d'une mère juive et était donc légalement Juif; Paul l'a donc circoncis pour cette raison. Tite était complètement Gentil et Paul s'est battu pour ne pas le circoncire. Vous voyez? Ainsi pour un Juif, la circoncision ce n'est pas garder la loi, même si c'est dans la loi. Jésus lui-même a dit que ce n'était pas la loi mais que cela venait des pères. Nous n'avons pas besoin d'aller plus loin parce que pour la plupart d'entre nous, nous ne sommes pas Juifs mais si vous rencontrez un jour un Juif chrétien et qu'il ait un fils, soyez sûr qu'il le fera circoncire.

Nous parlons maintenant des gens qui étaient gentils et qui se sont fait circoncire pour garder la loi. Et voici ce que Paul dit d'eux:

"Et je proteste encore une fois contre tout homme qui se fait circoncire, qu'il est tenu de pratiquer la loi toute entière."

Vous ne pouvez pas simplement observer un point de la loi; soit vous observez la loi entière, soit vous n'y êtes pas soumis. .

"Vous êtes séparés de Christ, vous tous qui cherchez la justification par la loi; vous êtes déchus de la grâce."

Je ne crois pas que cela signifie qu'ils étaient perdus mais qu'ils ne vivaient plus dans la grâce de Dieu. C'est une affirmation très solennelle. "Vous êtes séparés de Christ, vous tous qui cherchez la justification par la loi;" Cela peut-il s'appliquer à des chrétiens? Cela s'applique à des millions de chrétiens.

Laissez-moi terminer ce chapitre par une brève image illustrant les deux alternatives. Vous voyagez d'un certain endroit à un autre et vous avez deux possibilités. L'une est une carte, l'autre un guide personnel. La carte, c'est la loi, le guide personnel, c'est, bien sûr, le Saint-Esprit. Nous sommes tous un peu prétentieux par nature et nous disons "Je vais prendre la carte. Je peux me débrouiller." Alors nous partons. Le soleil brille, les oiseaux chantent et nous avançons. Mais 48 heures plus tard nous sommes au milieu d'une forêt, il fait totalement noir, il pleut, nous sommes au bord d'un précipice et nous ne savons plus où se trouvent le Nord, le Sud, l'Est ou l'Ouest. Cela vient de notre propre capacité à lire une carte. Il n'y a rien de mal dans la carte, elle est parfaite. Alors une voix douce dit: "Est-ce que je peux t'aider?" Et vous dites: "Saint-Esprit j'ai besoin de toi." "Donne-moi la main, je vais te sortir de là." Alors nous y voilà, le Saint-Esprit nous conduit, nous sommes sur la route, tout se passe bien et le soleil brille. Nous nous disons en nous-mêmes: "J'étais vraiment bête. Je n'avais pas besoin d'être aussi effrayé. J'aurais pu m'en sortir tout seul." Nous nous retournons et vous savez quoi? Le Saint-Esprit n'est plus là.

Environ quatre jours plus tard, nous sommes au milieu d'un marécage. Chaque pas que nous faisons nous enfonce davantage. Nous sommes trop embêtés pour appeler le Saint-Esprit. Nous avons besoin de lui à cet instant mais il dit gentiment: "Tu as peut-être besoin de moi." "O Saint-Esprit, sors moi de ce marécage." Et il le fait.

Maintenant je vous demande, combien de fois cela va-t-il se produire? Combien de fois allons-nous snober le Saint-Esprit? Combien de temps va-t-il nous falloir pour réaliser que nous ne pouvons pas y arriver avec la carte? La carte est parfaite, le problème est en nous. Nous devons avoir notre guide personnel. Alors nous disons au Saint-Esprit, "Regarde, j'ai une carte." Il répond: "Merci, je n'ai pas besoin de carte, je connais le chemin!"

Chapitre 10

Romains 7:25-8:4

Lors de nos trois dernières sessions, nous avons parcouru la dixième étape de notre pèlerinage. C'est la dernière, celle qui précède notre destination. Elle traite de la relation du croyant par rapport à la loi. Ce chapitre sera notre dernière partie de cette dixième étape. Je vous ai fait remarquer dans les sessions précédentes que la confrontation avec la loi provoque un conflit intérieur pour celui qui veut faire la volonté de Dieu. J'ai pris pour exemple la situation de Rébecca qui était enceinte de jumeaux, Jacob et Esaü. Esaü est le type de l'homme charnel et Jacob, le type de l'homme spirituel. Je vous ai fait remarquer que Paul, bien évidemment, avait lui aussi connu le même genre de conflit spirituel. Et à la fin de Romains 7, il lance ce cri d'angoisse: "*Misérable que je suis! Qui me délivrera du corps de cette mort?*" Puis il termine avec cette réponse triomphante: "*Grâces soient rendues à Dieu par Jésus-Christ notre Seigneur!*" J'ai affirmé que l'issue passe par la croix, à travers le sacrifice substitutif de Jésus, parce que c'est sur la croix et en Jésus que notre vieil homme, ce corps de péché, a été mis à mort. A travers cette exécution, sur la croix nous pouvons être délivrés de la domination de notre vieille nature charnelle. Nous pouvons être libérés pour servir Dieu dans l'Esprit.

Nous le trouvons en Romains 6, verset 6:

"Sachant que notre vieil homme a été crucifié avec lui..."

C'est un fait historique comme je vous l'ai fait remarquer. Que vous le sachiez ou non, c'est la réalité mais c'est le fait de le savoir et de le croire qui va vous transformer.

Cela a été fait "... afin que le corps du péché soit détruit (je préfère dire "rendu inefficace ou mis hors service") pour que nous ne soyons plus esclaves du péché."

Cela signifie que, tant que le vieil homme a voix au chapitre, nous serons esclaves du péché. Dans Romains 6:6 cela est présenté comme quelque chose qui a été fait pour nous. Notre vieil homme (notre nature charnelle) a été crucifié avec lui mais, il y a un autre aspect à cette vérité dont j'aimerais parler maintenant. *Il y a quelque chose que nous devons faire.* Tout n'est pas accompli au travers de l'œuvre de Jésus nous devons aussi donner une certaine réponse de foi.

J'aimerais donc regarder dans Galates 5:24, qui parle de la réponse que nous devons donner:

"Ceux qui sont à Jésus-Christ ont crucifié la chair avec ses passions et ses désirs."

Remarquez, il s'agit là de la marque distinctive de ceux qui appartiennent réellement à Jésus. Ce n'est pas une doctrine ni une dénomination, c'est quelque chose qui a pris place en eux par un acte de leur volonté et de leur foi; ils ont crucifié la chair. Romains 6:6 exprime le point de vue de Dieu: notre vieil homme a été crucifié, c'est la base. Galates 5:24 est la réponse qui nous est demandée. Ceux qui appartiennent à Christ ont crucifié la chair. Sur la base de ce que Jésus a fait pour nous, nous appliquons la croix à notre propre nature charnelle.

La croix n'est pas un moyen facile de mourir mais il est douloureux et il y a un certain nombre de souffrances inévitables pour entrer dans cette vie de liberté et de victoire. Nous ne pouvons le faire que si nous avons crucifié notre chair. En un sens, nous devons prendre les clous et les enfoncer nous-mêmes dans nos mains et nos pieds et prendre notre place sur la croix en nous identifiant à la mort de Jésus. Je veux souligner que tout cela n'est pas exempt de souffrance mais que c'est le meilleur moyen.

J'aimerais regarder un passage qui m'a étonné pendant de nombreuses années, dans 1 Pierre 4:1-2:

"Ainsi donc, Christ ayant souffert dans la chair, vous aussi armez-vous de la même pensée…"

Autrement dit, faites-vous à l'idée que vous allez devoir souffrir dans la chair.

"Car celui qui a souffert dans la chair en a fini avec le péché…"

C'était une affirmation qui m'étonnait parce que je pensais: "Je croyais que Jésus avait porté toutes les souffrances. Tout cela a été fait à la croix. Alors pourquoi devons-nous souffrir dans la chair?" Mais j'étais attiré par cette affirmation: "*Celui qui a souffert dans la chair en a fini avec le péché.*" Je me disais que ce devait être merveilleux d'en avoir fini avec le péché. Tout en étant d'une certaine façon découragé par cette affirmation, j'étais aussi attiré par ses conséquences. Alors j'ai commencé à prier et à méditer là-dessus.

Regardons maintenant le verset suivant avant d'aller plus loin.

"… il en a fini du péché afin de vivre, non plus selon les convoitises des hommes mais selon la volonté de Dieu pendant le temps qu'il lui reste à vivre dans la chair."

Encore une fois, je suis irrésistiblement attiré par le fait de pouvoir vivre le reste de ma vie non plus selon les convoitises de ma nature charnelle mais selon la volonté de Dieu. Autant que je connaisse mon cœur, j'ai le désir sincère de faire la volonté de Dieu mais selon ce passage, il semblerait que cela doive être douloureux. Je ne sais pas combien de temps j'ai médité sur cela mais je crois que Dieu m'a montré la réponse: je vais la partager avec vous. Je pense qu'elle est extrêmement pratique. Je dirais, qu'en un sens vous avez deux possibilités. Vous pouvez souffrir selon la volonté de Dieu ou vous pouvez souffrir en dehors de sa volonté mais de toute façon vous souffrirez. Celui qui vous dit qu'il n'y a pas de souffrance dans la vie chrétienne vous trompe et va à l'encontre des Ecritures.

Laissez-moi vous donner un petit exemple, qui je pense vous fera mieux comprendre les choses. Prenons celui d'une jolie jeune fille d'une vingtaine d'années qui a rencontré le Seigneur, a été remplie du Saint-Esprit et désire réellement le servir; elle est membre d'une bonne église et son pasteur est un homme mûr et rempli de la grâce de Dieu. C'est alors qu'un jeune homme entre dans sa vie. (Bien entendu, cela n'arrive jamais vraiment, c'est juste un exemple imaginaire!). Il n'est pas un chrétien engagé mais il s'intéresse beaucoup à elle et lui dit: "J'irai à l'église avec toi, je ferai tout ce que tu voudras, je veux me marier avec toi. Tout ce que tu veux que je fasse pour cela, je le ferai." Alors il va à l'église, il chante les cantiques et il écoute les messages. La jeune femme va voir son pasteur et lui dit: "Voici l'homme qui est entré dans ma vie, il veut se marier avec moi. Que dois-je faire?" Et le pasteur répond: "Ne te marie pas avec lui. Il ne s'est jamais engagé personnellement avec le Seigneur, il ne va à l'église que parce qu'il te veut et quand il t'aura, que vous serez mariés, tu n'as aucune garantie qu'il continuera d'aller à l'église." (Souvenez-vous que j'ai élevé neuf filles alors j'ai un peu d'expérience dans ce domaine!) La jeune fille a donc deux possibilités. Le bon choix, c'est d'appliquer la croix à sa nature charnelle: sa nature charnelle veut cet homme; elle se représente toutes sortes de belles choses, une maison, des enfants, le bonheur... Elle l'imagine constamment tel qu'elle souhaiterait qu'il soit... Avez-vous remarqué combien il est facile pour nous de faire cela? Nous ne voyons pas les gens comme ils sont réellement, nous les voyons comme nous voudrions qu'ils soient. En fin de compte, nous sommes horriblement déçus lorsque nous découvrons leur vraie nature.

Donc, la première solution, c'est qu'elle se dise: "Je vais obéir à la parole de Dieu exprimée à travers la bouche de mon pasteur. Je réalise qu'il prend mes intérêts à cœur et je vais mettre les clous dans ma propre nature charnelle. Je vais prendre ma place sur la croix et dire que je suis crucifiée avec Christ. Ces désirs en moi qui ne sont pas de Dieu, qui sont en dehors de la volonté de Dieu, je les mets à mort, je prends ma place sur la croix, j'enfonce ces clous à travers mes propres rêves, mes désirs et mes passions... C'est douloureux. Mais la douleur ne dure pas longtemps, elle conduit à quelque chose de beau et de merveilleux: une vie vécue pour Dieu."

La deuxième solution, c'est la mauvaise: elle n'écoute pas son pasteur mais elle passe outre et se marie avec cet homme. Quinze ans plus tard il l'abandonne avec ses trois enfants pour une autre femme. Et elle a une vie misérable durant quinze ans. Ne me dites pas que ce n'est pas douloureux. C'est beaucoup plus douloureux que de choisir la solution de Dieu. Et à la fin des 15 ans, elle a compris qu'il ne faut pas se marier avec le mauvais homme. Mais le chemin parcouru pour arriver à le comprendre a été dur.

Quelle que soit la voie qu'elle choisisse pour entrer dans le plan de Dieu et faire sa volonté, il y a de la souffrance à la clé. Vous comprenez? Vous pouvez souffrir dans la voie de Dieu en appliquant la croix dans votre propre vie ou vous pouvez souffrir à la façon du monde et c'est très regrettable. Il faut refaire un très long chemin quand on s'est détourné de la volonté de Dieu, en suivant ses propres désirs et en s'abandonnant à sa nature charnelle

Je ne doute pas que Dieu parle en ce moment à plusieurs personnes lisant ce livre... Je veux juste vous dire que si je décris votre situation ou une situation qui lui ressemble, mon conseil est de suivre la voie de Dieu.

C'est douloureux, vous devez renoncer à vous-mêmes, et porter votre croix. Savez-vous quelle est votre croix? Nous avons décrit la croix de deux manières: premièrement, c'est l'endroit où votre volonté et celle de Dieu se croisent. Chacun d'entre nous qui suivons Dieu, doit arriver à un stade où il dit: "Non pas ma volonté mais la tienne". Jésus n'est pas le seul à devoir dire cela.

L'autre description de la croix, c'est l'endroit où vous mourez. C'est le lieu de votre exécution. Dieu ne vous imposera pas la croix. Jésus a dit: "*Si quelqu'un veut venir après moi, qu'il prenne sa croix et qu'il me suive*". Et vous ne pouvez pas suivre Jésus tant que vous n'avez pas renoncé à vous-mêmes et que vous n'avez pas pris votre croix. La croix est l'instrument d'exécution mais c'est le moyen de la délivrance. C'est l'issue. Et quand vous avez vraiment accepté la croix dans votre vie, vous pouvez dire: "Je suis libre du péché. Je vis maintenant pour la volonté de Dieu." Alors vous pouvez dire comme Paul: "*Grâces soient rendues à Dieu pour l'issue en notre Seigneur Jésus-Christ.*"

Laissez-moi terminer cette partie en essayant de décrire la différence entre obéir à Dieu sous la loi et obéir à Dieu sous la grâce. Dans les deux cas, le but ultime est d'obéir à Dieu mais cela se passe de façons différentes. Pour l'illustrer, je voudrais prendre un commandement simple qui nous est donné à la fois dans l'Ancien Testament sous la loi de Moïse et dans le Nouveau Testament dans l'une des épîtres. Ce sont exactement les mêmes paroles et elles s'appliquent que nous soyons sous la loi ou sous la grâce. J'aimerais essayer d'ébaucher pour vous la différence sur la manière dont elles s'appliquent. Voici le commandement: "*Soyez saint, car je suis saint.*" C'est un commandement très simple. On le trouve notamment dans Lévitique 11:45. Dieu parle à Israël à travers Moïse et il dit:

"Car je suis l'Eternel, qui vous ai fait monter du pays d'Egypte, pour être votre Dieu; et vous serez saints car je suis saint."

Dans le contexte, cela signifie que vous devez observer un nombre de règles extrêmement compliquées qui sont données dans les versets précédents de ce chapitre. Cela signifie que vous devez penser: "Je dois faire ceci. Je dois faire cela. Je ne dois pas faire ceci, je ne dois pas faire cela." C'est la réponse du légalisme à la demande de sainteté.

Ecoutez certains des commandements. (Je ne crois pas que

beaucoup de gens aient réalisé tout ce qu'impliquait le fait d'être sous la loi de Moïse.. Si vous allez au verset 26 du chapitre 11 de Lévitique, lisez certains des commandements qui précèdent:

"Vous considérerez comme impur toute bête qui a le sabot fendu, mais qui n'a pas le pied fourchu et qui ne rumine pas; quiconque le touchera se rendra impur."

Si vous touchez l'un de ces animaux comme un chameau qui a le sabot fendu et qui ne rumine pas, vous devenez impur. Vous vous coupez de la communauté du peuple de Dieu jusqu'au coucher du soleil. Et vous devez ensuite effectuer des rituels de purification. D'accord? Continuons!
"Vous considérerez comme impurs tous ceux des animaux à quatre pieds qui marchent sur leurs pattes (cela inclut votre petit toutou et votre minet); quiconque touchera leurs corps morts sera impur jusqu'au soir, et quiconque portera leurs corps morts lavera ses vêtements et sera impur jusqu'au soir. Vous les regarderez comme impurs."

Ce n'est pas simple, n'est-ce pas? Ainsi, si vous êtes sous la loi, souvenez-vous que si vous touchez un chat mort, vous êtes impur jusqu'au soir. Puis, vous devez vous laver tout entier et changer tous vos vêtements.

"Voici, parmi les animaux qui rampent sur la terre, ceux que vous regarderez comme impurs; la taupe, la souris et le lézard, selon leurs espèces; le hérisson, la grenouille, la tortue, le limaçon et le caméléon. Vous les regarderez comme impurs parmi tous les reptiles. (Puis la liste continue.): Tout ce qui se trouvera dans un vase de terre où il en tombera quelque chose, sera souillé, et vous briserez le vase."

Ainsi, si un lézard mort tombe sur quelque chose, l'objet devient impur et vous savez, les lézards ont tendance à mourir et à tomber. Si vous habitez en Floride comme nous, vous le savez, c'est comme ça!

"… ustensile de bois, vêtement, peau, sac, tout objet dont on fait usage; il sera mis dans l'eau, et restera souillé jusqu'au soir; après quoi, il sera pur. Tout ce qui se trouvera dans un vase de terre, où il en tombera quelque chose, sera souillé et vous briserez le vase."

Vous ne devez plus l'utiliser.

"Tout aliment qui sert à la nourriture et sur lequel il sera tombé de cette eau, sera souillé; et toute boisson dont on fait usage, quel que soit le vase qui la contienne, sera souillée."

Et on pourrait continuer. Vous comprenez? C'est très élaboré. Il est donné beaucoup de détails très compliqués. Et à la fin de tout cela, à la fin de la liste, l'Eternel dit:

"Vous serez saints car je suis saint."

Que signifie être saint dans ce contexte? Cela signifie observer chacune des lois sans en oublier aucune. C'est la sainteté de la loi. Elle est parfaitement valable si vous pouvez le faire. Comme Paul le dit la loi est parfaite mais elle est plutôt difficile à appliquer.

Regardons maintenant 1 Pierre 1:14-16. Cela s'adresse à des chrétiens qui ont accepté la rédemption de Jésus pour eux.

"Comme des enfants obéissants, ne vous conformez pas aux convoitises que vous aviez autrefois, quand vous étiez dans l'ignorance. Mais, puisque celui qui vous a appelés est saint, vous aussi soyez saints dans toute votre conduite, selon qu'il est écrit; vous serez saints car je suis saint."

Où est-ce écrit? Dans Lévitique 11:45. Vous comprenez? Est-ce que Pierre nous dit d'observer toutes les règles à propos des lézards, des chats et des chiens? Bien sûr que non. Alors il doit s'attendre à quelque chose de différent. Quelle est l'alternative? La sainteté de la loi dit: "Je dois garder toutes ces lois. Je dois faire ceci et cela. Je ne dois pas faire, ceci, je ne dois pas faire cela." Quelle est la réponse de la foi? Quelle est l'alternative? Je pense que c'est une question très importante, je vais essayer de la rendre simple et de ne pas m'étendre là-dessus. La réponse de la foi c'est *Jésus en moi, ma sainteté*. Je ne me confie pas en moi-même, je ne suis pas une série de règles, je laisse Jésus être saint en moi et à travers moi.

Il y avait une femme dans une église qui était connue pour sa vie très sainte. Quelqu'un lui a un jour demandé: "Sœur, quel est le secret de votre vie de victoire?" Elle répondit: "Chaque fois que Satan frappe à la porte, je laisse simplement Jésus répondre." C'est la description la plus simple de la sainteté de la foi. "Je ne rencontre pas Satan avec mes propres forces, je ne fais pas face aux défis par moi-même: je sais que je serai vaincu. Je me tourne simplement vers Jésus et je lui dis: Jésus en moi, occupe-toi de cette situation."

Laissez-moi vous lire juste quelques versets à ce sujet. 1 Corinthiens 1:30:

"Or, c'est par lui que vous êtes en Christ-Jésus..."

Et ce n'est pas notre fait mais le sien, qui nous a mis en Christ Jésus.

"... lequel, de par Dieu a été fait pour nous sagesse et justice et sanctification et rédemption..."

Ainsi, si j'affronte une situation dans laquelle il me faut de la sagesse, qu'est-ce que je fais? Je me présente avec mes réponses intelligentes? Non. Je dis: "Jésus, tu es ma sagesse, je te libère pour être ma sagesse." Si j'affronte une situation dans laquelle je suis tenté et dans laquelle ma justice est mise en danger, qu'est-ce que je fais? Est-ce que je vais faire des efforts? Non. Je vais dire: "Jésus, tu es ma justice, occupe-toi de cette situation." Si j'affronte le défi de la sainteté dont nous sommes en train de parler je dis: "Jésus en moi, c'est la sainteté."

Je n'ai pas à me battre, je n'ai pas à lutter, je dois laisser Jésus prendre le contrôle de mon être et de la situation. C'est la même chose pour la rédemption.

Voici encore un beau passage qui est familier pour beaucoup. Philippiens 4:13:

"Je puis tout par Christ qui me fortifie."

Que puis-je faire? Tout. Cela ne veut pas dire que je peux faire tout ce que je veux. Ne pensez surtout pas cela. Cela veut dire que je peux faire tout ce que Dieu me demande. Je peux faire tout ce qui exprime mon obéissance à Dieu à travers lui qui me fortifie. J'aimerais vous en donner une traduction plus littérale.

"A travers celui qui me rend puissant depuis l'intérieur."

Je pense pouvoir rendre le sens grec de cette phrase ainsi: "Je peux tout faire à travers celui qui me fortifie depuis l'intérieur." J'aimerais que vous le répétiez après moi. "Je peux tout faire à travers celui qui me rend puissant depuis l'intérieur."

Et une autre affirmation, dans Hébreux 12:10, parle spécifiquement de ce thème de la sanctification. En parlant des pères terrestres humains l'auteur dit:

"Nos pères nous châtiaient pour peu de jours comme ils le trouvaient bon; mais Dieu nous châtie pour notre bien afin que nous participions à sa sainteté."

Remarquez que ce n'est pas notre sainteté. Nous devenons participants à la sainteté de Dieu à travers Jésus le Saint qui habite en nous. La clé, comme je le conçois, ce n'est pas de bander nos muscles de la foi et de dire: "Je peux faire face à cette situation" mais de dire: "Seigneur, je ne peux pas faire face à cette situation. Je suis faible. Je connais ma faiblesse. Je vais simplement m'abandonner à toi Jésus. Je vais te laisser t'en occuper."

Je ne dis pas que c'est facile. Pour moi ce n'est en aucun cas facile: à cause de mon milieu, en tant qu'enfant unique et ayant bien réussi dans les études toute ma vie, j'ai pris l'habitude de prendre les choses en main moi-même. Il m'est très difficile de dire que je ne peux pas faire face et que je vais laisser Jésus s'occuper de la situation.

Je me souviens qu'une fois, je voyageais avec Lydia pour la première fois des Etats-Unis au Canada en voiture. Nous n'étions pas habitués à cet immense pays. Nous avions soigneusement évité les autoroutes parce que la limitation de vitesse minimum était de 65 km/h. Nous sommes bien arrivés à destination avec une carte sans une seule anicroche. Alors, avant de repartir Lydia me dit que nous devrions prier. Je lui ai répondu qu'on n'avait pas besoin de prier! Dieu me vienne en aide! Je n'ai plus jamais redit cela! Nous nous sommes retrouvés sur l'autoroute, nous avons raté la sortie et nous avons fait 44 km de plus pour sortir sachant qu'il fallait les refaire en sens inverse, soit au total 88 km! Et quand nous sommes sortis de l'autoroute, la voiture est tombée en panne! Je n'ai plus jamais dit que nous n'avions pas besoin de prier. Vous voyez ce que je veux vous dire? Je comptais sur mes propres capacités. Je ne dis pas que c'est facile et je ne dis pas qu'il ne faut pas de force mais c'est une sorte de force différente. La force, c'est de dire que je ne vais pas me confier en moi-même, je vais m'abandonner à Jésus. Je vais lui demander de prendre le contrôle. Vous devrez exercer votre volonté. Croyez-moi, la volonté joue un rôle important dans la vie chrétienne. Ce n'est pas un abandon où on laisse les choses suivre leur cours, je ne parle pas de cela. Je parle de vouloir faire ce qui est bien. Chaque fois que nous avons un besoin ou un problème (et nous ne pouvons pas l'affronter tout de suite, c'est quelque chose que nous devons apprendre progressivement), nous disons: "Seigneur, je ne peux pas faire face à cette situation. Je ne suis pas à la hauteur. Je n'ai pas la sagesse, je n'ai pas la force. Mais Jésus, tu es en moi. Je peux faire tout ce que Dieu me demande à travers celui qui en moi me fortifie intérieurement.

Vous savez ce que j'ai découvert? (Je partage cela avec vous comme une faiblesse que vous n'avez certainement pas.) J'ai découvert que lorsque j'ai de gros problèmes, je me tournais vers Dieu mais pour les petits, j'essayais de les résoudre moi-même. Je pense améliorer la situation mais il se trouve que les petits problèmes deviennent grands! J'espère que vous avez compris le message.

Voilà que nous avons maintenant terminé les dix étapes de notre pèlerinage romain et nous sommes à l'orée de notre destination qui est, comme je vous l'ai déjà dit, Romains 8. C'est un magnifique exposé de la nature de la vie du chrétien lorsqu'il est rempli de l'Esprit et contrôlé par l'Esprit et qu'il remplit les conditions posées par Dieu.

Nous arrivons au seuil de notre destination. C'est très important. Romains 8:1:

"Il n'y a donc maintenant aucune condamnation pour ceux qui sont en Jésus-Christ."

L'expression importante ici est *"aucune condamnation"*. Tant qu'il subsiste une condamnation dans votre vie, vous ne pouvez pas vivre selon Romains 8. Le but de Dieu, dans les 7 chapitres précédents, était d'éliminer toute cause possible de condamnation de nos vies. Si nous avons fidèlement tout suivi, que nous l'avons compris et que nous le croyons, nous devons pouvoir dire maintenant: *"il n'y a donc maintenant aucune condamnation dans ma vie."*

Personnellement, je crois que la condamnation est l'arme favorite et la plus puissante du diable. J'ai rencontré d'innombrables chrétiens qui n'étaient pas libres du poids de la condamnation. Je crois que la raison en est qu'ils n'avaient pas fait le pèlerinage, qu'ils n'étaient pas prêts à faire du café filtre: ils ont préféré du café instantané à la place. Comme je l'ai déjà dit, beaucoup de gens veulent instantanément passer à Romains 8 mais ça ne marche pas comme ça. Vous devez faire face et traiter toutes les causes possibles de condamnation. (Nous ne pouvons pas les énumérer toutes maintenant mais souvenez-vous que dans le chapitre 3, nous avons vu que tous nos péchés passés pouvaient être pardonnés).

Ensuite, au chapitre 6, nous avons vu l'exécution du rebelle, le vieil homme. Puis, comme je l'ai dit, ce que je crois être le plus difficile de tout, au chapitre 7, nous sommes arrivés à un endroit où nous échappions à la condamnation de la loi. Dans Colossiens 2, Paul décrit ce que Dieu a accompli pour nous à travers la mort de Jésus sur la croix et il est dit qu'il a dépouillé les dominations et les autorités. Ce sont les dominations et les autorités de Satan. Je crois que nous devrions regarder Colossiens 2 un moment Laissez-moi vous dire quelque chose à propos du livre des Colossiens. Si vous rencontrez des gens qui ont été dans une secte, le livre de Colossiens est la meilleure réponse. Une personne qui lit et croit l'épitre aux Colossiens ne peut plus se laisser abuser par aucune secte. Colossiens 2:13:

"Vous qui étiez morts par vos offenses et par l'incirconcision de votre chair, il vous a rendus à la vie avec lui, en nous faisant grâce pour toutes nos offenses. Il a effacé l'acte dont les ordonnances nous condamnaient."

C'est la loi maîtrisée. Jésus a cloué la loi à la croix et c'est là qu'elle a fini. Depuis la croix, la loi n'a plus de puissance sur vous. Souvenez-vous, celui qui est mort est justifié, il a payé le prix, la loi n'a plus d'emprise sur lui. Puis il est dit au verset 15:

"Il a dépouillé les dominations et les autorités…"

Il s'agit des méchants démons de Satan dans le ciel qui essaient de nous dominer et de nous détruire.

Puis il y a un autre "donc", c'est là où je voulais en venir, verset 16:

"Que personne donc ne vous juge au sujet du manger ou du boire, ou au sujet d'une fête, d'une nouvelle lune, ou des sabbats..."

Paul ne dit pas que nous ne devons pas observer le sabbat, c'est une question de décision personnelle. Mais nous ne devons laisser personne nous condamner par rapport à cela. Vous comprenez?

Se libérer de la condamnation demande pas mal de courage parce qu'il y a beaucoup de gens religieux dont l'occupation favorite consiste à vous mettre sous la condamnation. Vous devez apprendre votre position en Christ et vous devez dire: "Je ne vais laisser personne me condamner *par* les exigences de la loi, y compris le sabbat", qui est comme vous le savez, le quatrième des dix commandements.

Revenons maintenant à Romains 8:

"En effet, la loi de l'Esprit de vie en Jésus-Christ m'a affranchi de la loi du péché et de la mort."

Il y a deux lois en action. L'une est celle du péché et de la mort qui nous tire vers le bas. L'autre est la loi de l'Esprit de vie qui n'opère qu'en Jésus-Christ. Elle n'œuvre pas en dehors de Jésus-Christ. Elle vous tire vers le haut. Pour vous donner un exemple très simple: prenons ce livret que vous avez en main. Si vous le lâchez, la loi de la gravité agit. Que va-t-il se passer? Il va tomber, nous le savons tous. Cependant, si vous prenez le livre de la main gauche et que vous le mettez dans la main droite, dans votre main droite la loi de votre volonté domine sur la loi de la gravité et votre main droite peut remonter le livre qui sans cela serait tombé. C'est comme cela être en Christ. Vous êtes délivrés de la loi du péché et de la mort, et la loi de l'Esprit de vie de Christ œuvre de façon opposée. Continuons au verset 3:

"Car – chose impossible à la loi, parce que la chair la rendait sans force..."

Paul insiste toujours sur le fait qu'il n'y a rien de mauvais dans la loi. C'est notre nature charnelle qui pose problème.

"... parce que la chair la rendait sans force, Dieu a condamné le péché dans la chair, en envoyant à cause du péché, son propre Fils dans une chair semblable à celle du péché…"

Dieu a finalement condamné et s'est occupé du péché dans la chair de Jésus sur la croix. Il y a deux passages dans Hébreux que nous devons rapidement regarder. Hébreux 9:26. Je vais seulement lire la seconde partie du verset:

"… tandis que maintenant à la fin des siècles il a paru une seule fois pour abolir le péché par son sacrifice."

Qu'a-t-il fait par son sacrifice? Il a aboli le péché, il s'en est occupé. Il a ôté le péché, il a anéanti sa puissance et son emprise sur nous. Maintenant, en comparaison nous devons lire Hébreux 10:3 qui parle des sacrifices de la loi:

"Mais le souvenir des péchés est renouvelé chaque année par ces sacrifices…"

Les sacrifices pour le péché n'ont jamais ôté le péché, tout ce qu'ils faisaient c'était de rappeler au peuple leurs péchés et les couvrir jusqu'au prochain sacrifice. Loin de régler la question du péché, les sacrifices de la loi la ramenaient continuellement à la surface. Mais Jésus, quand il s'est offert en sacrifice, a ôté le péché et il n'y a donc plus besoin de sacrifice pour le péché. Nous n'avons besoin de rien faire d'autre, tout a été fait à la mort de Jésus sur la croix.

Nous en arrivons maintenant au point essentiel qui ressort de Romains 8:4. Dieu l'a fait à travers le sacrifice de Jésus.

"… afin que la justice de la loi soit accomplie en nous, qui marchons, non selon la chair, mais selon l'Esprit."

Remarquez que ce n'est pas la loi qui doit être accomplie mais les exigences de la loi. C'est un mot que j'ai déjà commenté. Je vais vous le montrer à deux autres endroits. Nous l'avons vu une fois en Romains 5:18. Si vous voulez regarder un moment, nous examinerons la seconde partie du verset, qui parle de ce que Jésus a fait:

"… de même par un seul acte de justice, la justification qui donne la vie s'étend à tous les hommes."

C'est le même mot, un acte de justice. Puis, comme nous l'avons vu dans Romains 8:4, il est dit "la justice de la loi". Et je crois qu'une autre traduction dit 'la juste demande de la loi' parce que le mot est directement lié avec le mot "juste".

Puis dans Apocalypse 19:8, nous avons une image de l'épouse prête pour le repas de noces. C'est une image glorieuse.

"Et il lui a été donné de se revêtir d'un fin lin, éclatant, pur. Car le fin lin c'est la justice des saints."

C'est encore le même mot. Ce sont donc les actes justes de la loi ou les justes exigences de la loi qui doivent s'accomplir en nous. Nous n'allons pas garder la loi mais nous allons accomplir la juste exigence de la loi.

Maintenant la grande question est de savoir: quelle est l'exigence de la loi? Et si vous ne le savez pas, vous avancez à tâtons, vous trébuchez, vous n'avez pas vraiment idée de ce qu'on attend de vous ni dans quelle direction aller. Je peux répondre à cela en un seul petit mot de cinq lettres et c'est un beau mot, un magnifique mot de cinq lettres: 'Amour', tout simplement, très pratiquement, absolument, la juste exigence de la loi, c'est l'amour.

Nous allons maintenant regarder toute une série de passages qui affirment cela. Regardez tout d'abord les paroles de Jésus dans Matthieu 22. J'aime bien considérer les paroles de Jésus comme faisant autorité. Verset 35 et suivants. C'est une conversation entre Jésus et un docteur de la loi.

"L'un d'eux, docteur de la loi, lui fit cette question, pour l'éprouver: Maître, quel est le plus grand commandement de la loi? Jésus lui répondit: Tu aimeras le Seigneur, ton Dieu, de tout ton cœur, de toute ton âme, et de toute ta pensée. C'est le premier et le plus grand commandement. Et voici le second, qui lui est semblable; tu aimeras ton prochain comme toi-même. De ces deux commandements dépendent toute la loi et les prophètes."

Ainsi Jésus donne une réponse claire, précise et sans équivoque.

Quel est le plus grand commandement? Premièrement, aimer le Seigneur ton Dieu. Quel est le second? Aimer ton prochain comme toi-même. Quel est le mot clé de ces deux commandements? L'amour, exactement! Et Jésus dit: *"... de ces deux commandements dépendent toute la loi et les prophètes."*

Imaginez un instant que je veuille suspendre ma veste et qu'il y ait un portemanteau. J'enlève ma veste et je la suspends sur le crochet. Tout simplement, le crochet devait être là avant que je n'y accroche ma veste, n'est-ce pas? Ces deux commandements étaient donc déjà là avant que la loi et les prophètes ne s'y attachent. Vous comprenez ce que je veux dire? Ils sont la base de tout ce qui est dans la loi et les prophètes. Tout l'impact, la direction et le but de la loi et des prophètes sont résumés dans l'amour pour Dieu et pour son prochain. C'est la juste exigence de la loi.

O comme c'est bon de rendre les choses simples, n'est-ce pas? Mon but sincère est de toujours garder les choses aussi simples que possible! Quand je deviens compliqué, je m'effraie moi-même; quand les autres deviennent compliqués, je me demande où est passé le Saint-Esprit!

Continuons à lire: Romains 13:8-10:

"Ne devez rien à personne, si ce n'est de vous aimer les uns les autres; car celui qui aime les autres a accompli la loi. En effet, les commandements: tu ne commettras point d'adultère, tu ne tueras pas et ceux qu'il peut encore y avoir, se résument dans cette parole: tu aimeras ton prochain comme toi-même. L'amour ne fait pas de mal au prochain; l'amour est donc (remarquez le donc) l'accomplissement de la loi."

C'est parfaitement clair. Dieu ne nous laisse aucune raison de douter.

Puis, dans Galates 5:14, vous vous rendrez compte qu'il y a un lien étroit entre Romains et Galates.

"Car toute la loi est accomplie dans une seule parole, dans celle-ci: tu aimeras ton prochain comme toi-même."

Quelle partie de la loi? Toute la loi. Et puis l'un de mes passages favoris, 1 Timothée 1:5-7.

"Le but de notre instruction ou Le but du commandement..."

Le 'but' de notre instruction, la seule chose que nous visons, que nous prêchons et que nous enseignons c'est quoi? L'amour bien sûr.

"... c'est un amour venant d'un cœur pur, d'une bonne conscience et d'une foi sincère."

Il y a trois conditions à l'amour: un cœur pur, une bonne conscience et une foi sincère. Mais le but, c'est l'amour. Versets 6 et 7:

"Quelques-uns, s'étant détournés de ces choses se sont égarés dans de vains discours; ils veulent être docteurs de la loi, et ils ne comprennent ni ce qu'ils disent ni ce qu'ils affirment."

Autrement dit, toute discussion relative à la loi qui n'amènerait pas les gens à l'amour est stérile. Combien de discussions stériles avons-nous dans nos églises? Je ne peux pas lire ce passage sans vous raconter une petite histoire. Je n'ai pas beaucoup d'histoires drôles *venant* vraiment de moi, je les emprunte aux autres prédicateurs. Une mère et son fils ont une discussion. La mère voulait que le fils aille à l'église mais le fils ne voulait pas. Alors le fils dit: "Je ne veux pas aller à l'église. Je n'aime pas ces gens et ils ne m'aiment pas. Pourquoi irai-je à l'église? Donne-moi deux raisons." Et la mère répondit: "Premièrement, tu as 40 ans. Et deuxièmement, tu es le pasteur de l'église!" Cette histoire en dit long n'est-ce pas? Il est pasteur de l'église mais il n'aime pas ces gens et les gens ne l'aiment pas. Y a-t-il des églises comme cela en France? Que de temps perdu en activités religieuses qui ne produisent pas les choses qui sont vraiment importantes...

Je pense à cela très sérieusement. Parfois, je fais le point sur moi-même et je me dis: "Frère Prince, qu'est-ce que tu produis par ton enseignement? Si tu ne produis pas l'amour, tu perds tes paroles, ton temps et ton énergie; et tu fais perdre le temps aux gens."

Frères et sœurs, combien de temps perdu dans les églises aujourd'hui. Et le résultat montre que nous ne nous aimons guère les uns les autres. Jésus a dit à ses disciples: *"A ceci tous reconnaîtront que vous êtes mes disciples si vous vous aimez les uns les autres."* J'étais récemment dans une émission dans laquelle quelqu'un se plaignait de ce que le monde jugeait l'église. Je veux vous dire que Jésus a donné au monde le droit de juger l'église. De ces propres mots il dit: *"Si le monde ne vous voit pas vous aimer les uns les autres, ils ont le droit de dire que vous n'êtes pas mes disciples."*

Nous savons donc maintenant ce que demande la loi, la juste exigence. L'amour. Maintenant, nous le savons tous. Nous sommes maintenant responsables de ce que nous savons.

Je vais vous parler rapidement de la nature de cet amour et bien entendu, on pourrait prêcher une semaine entière sur ce sujet mais je vais le traiter rapidement. Tout d'abord, cet amour est surnaturel. Il ne peut venir que de Dieu. On ne peut pas le fabriquer, la religion ne vous le donnera pas, il ne peut jaillir que par la nouvelle naissance. 1 Pierre 1:22-23:

"Ayant purifié vos âmes en obéissant à la vérité, par l'Esprit, pour avoir un amour fraternel sincère, aimez-vous ardemment les uns les autres, de tout votre cœur, puisque vous avez été régénérés non par une semence corruptible mais par une semence incorruptible par la parole vivante et permanente de Dieu."

Vous remarquez ce que Pierre est en train de dire? Votre faculté à vous aimer les uns les autres n'est possible que parce que vous êtes nés de nouveau. Si vous n'êtes pas nés de nouveau de la semence de la parole de Dieu, ce genre d'amour est impossible. Ce qui est amené à la vie par cette semence est accompli par l'Esprit. Nous revenons à Romains 5, un passage que nous avons déjà vu, Romains 5:5:

"Parce que l'amour de Dieu a été répandu dans nos cœurs par le Saint-Esprit qui nous a été donné."

Tout d'abord, il est né de la semence de la parole de Dieu comme une nouvelle nature en vous. Puis, toute la plénitude de l'amour de Dieu est répandue dans nos cœurs à travers le Saint-Esprit. C'est totalement surnaturel, aucun effort humain ne pourra jamais produire quelque chose qui puisse être proche de l'amour de Dieu. Il faut dire aussi que l'amour ne va pas sans l'obéissance. L'amour n'est pas une forme de sentimentalisme vague exprimé par des mots doucereux mais il se manifeste en obéissant à Jésus en toutes choses. Regardons Jean 14:21.

"Celui qui a mes commandements et qui les garde, c'est celui-là qui m'aime."

Qui est celui qui aime vraiment le Seigneur? Celui qui prie le plus fort et le plus longtemps? Pas nécessairement. Celui qui reçoit ses commandements et qui les garde. C'est la preuve de l'amour. De plus, l'amour est le motif de notre obéissance. Jean 14:15 Jésus dit:

"Si vous m'aimez, gardez mes commandements."

Ainsi, si nous ne gardons pas ses commandements, le véritable problème est que nous ne l'aimons pas. Nous pouvons dire que nous l'aimons, nous pouvons le dire à profusion mais si nous sommes désobéissants, c'est que nous ne l'aimons pas. L'amour est ce qui motive notre obéissance. Et le verset 23 de Jean 14 revient à cette même vérité:

"Si quelqu'un m'aime, il gardera ma parole."

L'obéissance est à la fois la mise à l'épreuve de notre amour et son motif. Nous ne sommes pas motivés par la crainte. Paul dit dans Romains 8:15:

"Et vous n'avez pas reçu un esprit de servitude pour être encore dans la crainte."

Vous n'êtes pas revenus sous la loi, qui vous donne peur du châtiment chaque fois que vous faites quelque chose. Nous sommes motivés par quelque chose de totalement différent: c'est l'amour.

Ceux qui sont parents peuvent saisir la sagesse de ce précepte. Si vous avez de petits enfants à la maison, vous pouvez les rendre obéissants en leur faisant peur, en les punissant, en leur criant dessus et en faisant tout ce que vous voulez. Ils seront obéissants mais en devenant adolescents, ils deviendront rebelles. N'est-ce pas vrai? Certains l'ont fait et certains d'entre vous sont rebelles. Mais si vous voulez vraiment que ces enfants vous aiment, même quand ils auront 40 ans, ils voudront encore faire ce que vous voulez. L'amour est un motif beaucoup plus puissant que la peur. Dieu est assez sage pour ne pas baser sa relation avec nous sur la peur mais sur l'amour.

Permettez-moi vous dire quelque chose qui, je pense, vous soulagera. Au moment où vous naissez de nouveau et même lorsque vous êtes baptisés dans le Saint-Esprit, vous n'êtes pas encore parfait en amour. Vous ne faites que commencer. L'amour est progressif. Paul dit dans Philippiens 1:9:

"Et ce que je demande dans mes prières, c'est que votre amour augmente de plus en plus en connaissance et en pleine intelligence pour le discernement des choses les meilleures."

Ainsi nous avons en nous l'amour mais il doit abonder de plus en plus. Nous devons grandir dans l'amour. Notre amour a besoin de croître. Et plus nous aurons de l'amour, plus nous serons sensibles aux choses qui plaisent à Dieu. Encore une fois, les parents connaissent ce principe. L'enfant qui vous aime vraiment est sensible à vos plus petites requêtes. Vous n'avez même pas besoin de lui dire, n'est-ce pas? C'est la relation que nous devons avoir avec Dieu. Un amour toujours plus grand qui s'exprime dans une sensibilité toujours plus grande de ce qui plaît à notre Père.

Encore une bonne nouvelle: Même si nous échouons (certains d'entre nous ont peut-être échoué et il est possible qu'aucun de nous n'ait jamais aimé parfaitement (et c'est certainement vrai pour moi), alors voici la bonne nouvelle: notre foi nous est quand même imputée à justice! Alors nous n'avons pas besoin d'être parfaits les cinq premières minutes ou les cinq premières années. Tant que nous sommes dans la foi, Dieu s'occupera de nos imperfections comme il l'a fait avec Abraham. Même quand Abraham se comportait mal, sa foi lui était imputée à justice. S'il y a une bonne nouvelle, c'est bien celle-là! Cela a freiné des gens qui, pour la plupart, croyaient à la justification par la foi. Ils n'ont pas vu la vérité: même quand nous faisons le mal, tant que nous sommes dans la foi, notre foi nous est imputée à justice. Et Dieu dit: "Je m'occupe des conséquences. Je vais m'en occuper, j'ai mon plan." Mais pendant ce temps, leur foi leur est imputée à justice.

Puis, pour finir lisons 1 Jean 2:5. Comment notre foi est-elle rendue parfaite, comment en arrivons-nous à l'amour parfait?

"Mais celui qui garde sa parole (la parole de Dieu) l'amour de Dieu est véritablement parfait en lui."

Comment amenons-nous à la perfection l'amour de Dieu? En gardant sa Parole. N'essayez pas de vous forcer à ressentir l'amour, ce n'est pas la façon d'y arriver. Supposez que je dise à ma femme: "J'essaie vraiment de t'aimer." Pensez-vous qu'elle serait contente? Cela me causerait un problème! Nous n'avons pas à essayer d'aimer. Ne vous concentrez pas sur vos sentiments, mais concentrez-vous sur l'obéissance et faites tout ce que Dieu vous demande.

Il y a pas mal d'années, au milieu d'une forêt de religiosité, je me suis cogné à cet arbre. Ce qui importe vraiment, c'est l'amour. J'ai réalisé que je n'étais pas une personne vraiment aimante: j'étais fils unique, élevé sans frère ni sœur, je m'étais toujours débrouillé seul et je faisais un bon métier. C'était difficile pour moi de me sentir concerné par les autres, je me suis dit: "Que vais-je faire?" J'ai buté sur ce passage de 1 Jean 2:5: "N'essayez pas d'aimer, obéissez à sa parole". C'est la recommandation que je vous donne.

Chapitre 11

Romains 8:5-8:25

Nous continuons maintenant dans Romains 8, explorant notre destination à la fin de ce long pèlerinage. Dans notre étude précédente, nous nous sommes centrés sur l'affirmation que Dieu, à travers le sacrifice de Jésus, avait éliminé le péché afin que la juste demande de la loi soit accomplie en nous, qui marchons non selon la chair mais selon l'Esprit. Puis, nous avons attentivement examiné ce qu'est cette juste demande de la loi et nous en sommes arrivés à une conclusion très simple mais très profonde. Elle se résume en un petit mot de cinq lettres: amour.

Puis nous avons vu que l'amour était surnaturel, il trouve son origine dans la nouvelle naissance, il s'accomplit à travers le baptême dans le Saint-Esprit et il œuvre au travers d'une vie d'obéissance progressive. Nous ne commençons pas parfaits en amour, nous échouons et nous trébuchons souvent. Mais chaque fois que nous échouons et que nous vacillons, notre foi nous est imputée à justice. Ce que je n'ai pas dit, lors de la dernière session, je vais l'ajouter maintenant. Dans 1 Jean 4:7, Jean dit:

"Celui qui aime est né de Dieu."

Autrement dit, il y a une sorte d'amour qui ne vient que de la nouvelle naissance. Ce genre d'amour est la preuve distinctive suprême que nous sommes nés de nouveau.

Nous allons maintenant continuer dans Romains 8 verset 5 et nous irons du verset 5 jusqu'au verset 17. Paul souligne le fait qu'il existe une opposition totale entre la chair et l'Esprit de Dieu. Vous comprenez maintenant que la chair, dans ce contexte, ne désigne pas notre corps physique mais la nature que nous avons héritée d'Adam. Et son essence se résume en un mot: rebelle. Vous vous souvenez que Dieu a traité le rebelle dans Romains 6. En ce qui concerne Dieu, le rebelle a été exécuté.

A ce stade, j'aimerais vous faire remarquer (autrement vous seriez dans l'erreur) que ce que je cherche à vous montrer, c'est ce que j'appellerais votre héritage légal. Vous avez entendu des gens dire: "J'ai tout reçu quand je me suis converti." Je suis sûr que vous avez rencontré des gens comme ça. Je leur dis que s'ils ont tout reçu, où est le tout, montrez-le moi. Mais dans un certain sens, ce qu'ils disent est vrai. Légalement, ils ont tout, tout leur revient de droit. Mais il y a une grande différence entre l'avoir légalement et l'expérimenter. La nature de la vie chrétienne, c'est vraiment de passer de l'observance de la légalité à l'expérimentation pratique. J'ai toujours illustré cela par l'exemple des enfants d'Israël entrant dans la terre promise. Dans Josué 1:2 Dieu dit à Josué:

"Je leur donne le pays"

Et au verset trois il dit:

"Je leur ai donné le pays."

A partir de là, légalement, toute la terre de Canaan leur appartenait. Mais expérimentalement, ils n'en avaient pas un hectare de plus. S'ils avaient été, disons, membres d'un type d'église, ils se seraient alignés sur la rive est du Jourdain, auraient croisé les bras, regardé à l'ouest et ils auraient dit: "Tout est à nous." Mais les Cananéens savaient à qui cela appartenait réellement. Vous voyez? Si cela avait été des gens qui vont jusqu'au bout, ils auraient traversé le Jourdain, se seraient alignés sur la rive ouest, auraient croisé les bras et dit: "Tout est à nous." Mais ils n'auraient rien eu de plus que ce qu'ils avaient quand ils se sont alignés sur la rive est du fleuve. Vous comprenez ce que je veux dire?

Dieu les a amenés dans la terre promise par deux grands miracles, la traversée du Jourdain et la destruction de Jéricho. Mais après cela, ils ont du se battre pour tout. S'ils ne s'étaient pas battus, ils n'auraient rien eu. Et c'est la même chose dans la vie chrétienne.

Ici, je vous explique le côté légal. Mais Paul montre clairement que c'est une chose que d'avoir le droit légal mais que cela demande beaucoup de détermination, de foi et de patience pour le concrétiser dans la vie quotidienne.

Maintenant que vous avez entendu cet enseignement, ne fermez pas ce livre pour dire à quelqu'un: "J'ai tout." Mais montrez-le leur plutôt, d'accord? Il vaut mieux qu'ils vous voient tellement changé qu'ils viennent vous dire: "Qu'est-ce qui t'a changé?" Alors vous pourrez répondre: "Je vais vous le dire."

Nous allons maintenant voir l'opposition entre la chair et l'Esprit. Nous sommes à Romains 8:5.

"Ceux en effet qui vivent selon la chair…"
Ceux qui œuvrent dans le royaume de la chair, disons-le ainsi.

"… s'affectionnent aux choses de la chair, tandis que ceux qui vivent selon l'Esprit s'affectionnent aux choses de l 'Esprit."

En fait "s'affectionnent" n'est pas exactement la traduction que j'aurais souhaitée. C'est plutôt "ils pensent selon la chair, les autres pensent selon l'Esprit." (Voir version Darby, n.d.t.) La différence n'est pas seulement extérieure, elle est dans la façon dont ils pensent. Et vous voyez, quand Dieu vous transforme, il ne le fait pas en commençant par l'extérieur. La religion commence par l'extérieur. Vous devez changer votre façon de vous habiller, arrêter de fumer, attacher vos cheveux, enlever votre maquillage et toutes sortes d'autres choses. Dieu ne commence pas de cette façon. Parfois les gens religieux se sentent frustrés parce que Dieu commence par le cœur. Et parfois il faut du temps pour que le travail qui se fait dans le cœur ait une conséquence sur les détails de l'apparence extérieure. Mais quand Dieu transforme votre cœur et votre esprit, en fin de compte, c'est vous qu'il transforme. Cependant, si tout ce qui change en vous c'est l'extérieur, cela ne fait pas beaucoup de différence.
Ainsi, ceux qui œuvrent dans le royaume de l'Esprit pensent spirituellement. Ceux qui œuvrent dans le royaume de la chair, pensent selon la chair. Puis au verset 6, cette traduction:

"Car l'affection de la chair c'est la mort tandis que l'affection de l'Esprit, c'est la vie et la paix…"

Maintenant, vous savez si vous avez la bonne attitude spirituelle ou non. Si vous avez la vie et la paix, cela vient de votre attitude spirituelle. Si vous êtes encore anxieux, troublé, tourmenté et incertain, vous n'êtes pas encore entré dans votre héritage. Vous y avez droit mais vous n'y êtes pas encore entré. Verset 7:

"… car l'affection de la chair est inimitié contre Dieu…"

Ceci est très important. Vous avez en vous un ennemi de Dieu. Votre propre esprit naturel est inimitié contre Dieu. C'est très important parce que cela fait vraiment une grande différence dans ce que nous faisons dans le ministère chrétien. J'espère que je n'offense personne lorsque je dis ce que je pense mais la plupart des séminaires aujourd'hui enseignent l'esprit charnel. Ce qu'ils enseignent, c'est l'ennemi de Dieu. Ce qu'ils produisent, ce sont des ennemis éduqués de Dieu. Ce n'est pas vrai pour tous les séminaires mais selon moi, c'est vrai pour la majorité d'entre eux.

Je me souviens, il y a des années de cela, Dennis Bennett nous disait que quand il est allé au séminaire à Chicago, lors de son premier cours, le conférencier a dit: "J'aimerais vous dire à tous que je suis athée." Ce n'est pas surprenant. Il y a ce genre d'infiltration dans les séminaires chrétiens.

C'est la même chose sur les champs de mission dans de nombreux endroits. Nous prenons les moins privilégiés, les moins éduqués, nous les mettons dans des écoles et des collèges, nous les enseignons. Mais ils ne se convertissent jamais. Que faisons-nous? Nous produisons des ennemis éduqués de Dieu. Souvent, ce sont ces gens-là qui chassent les missionnaires. Vous voyez? C'est une vérité profondément importante. Vous pensez peut-être que je suis cynique mais je parle de choses que j'ai vues.

Ainsi, en nous il y a un ennemi de Dieu. C'est une chose importante que vous devez réaliser.

Puis en parlant de l'attitude charnelle au verset 7, il dit:

"… parce qu'elle ne se soumet pas à la loi de Dieu, et qu'elle ne le peut même pas."

Le rebelle ne peut pas changer. Dieu lui-même ne peut pas changer le rebelle. Que lui fait-il? Il le met à mort, absolument.

"… or ceux qui vivent selon la chair ne sauraient plaire à Dieu."

Tant que vous agissez avec vos capacités naturelles et votre condition d'inconverti, vous pouvez être très religieux, très zélé, aller à l'église, vous confesser où je ne sais quoi d'autre tous les jours de la semaine. Mais vous ne pouvez pas plaire à Dieu. C'est un fait.

Ce que nous devons noter, c'est que cette inimitié, comme je l'ai déjà dit, est dans la pensée. En conséquence, pour être bien avec Dieu, il faut qu'il y ait un changement de mentalité. A ce propos, laissez-moi vous citer rapidement deux allégations. Ephésiens 2:3 qui parle de tous les gens de la terre:

"Nous tous aussi nous étions de leur nombre, et nous vivions autrefois selon les convoitises de notre chair…"

Nous y sommes maintenant habitués. Puis il continue:
"… accomplissant les volontés de notre chair et de nos pensées, et nous étions par nature des enfants de colère comme les autres…"

Ainsi, ce n'est pas simplement la chair mais l'esprit qui est en inimitié contre Dieu.

Puis dans Colossiens 1:21 Paul dit en parlant de ceux qui ne se sont pas réconciliés avec Dieu:

"Et vous qui étiez autrefois étrangers et ennemis par vos pensées et par vos mauvaises œuvres…"

Ainsi, la véritable conversion exige un changement total et absolu de mentalité et le mot biblique qui convient à ce changement est: repentance. Le mot grec pour 'repentance' est 'metanoia' qui signifie changement de mentalité. Ce n'est pas une expérience émotionnelle d'abord, c'est une transformation de la volonté et de la pensée. Cela est décrit très clairement dans Esaïe 55:7, la meilleure description que vous puissiez trouver de la repentance. Je considère que la repentance est la doctrine probablement la plus négligée de la foi chrétienne dans l'Eglise contemporaine. L'état de l'Eglise le montre bien. Esaïe 55:7:

"Que le méchant abandonne sa voie, et l'homme d'iniquité ses pensées."

Vous voyez? Ce ne sont pas simplement nos voies, mais nos pensées.

"Qu'il retourne à l'Eternel…"

'Retourner', c'est le mot hébreu pour 'repentance'.

"… qui aura pitié de lui, à notre Dieu qui ne se lasse pas de pardonner."

Grâce à Dieu, il s'attend à recevoir la compassion et le pardon. Mais il ne suffit pas de se détourner de nos voies extérieures, nous devons aussi nous détourner de nos pensées intérieures, parce qu'elles sont en inimitié contre Dieu.

"Ne vous conformez pas au siècle présent, mais soyez transformés par le renouvellement de l'intelligence…"

Quel est l'élément qui va opérer en nous cette transformation? Nous changeons quand notre intelligence change. Vous voyez? Tant de religions se contentent de transformer les gens extérieurement et cela ne marche pas. Mais, lorsque votre intelligence est transformée, votre attitude extérieure changera automatiquement. Ainsi, ne pas se conformer au monde, ce n'est pas d'abord dans la façon de s'habiller, c'est un changement dans la manière de penser. Certaines personnes s'habillant d'une façon très stricte n'ont jamais eu leur intelligence transformée. J'ai côtoyé ce genre de personnes. En fait, j'ai exercé mon ministère de pasteur parmi elles, je sais ce que c'est.

Puis nous revenons à Romains 8 et à la transition de la chair à l'Esprit. Verset 9:

"Pour vous, vous ne vivez pas selon la chair mais selon l'Esprit, si du moins l'Esprit de Dieu habite en vous. Si quelqu'un n'a pas l'Esprit de Christ, il ne lui appartient pas."

J'ai toujours eu des difficultés avec ce verset parce que je connais certaines personnes qui affirment avoir le Saint-Esprit en elles, et je les crois, et pourtant elles agissent de façon charnelle. Lorsque les gens qui sont baptisés du Saint-Esprit sont charnels, ce sont les plus charnels de tous et les plus difficiles à traiter. Laissez-moi toutefois vous l'expliquer. Vous n'avez pas à l'accepter. "Pour vous, vous ne vivez pas selon la chair mais selon l'Esprit, si du moins l'Esprit de Dieu habite en vous." Vous voyez? Les gens se demandent comment une personne baptisée dans l'Esprit peut avoir des démons si elle est remplie de l'Esprit. Et bien je dis que de nombreuses personnes qui sont baptisées dans l'Esprit ne sont pas remplies de l'Esprit. Il y a beaucoup de zónes que l'Esprit n'a pas dominées. Quand vous versez de l'eau dans une bouteille, l'eau commence à déborder et il peut y avoir beaucoup de bulles dans la bouteille. De la même manière, beaucoup de personnes spirituelles ont encore "des bulles" en elles. Comment le savoir? En reconnaissant l'arbre à ses fruits. Quand il en sort de l'amertume, de la négligence, de l'incrédulité et de la critique, ce n'est pas là le fruit de l'Esprit. Le potentiel est là si vous laissez l'Esprit vous habiter et vous contrôler.

Puis, le verset dit que celui qui n'a pas l'Esprit de Christ ne lui appartient pas. Il peut appartenir à une église mais il n'appartient pas à Christ. Qu'est-ce que l'Esprit de Christ? Posez-vous la question. Quels en sont les signes? Je dirais en premier lieu: la douceur, l'humilité, la pureté, l'honnêteté, l'amour. Ne nous vantons pas de choses que nous n'avons pas. Mettons-nous au travail pour les obtenir tant que nous en avons le temps. Vous pouvez penser que je suis cynique mais j'ai quarante ans de pratique et je pense pouvoir dire que j'ai pratiquement tout vu. Je me doute bien qu'il existe des attitudes étranges ou de folie dont je n'ai pas encore été témoin. Si c'est le cas, j'espère que Dieu m'en dispensera parce que je trouve que j'en ai vu assez.

J'espère que vous comprenez ce que je suis en train de dire. J'aime le corps de Christ, je suis jaloux pour préserver le corps de Christ. Je veux voir Jésus se présenter avec une belle épouse sans tache ni ride, glorieuse et sainte. Et croyez-moi, en ce moment, il faut beaucoup de foi pour croire que cela va arriver.

Je crois passionnément à la restauration d'Israël. Je sais que beaucoup de gens n'y croient pas mais c'est leur problème, pas le mien. Cependant, j'observe Israël et je me dis que c'est vraiment le bazar! Ce que je veux dire, c'est que vous n'imaginezpas le désordre qui règne en Israël tant que vous n'y avez pas vécu. Alors je me suis dit: "Dieu dit que tout Israël sera sauvé. Tout Israël sera justifié dans le Seigneur." Je dis: "Seigneur, je ne vais pas regarder aux gens, je vais regarder à ta parole."[2]

Puis je me détourne d'Israël, je regarde à l'Eglise et je pense: "Cher Seigneur, tu veux dire qu'elle va devenir une belle épouse sainte? Si je regarde aux gens, je n'y crois pas. Je dois regarder à ta Parole."

---

[2] Dans un autre enseignement ('La Bonne Nouvelle du royaume'), Derek Prince précise que, 'tout Israël' est le reste que Dieu a prédestiné et choisi. Ils seront sauvés. Ce n'est pas tout Israël comme Israël l'est aujourd'hui mais tout Israël comme il en ressortira du processus historique. N.d.t.

Parfois je me demande qui a le plus démérité devant Dieu. Israël ou l'Eglise? Il faut reconnaître que Dieu a donné davantage à l'Eglise, alors quoi? Il nous en demande davantage.

Continuons, verset 10:

"Et si Christ est en vous, le corps il est vrai, est mort à cause du péché, mais l'esprit est vie à cause de la justice."

Ainsi, si Christ est en vous, si vous l'avez vraiment reçu et si vous vous êtes abandonné à lui, alors le corps est mort. Quel corps? La nature charnelle. Non pas votre corps physique, vous n'êtes pas mort quand vous vous êtes converti, n'est-ce pas? Mais l'Esprit est vivant. Je préfère dire que l'esprit est vie, c'est ce que le grec dit. Le Saint-Esprit donne une vie totalement nouvelle. La vieille vie est terminée et une nouvelle vie a commencé, sur l'initiative du Saint-Esprit. C'est vraiment là que nous sommes dans l'observance de la loi et pas toujours dans le vécu. Il ne faut pas que nous soyons fiers et remplis de notre propre justice. Moi, je ne veux pas être fier et imbu de ma propre justice! S'il y a une chose odieuse qui aliène les gens, c'est bien le sentiment de sa propre justice. Le saviez-vous? Et Dieu ne dit pas une seule chose positive à ce sujet.

C'est donc le potentiel. Quand Christ vient en vous, cette vieille nature charnelle meurt. En ce qui concerne Dieu, de son côté, elle est morte. Vous vous demandez comment vous allez continuer à vivre? Une nouvelle vie est en vous par le Saint-Esprit. Une vie totalement nouvelle. Non pas une vie améliorée ni réformée mais une vie nouvelle. J'ai dit auparavant que la corruption était irréversible. Et le mot-clé pour qualifier notre nature charnelle c'est 'corrompue'. Le vieil homme, dit Paul, est corrompu selon les convoitises de la chair. Cette corruption est irréversible. Prenez la corruption dans ce que vous voulez. Prenez un fruit, une pêche. Elle peut être belle avec sa peau de pêche, fraîche et appétissante. Mais si vous la laissez sur la table de la cuisine pendant trois jours, regardez-la lorsque vous revenez. Vous ne l'avez pas touché mais quelque chose en elle a provoqué le pourrissement. C'est la corruption. Mais vous pouvez la mettre au réfrigérateur et revenir trois jours après; il y aura très peu de changements visibles. Elle se corrompt quand même mais plus lentement. Je dis que la religion, c'est le réfrigérateur. Elle ralentit la corruption mais ne l'arrête pas.

La seule solution, c'est une nouvelle création. Dieu ne va pas remettre à neuf le rebelle. Il ne va pas le renouveler. Il va le mettre à mort et faire une nouvelle personne. Et c'est ce que nous avons en Christ. Si quelqu'un est en Christ, il est une nouvelle création. C'est totalement logique. Dieu est si pratique, si terre à terre. Il n'essaie pas de nous réparer, de nous refaire, de nous réformer. Il dit: "Je vais exécuter le vieil homme puis je commencerai quelque chose de complètement nouveau qui vient de mon cœur." Ce passage se trouve dans 2 Corinthiens 5:17 qui dit:

"Si quelqu'un est en Christ, il est une nouvelle création. Les choses anciennes sont passées, voici, toutes choses sont devenues nouvelles. (Ne vous arrêtez pas là!) Et tout cela vient de Dieu."

La nouvelle création vient de Dieu. Il n'y a rien de l'ancienne création en elle. C'est un commencement complètement nouveau. Voyez-vous, si vous réalisez vraiment ce que vous avez dans la nouvelle naissance, vous serez très emballé. Mais beaucoup de gens l'utilisent comme une phrase religieuse banale et n'ont aucune idée de ce que cela veut vraiment dire.

Il est dit dans Jean 1 de ceux qui sont nés de nouveau en recevant Jésus que Dieu leur a donné l'autorité pour devenir enfant de Dieu. Il est très important de voir que lorsque vous êtes né de nouveau, ce que vous recevez, c'est l'autorité. Vous ne devenez pas plus en recevant la nouvelle naissance que ce que vous devenez en exerçant l'autorité que Dieu vous a donnée. L'autorité n'est pas utile si on ne l'exerce pas. Alors vraiment, la nouvelle naissance n'est qu'une potentialité, c'est la possibilité de croître dans quelque chose de merveilleux si vous utilisez l'autorité. Mais si tout ce que vous faites c'est de dire à tout le monde que vous êtes né de nouveau sans essayer intelligemment d'exercer l'autorité de façon biblique sur les problèmes que vous rencontrez et les péchés qui vous assaillent dans votre propre vie, vous ne ferez aucun progrès.

Nous devons continuer. Verset 11:

"Et si l'Esprit de celui qui a ressuscité Jésus d'entre les morts habite en vous, celui qui a ressuscité Christ d'entre les morts rendra aussi la vie à vos corps mortels par son Esprit qui habite en vous."

Pour moi, c'est le principe de base de la guérison divine. La même puissance qui a ressuscité Jésus du tombeau et l'a fait asseoir à la droite de

Dieu est maintenant à l'œuvre dans nos corps physiques. Si vous arrivez vraiment à le croire, ce sera la base de foi pour n'importe quelle guérison physique ou miracle dont vous avez besoin.

Puis Paul en vient comme d'habitude à l'explication:

"Ainsi donc, frères, nous ne sommes point redevables à la chair, pour vivre selon la chair. Si vous vivez selon la chair (et il écrit à des chrétiens spirituels!), vous mourrez; mais si par l'Esprit vous faites mourir les actions du corps, vous vivrez."

J'ai été assistant pasteur d'une Assemblée de Dieu de Minneapolis durant peu de temps. Et l'une de mes tâches consistait à visiter les malades à l'hôpital. Et il y en avait beaucoup. Je me suis demandé pourquoi. Nous croyons à la guérison divine, nous avons toutes les Ecritures. Pourquoi tant de gens sont-ils malades? Et il ne s'agit pas de critiquer ou de condamner les gens qui sont malades. J'ai posé la question au Seigneur-. Et il m'a donné ce passage: "Si vous vivez selon la chair, vous mourrez". Leur âme n'était pas perdue mais ils vivaient davantage selon la chair que selon l'Esprit. Ils passaient plus de temps devant leur télé qu'à lire la Bible. La plupart de leurs conversations avaient très peu de rapport avec Dieu. Ils vivaient selon la chair. Et Paul dit aux chrétiens 'spirituels' que s'ils vivent selon la chair, ils vont mourir, parce qu'ils nourrissent cette chose en eux qui est corrompue. Et ce qu'ils en tireront, c'est de la corruption.

Ainsi nous devons mettre à mort, nous devons mortifier, nous devons refuser les exigences de la chair. Nous avons déjà vu cela, nous devons refuser nos membres au péché et les abandonner à Dieu et à sa justice. C'est un exercice de la volonté.

Puis Paul en vient à ce magnifique passage:

"Car tous ceux qui sont conduits par l'Esprit de Dieu sont fils de Dieu."

C'est l'alternative, c'est d'être conduit par l'Esprit de Dieu. Je veux vous dire que le Saint-Esprit est une personne et non une abstraction théologique. Il n'est pas une petite phrase à la fin du credo apostolique. Il est une personne et si vous voulez vous laisser conduire par lui, vous devez cultiver une relation personnelle avec lui. Vous devez le laisser vous prendre par la main, vous devez écouter son doux murmure, vous devez sentir son doux pincement. C'est une personne très sensible. Il est décrit comme une colombe et il faut dire que les colombes sont des oiseaux timides, qui s'enfuient facilement. La seule personne qui n'a jamais effrayé la colombe, c'est Jésus parce qu'il avait la nature de l'agneau. Et si vous voulez une réelle relation intime avec le Saint-Esprit, vous devez cultiver la nature de l'agneau; douceur, pureté et une vie abandonnée en sacrifice. Puis Paul dit:

"Et vous n'avez point reçu un esprit de servitude, pour être encore dans la crainte; mais vous avez reçu un Esprit d'adoption."

Vous n'êtes plus des esclaves, vous êtes des fils. Vous n'êtes plus motivés par la peur, mais par l'amour et guidés par le Saint-Esprit.

Paul dit que nous devons passer d'une façon de penser, de vivre selon la chair à une autre façon totalement différente Nous avons besoin de l'aide du Saint-Esprit et le Saint-Esprit veut nous aider. Il en arrive à cette conclusion: "Car ceux qui sont conduits par l'Esprit de Dieu sont fils de Dieu." Puis il nous rappelle au verset 15 du chapitre 8 que nous ne sommes plus des esclaves, nous ne sommes plus sous un esprit de servitude. Et c'est le légalisme. Il met en parallèle le Sinaï et Golgotha. Au Sinaï, le peuple avait peur il s'est détourné de la montagne. Ils ont dit: "Nous ne voulons plus jamais entendre cette voix." Mais Dieu ne veut pas produire des esclaves. Il veut produire des fils qui sont motivés par l'amour et le respect et qui s'écrient: "Abba père."

"L'esprit lui-même rend témoignage à notre esprit que nous sommes enfants de Dieu."

Quiconque est né, c'est-à-dire né de Dieu, abrite ce témoignage en lui-même. Si vous n'avez pas en vous ce témoignage, vous devez vérifier que vous êtes bien né de Dieu. Je vous dis cela parce que j'ai été sur des champs missionnaires avec des missionnaires qui ne savaient pas ce que cela signifiait être né de nouveau. Ils étaient sincères et droits mais c'est très différent d'avoir le témoignage surnaturel du Saint-Esprit qui dit que vous êtes un enfant de Dieu.

Si le Saint-Esprit vous dit que vous êtes un enfant de Dieu, peu importe ce que les autres disent. C'est lui qui compte. Paul continue au verset 17 et c'est important:

"Or, si nous sommes enfants, nous sommes aussi héritiers, héritiers de Dieu et cohéritiers de Christ…"

J'aime ce mot de 'cohéritiers' car, selon les lois de l'héritage, cela ne veut pas dire que chacun d'entre nous a une petite part de l'héritage mais que nous allons jouir la totalité de l'héritage ensemble. C'est une affirmation formidable. Nous sommes héritiers de tout ce dont Jésus est héritier parce que nous sommes ses jeunes frères et sœurs.

Mais il y a une condition et beaucoup de gens n'ont pas lu cette condition. A la fin du verset 17:

"… si toutefois nous souffrons avec lui, afin d'être glorifiés avec lui."

Notre héritage dépend de notre volonté de souffrir avec lui. Vous ne pouvez pas devenir un héritier de Dieu sans vouloir affronter la souffrance. Si vous rejetez la souffrance, je ne crois pas que vous puissiez réclamer votre héritage. Nous sommes héritiers de Dieu si nous souffrons avec lui. Il y a dans l'Eglise actuelle, une certaine tendance qui consiste à bannir la souffrance comme n'appartenant pas à la vie chrétienne. Je ne sais pas où les gens trouvent cela dans la Bible. Les passages de la Bible qui nous disent exactement le contraire sont indénombrables.

Continuons et considérons la nature et le but de la souffrance qui sont des choses que chacun d'entre nous vit à différents degrés. Paul dit maintenant au verset suivant:

"J'estime que les souffrances du temps présent ne sauraient être comparées à la gloire à venir qui sera révélée pour nous."

Venant de Paul, c'est une affirmation impressionnante si l'on considère tout ce qu'il a souffert. J'aimerais vous en lire la liste. Elle se trouve dans 2 Corinthiens 11:23 et suivants. Il dit ceci s'agissant de ceux qui se proclament serviteurs de Christ:

"Sont-ils ministres de Christ? –je parle en homme qui extravague- Je le suis plus encore; par les travaux, bien plus; par les coups, bien plus; par les emprisonnements, bien plus. Souvent en danger de mort, cinq fois j'ai reçu des Juifs quarante coups moins un. (J'ai compté que cela fait 195 coups de fouet à eux tous.) Trois fois j'ai été battu de verges, une fois j'ai été lapidé, trois fois j'ai fait naufrage, j'ai passé un jour et une nuit dans l'abîme."

Nous n'avons pas besoin d'aller aussi loin. Ce qui est remarquable se trouve dans la même épître, un peu avant, quand il dit: "Nos légères afflictions du moment présent produisent pour nous, au-delà de toute mesure, un poids éternel de gloire." Alors de quoi nous plaignons-nous frères? Comment est votre affliction par rapport à celle de Paul? Et Paul dit que son affliction est légère. Ici, dans les Romains, il dit que les souffrances du temps présent ne sont rien en comparaison de la gloire qui doit être révélée.

Ce qui fait la différence avec Paul, c'est qu'il avait la vision de la gloire. Si vous perdez la vision de la gloire, vous ne tirerez aucun bénéfice de la souffrance. Paul dit dans 2 Corinthiens 4:17:

"Car nos légères afflictions du moment présent produisent pour nous, au delà de toute mesure, un poids éternel de gloire, parce que nous regardons, non pas aux choses visibles, mais à celles qui sont invisibles; car les choses visibles sont passagères, et les invisibles sont éternelles."

Ainsi, la souffrance accomplira les desseins de Dieu en vous si vous regardez aux choses qui ne se voient pas. Paul avait une vision de l'invisible gloire et rien de ce qu'il pouvait souffrir n'avait de valeur en comparaison de la gloire qu'il voyait pour l'avenir. Mais, si nous perdons la vision de ce qui est éternel, nous souffrirons toujours sans en tirer aucun bénéfice.

Revenons à Romains 8. Paul en arrive à l'un des passages les plus profonds, je crois dans le Nouveau Testament et même de toute la Bible. Verset 19:

"Aussi la création attend-elle avec un ardent désir la révélation des fils de Dieu."

Je crois qu'il dit la chose suivante. Nous ne sommes pas les seuls à souffrir. Toute la création souffre de notre péché. Parce que c'est le péché de l'homme qui a plongé la création dans le chaos et la futilité. La création ne sera pas rachetée tant que nous ne serons rachetés. Ainsi, toute la création nous attend. C'est une puissante déclaration. Ce qu'attend la création, c'est que nous soyons révélés dans notre glorieuse résurrection. Je trouve que la création est bien plus éveillée aux promesses de Dieu que beaucoup de chrétiens.

J'aimerais voir rapidement deux psaumes. Psaume 96:11-13:

"Que les cieux se réjouissent et que la terre soit dans l'allégresse, que la mer retentisse avec tout ce qu'elle contient, que la campagne s'égaie avec tout ce qu'elle renferme, que tous les arbres des forêts poussent des cris de joie, devant l'Eternel, car il vient..."

Toute la nature anticipe la venue du Seigneur, sauf l'Eglise. Elle est endormie. Les arbres, les montagnes, les lacs, les animaux sont réveillés mais l'Eglise dort. Nous sommes en disharmonie avec Dieu et avec la création.

Regardez encore dans le Psaume 98:7-9:

"Que la mer retentisse avec tout ce qu'elle contient..."

Cela m'enthousiasme parce que Jésus a dit qu'à la fin des temps, le cœur des hommes sera effrayé à cause des choses qui vont arriver sur la terre et du retentissement de la mer. Ainsi, comme le retour du Seigneur est imminent, la mer va se déchaîner, elle va retentir et effrayer les incroyants. C'est quelque chose.

"Que la mer retentisse avec tout ce qu'elle contient. Que le monde et ceux qui l'habitent éclatent d'allégresse. Que les fleuves battent des mains. (Avez-vous déjà imaginé les fleuves battre des mains?) Que toutes les montagnes poussent des cris de joie (Pourquoi?), devant l'Eternel! Car il vient pour juger la terre; il jugera le monde avec justice et les peuples avec équité."

Toute la création soupire après le retour du Seigneur qui va remettre les choses en ordre. Voyez-vous, l'homme a été établi gardien de la terre mais après sa chute, il l'a violée. Il a laissé la terre dans de nombreux endroits désolée, dépouillée, nue, exploitée. Et la terre crie à Dieu: "Combien de temps vas-tu laisser ces gens me piétiner, me déchirer, me salir et remplir l'atmosphère de cette horrible pollution? Pouvez-vous imaginer cela? Voyez-vous, le problème pour beaucoup d'entre nous c'est que nous sommes égocentriques. Quelqu'un a dit que la prière typique d'un chrétien moyen consiste à dire: "Seigneur, bénis-moi ainsi que ma femme, mon fils John et sa femme. Nous quatre, pas plus, amen."

Paul nous conduit dans une expérience dans laquelle nous compatissons avec toute la création. Oh, que nos cœurs puissent s'élargir!

Continuons au verset 20:

"Car la création a été soumise à la vanité, non de son gré, mais à cause de celui qui l'y a soumise- avec l'espérance qu'elle aussi sera affranchie de la servitude de la corruption, pour avoir part à la liberté de la gloire des enfants de Dieu."

Remarquez que ce n'est que lorsque les enfants de Dieu entreront dans la liberté de leur gloire que la création sera libérée.

Regardez un instant en Genèse 3 et remarquez la racine que nous donne l'Ecriture après que l'homme avait péché. Genèse 3: Dieu prononce un jugement pour le péché de l'homme. Genèse 3:17:

"Il dit à l'homme: puisque tu as écouté la voix de ta femme, et que tu as mangé de l'arbre au sujet duquel je t'avais donné cet ordre: tu n'en mangeras pas! Le sol sera maudit à cause de toi."

Avez-vous déjà réfléchi à cela? L'homme était le gardien de toute la terre, il était responsable devant Dieu. Sa chute a amené le désastre sur tout ce dont il avait la responsabilité. Ce principe de responsabilité est celui que nous fuyons aujourd'hui. Mais le fait est que nous sommes responsables devant Dieu pour certaines choses. Les parents sont responsables pour leurs enfants. Combien d'entre vous sont d'accord pour dire que si les parents démissionnent, les enfants souffrent? Ils ne le méritent pas mais cela arrive à cause de l'échec de celui qui est responsable d'eux. C'est le même principe pour toute la terre. Dieu a placé Adam gardien de toute la terre. Il lui a dit de soumettre la terre, de la dominer, Dieu l'a placée sous sa responsabilité. Mais quand il a échoué, cela a amené une conséquence désastreuse sur toute la terre. Vous voyez combien nous sommes responsables? C'est effrayant, en tous cas, moi, ça m'effraie.

Maintenant, écoutez.

"Le sol sera maudit à cause de toi. C'est à force de peine que tu en tireras ta nourriture tous les jours de ta vie; il te produira des épines et des ronces, et tu mangeras de l'herbe des champs."

Quelle est la marque de la malédiction, la marque visible? Deux choses. Les épines et les ronces. (Nouvelle Bible Segond) Qui nous a rachetés de la malédiction? Jésus. Avez-vous déjà remarqué qu'ils lui ont donné une couronne d'épines et une robe pourpre qui est de la couleur des ronces? C'était l'attestation de Dieu que Jésus rachetait la terre de la malédiction. Mais la rédemption ne viendra pas tant que la rédemption de l'homme ne sera pas achevée.
Revenons à Romains 8:21.

"... qu'elle aussi sera affranchie de la servitude de la corruption, pour avoir part à la liberté de la gloire des enfants de Dieu. Or, nous savons..."

C'est un autre de ces passages que la plupart d'entre nous ne connaissent pas. Mais nous devrions le connaître.

"... nous savons que, jusqu'à ce jour, la création toute entière soupire et souffre les douleurs de l'enfantement."

Le saviez-vous? Et écoutez, comment y répondons-nous?

"Et ce n'est pas elle seulement; mais nous aussi, qui avons les prémices de l'Esprit, nous aussi nous soupirons en nous-mêmes, en attendant l'adoption, la rédemption de notre corps."

Laissez-moi vous demander franchement et je peux me poser la même question: Est-ce vrai pour vous? Avez-vous déjà expérimenté le Saint-Esprit grondant en vous non pas pour un problème dans votre vie mais pour la rédemption de la création? Avez-vous déjà compati avec cette création à qui nous, hommes et femmes, avons apporté de si terribles conséquences par nos péchés? Et ces conséquences sont encore présentes. Nous n'avons pas agi comme des gardiens de la terre, nous avons agi comme des exploiteurs de la terre. Notre égoïsme et nos mauvaises œuvres ont rapidement ruiné la terre. Mais nous, qui avons les prémices de l'Esprit, nous devrions avoir une attitude totalement différente. Nous devrions, j'utiliserai le mot 'compatir' avec la terre qui gronde et partager ses grognements et ses attentes. Après quoi soupire-t-elle? La rédemption.

Quand la rédemption viendra-t-elle? Quand Jésus reviendra. Que nous arrivera-t-il? Nos corps seront transformés. Ce sera la rédemption de notre corps.

Paul dit très clairement à la fin du verset 23:

"… nous aussi nous soupirons en nous-mêmes en attendant l'adoption, la rédemption de notre corps."

C'est une hérésie d'enseigner que cela va arriver avant la résurrection. A la résurrection, nos corps vont ressusciter.

Je pense qu'il faut lire Philippiens 3. Peut-être n'êtes vous pas très familier avec ce domaine. En fait, la fin de la vie chrétienne ce n'est pas d'aller au ciel. C'est simplement une étape du voyage. La fin de la vie chrétienne, le but de la vie chrétienne, c'est la résurrection. Et c'est seulement à ce moment là que notre rédemption sera complète parce qu'alors la rédemption de nos corps sera complète. Si tout ce que vous visez c'est d'aller au ciel, vous vous arrêtez avant le but. Philippiens 3:10-12 décrit le but de la vie de Paul:

"… afin de connaître Christ…"

On pourrait croire que Paul n'a jamais rencontré le Seigneur mais vous savez qu'il l'a rencontré. Mais il dit qu'il y a encore beaucoup de choses du Seigneur qu'il ne connaît pas encore et qu'il voudrait connaître. Combien d'entre vous peuvent dire 'amen' à cela? Quelle est la phrase qui suit?

"… afin de connaître Christ, et la puissance de sa résurrection…"

Vous comprenez? C'était son but. Vous voyez? Je suis poussé à vous avertir encore une fois que si vous pensez échapper à la souffrance, vous allez passer à côté de quelque chose d'important. Vous allez tout rater. Vous ne serez pas héritier.

En lisant cela, je pense à quelque chose dans ma propre vie. Pourquoi Paul veut-il partager les souffrances de Jésus? Non seulement sa puissance mais aussi ses souffrances. Je crois qu'il ne voulait pas que Jésus souffre seul. Vous voyez, lorsque ma première femme est morte, je devais partir pour une conférence. Mais au dernier moment, je l'ai annulée. Je ne suis pas parti le vendredi, elle est morte le dimanche après-midi. J'ai toujours été si reconnaissant d'avoir été là. J'aurais pu aller à cette conférence, elle serait morte seule. Mais ç'aurait été terrible pour moi. Je crois que si je peux vous l'expliquer, c'est ce qu'a ressenti Paul. Il dit: "Je ne veux pas que Jésus souffre seul. S'il doit souffrir, je veux être avec lui."

Ce que j'essaie de vous décrire, c'est souvent, une conception très différente de la vie chrétienne de nos jours. Ce n'est pas la liste des 17 bénédictions que vous avez, il y a beaucoup plus que cela. Alors écoutez ce que Paul dit.

"... afin de connaître Christ, et la puissance de sa résurrection, et la communion de ses souffrances, en devenant conforme à lui dans la mort..."

C'est laisser mon vieil homme expérimenter la mort qui a été accomplie lors de son exécution à la croix.

"... pour parvenir, si je puis, à la résurrection d'entre les morts."

Quel était son but? Aller au ciel? Non. Partager la résurrection d'entre les morts. Aller au ciel est simplement une sorte d'étape de repos pendant le voyage. Le but, c'est la résurrection.

Puis il dit ceci. Et frères et sœurs, si Paul a dit cela, je me demande si nous pouvons en dire moins.

"Ce n'est pas que j'aie déjà remporté le prix, ou que j'aie déjà atteint la perfection..."

Etes-vous plus loin sur la route que Paul quand il a écrit ces paroles?

"... mais je cours, pour tâcher de le saisir, puisque moi aussi j'ai été saisi par Jésus-Christ."

Qu'est-ce qui le faisait courir? La résurrection du corps. Parce que c'est l'accomplissement de la rédemption. Jésus a racheté l'esprit, l'âme et le corps mais la rédemption ne sera pleinement manifestée qu'à la résurrection.

Allons jusqu'à la fin de Philippiens 3:20-21

"Mais notre cité à nous est dans les cieux, d'où nous attendons aussi comme sauveur le Seigneur Jésus-Christ…"

Est-ce vrai pour vous? Attendez-vous avec impatience un sauveur?

"… qui transformera le corps de notre humiliation en le rendant semblable au corps de sa gloire, par le pouvoir qu'il a de s'assujettir toutes choses."

Que va-t-il arriver à notre corps quand Jésus va revenir? Il va être rendu semblable au corps de sa gloire. Pour l'instant, nous avons ce que le grec appelle un corps d'humiliation. C'est le résultat de la chute. Il y a beaucoup de choses sur nos corps dans lesquelles nous n'allons pas aller en détail, mais qui nous humilient constamment. Vous pouvez porter les plus beaux habits et le meilleur parfum, chères sœurs mais si vous avez chaud, vous allez suer, n'est-ce pas? Non pas simplement transpirer mais suer. Et vous pouvez manger la nourriture la meilleure et la plus délicate mais peu après, vous devrez aller aux toilettes. Pouvez-vous être dignes aux toilettes? Vous comprenez? Nous sommes dans un corps d'humiliation. Mais quand Jésus viendra, tout cela va cesser et nous aurons un corps comme le sien. Jean dit que quand nous le verrons tel qu'il est, nous serons comme lui. Je crois vraiment que ce qu'il dit est vrai.

Revenons maintenant à Romains 8 rapidement. Ainsi toute la création soupire et souffre les douleurs de l'enfantement. J'aimerais vous citer quelques paroles de Jésus que nous trouvons en Matthieu 19:28. Je voudrais parler de la régénération qui n'est pas simplement notre régénération mais la régénération de la création.

"Jésus leur répondit: Je vous le dis en vérité, quand le Fils de l'homme, au renouvellement de toutes choses (cela signifie la renaissance), sera assis sur le trône de sa gloire, vous qui m'avez suivi, vous serez de même assis sur douze trônes et vous jugerez les douze tribus d'Israël."

Il y a une renaissance à venir qui est celle de la création. C'est la rédemption de la création. Puis Jésus dit dans Matthieu 24:8, à propos des signes qui marqueront la fin des temps:

"Tout cela ne sera que le commencement des douleurs."

C'est le commencement des douleurs d'un nouvel âge (et je ne parle pas du mouvement du Nouvel Age, je pense que vous le savez!) Puis il dit dans Luc 21:28:

"Quand ces choses (c'est ce qu'il décrivait en Matthieu 24) commenceront à arriver, redressez-vous et levez vos têtes, parce que votre délivrance approche."

C'est l'apogée. Ce n'est pas simplement notre rédemption personnelle, c'est la rédemption de la création. Et toute la création souffre les douleurs de l'enfantement et soupire. Nous qui avons les prémices de l'Esprit, le dessein de Dieu c'est que nous soupirions ensemble, que ne nous ne nous emmitouflions pas dans nos petits problèmes personnels et dans nos querelles d'église, mais que nous ayons la vision glorieuse de ce que Dieu a prévu et que nous nous consacrions à la prière pour hâter son avènement.

Chapitre 12

Romains 8:26-8: 39

Nous continuons maintenant notre exploration de Romains 8. Lors de nos études précédentes, nous avons regardé les versets 18-25 qui sont une merveilleuse révélation du dessein global de Dieu pour la création. Nous avons vu que si nous croyons en Jésus et que nous avons reçu le Saint-Esprit, nous ne devons pas nous préoccuper seulement de nos petites affaires ou de celles de ce monde, ni même de l'entière destinée de l'Eglise. Mais Dieu veut que nous soyons tellement élargis et stimulés dans notre façon de comprendre, de penser et de réagir que nous pourrons nous identifier avec le programme divin complet pour la création tout entière.

L'une des raisons à cela, c'est que nous sommes responsables, nous la race humaine, de tous les désordres survenus dans la création parce que Dieu avait fait d'Adam le gardien de la création mais il a été infidèle et n'a pas rempli sa mission. Cela a amené le désastre, non seulement sur Adam et ses descendants mais sur la création qu'il devait garder. Dieu, dans sa sagesse infinie, a ordonné que la rédemption de la création soit intimement liée à la rédemption de la race adamique. La création ne sera pas rachetée tant que notre rédemption ne sera pas accomplie. A cause du péché qui a amené la corruption et le désastre sur la création, ce sera notre rédemption qui amènera la rédemption de la création.

Ainsi, Paul nous dit de prier: non seulement pour nos petits problèmes mais il nous dit de nous sentir concernés par la création et par ce jour magnifique, merveilleux et glorieux de la rédemption. Il nous dit de partager les soupirs de la création pour le retour de la justice sur la terre. Vous remarquerez que dans les deux Psaumes que nous avons lus (96 et 97), toute la création attend le retour du Seigneur pour qu'il restaure la justice et le jugement sur la terre. Toute la terre est dans le chaos et le dérèglement parce que la justice a été rejetée et que le mal a pris sa place.

En réfléchissant à cela, je me dis: "Seigneur, ma petite intelligence et mon cœur limité peuvent tout juste comprendre ce que tu veux nous dire." Alors, je crois que c'est pour cela que Paul ajoute les versets suivants 26-27. Il parle de la part du Saint-Esprit dans notre prière. En fait, jusqu'à présent, je n'avais pas apprécié ce qui suit le verset 25. Je crois que Paul veut dire de ne pas essayer de comprendre ces choses avec notre intelligence limitée, nos propres capacités émotionnelles mais de laisser le Saint-Esprit venir le faire pour nous. En un sens, ce Paul veut dire, dans ces versets que nous allons lire dans un moment, c'est de nous abandonner simplement au Saint-Esprit et de le laisser installer une réunion de prière en nous.

Encore une fois, je me suis déjà référé à ma première épouse auparavant mais, l'une des plus précieuses leçons que j'ai apprises d'elle c'est de simplement laisser le Saint-Esprit prier. Ses prières étaient des plus remarquables et elle disait: "Je ne sais pas pour quoi je vais prier quand j'ouvre la bouche. Je l'ouvre tout simplement et ça sort." Autre chose: elle n'avait jamais besoin de "changer de vitesse" quand elle priait. C'était une femme très pratique, elle aimait être dans la cuisine, préparer les repas, changer les couches des bébés, etc., mais elle priait en faisant toutes ces choses. Elle n'avait pas besoin de prendre une attitude particulière pour prier. La prière bouillonnait tout le temps en elle.

Je voudrais encore mentionner deux choses qui me semblent importantes à son propos. Chaque jour, sans exception, elle remerciait Dieu pour son salut, elle n'avait jamais cessé d'apprécier le miracle du salut! Je ne pense pas qu'il y ait beaucoup de jours où elle n'a pas remercié Dieu pour le parler en langues, elle croyait au parler en langues, elle savait ce que c'était d'arriver au bout de sa propre compréhension; elle passait le "volant" au Saint-Esprit en disant: "Prends le contrôle maintenant."

Lisons ces versets. Romains 8:26-27:

"L'Esprit nous aide dans notre faiblesse..."

Vous voyez ce qu'est notre faiblesse? Nous ne sommes pas assez "élargis" dans notre compréhension ou dans nos sentiments pour relever ce défi.

"... car nous ne savons pas ce qu'il nous convient de demander dans nos prières..."

Je pense que quand nous considérons ce que Paul a dit sur les "soupirs" ou "gémissements" pour toute la création, c'est parfaitement vrai. Nous ne savons simplement pas comment le faire mais cela n'est pas dramatique:

"Mais l'Esprit lui-même intercède par des soupirs inexprimables..."

Vous voyez? Le Saint-Esprit est une personne. Si vous savez comment lui faire confiance, vous pouvez libérer cette personne pour prier en vous et à travers vous. Continuons au verset 27:

"... et celui qui sonde les cœurs (je crois qu'il s'agit de Dieu le Père) connaît quelle est la pensée de l'Esprit, parce que c'est selon Dieu qu'il (l'Esprit) intercède en faveur des saints."

Ainsi, nous ne savons pas prier comme nous le devrions. Souvent, nous ne savons pas pour quoi prier et parfois lorsque nous savons pour quoi prier, nous ne savons pas comment le faire, est-ce vrai ou non? Mais nous ne devons pas rester impuissants et sans ressources parce que le Saint-Esprit, en tant que personne, vient et prend les choses en main.

Je pourrais vous raconter beaucoup d'expériences mais je me limiterai à une seule. Il y a très longtemps, je faisais des réunions dans les rues à Londres et une jeune fille catholique Irlandaise, employée dans un hôtel, a été merveilleusement sauvée et baptisée dans le Saint-Esprit et a été aussi vraiment libérée. Dans l'hôtel où elle travaillait, elle partageait une chambre avec une autre jeune employée. Après un certain temps, cette fille lui a demandé: "Dis-moi, je ne comprends pas. Quelle est cette langue que tu parles tous les soirs quand tu sembles dormir?" C'est comme cela que cette jeune fille a su qu'elle parlait en langues en dormant! L'épouse de Christ dit dans le cantique de Salomon: "*Je dors, mais mon cœur veille.*" Vous pouvez avoir quelque chose en vous qui ne va jamais dormir, qui n'est jamais fatigué, qui n'est jamais dans l'embarras ni déconcerté, qui sait toujours comment gérer les situations et faire la bonne prière. Cela, Dieu le pourvoit à travers le Saint-Esprit. Nous pourrions prêcher pendant des semaines sur ce sujet. Mais j'aimerais en venir au passage suivant, versets 28-30:

"Nous savons (Encore une fois, nous pouvons nous demander si nous savons?), du reste, que toutes choses concourent au bien de ceux qui aiment Dieu, de ceux qui sont appelés selon son dessein..."

C'est un merveilleux passage et nous remercions Dieu pour cela mais nous remarquons qu'il pose certains paramètres. Vous ne pouvez pas toujours dire que Dieu fait toutes choses pour le bien, parce que cela ne s'applique qu'à ceux qui aiment Dieu, qui sont appelés et qui marchent selon ses desseins. Vous voyez? Dans ce cas, alors tout ce qui vous arrive est le résultat du plan de Dieu, même si cela ne semble pas être le cas.

Si vous aimez Dieu et que vous êtes appelé mais que vous ne marchez pas dans son plan, le Saint-Esprit et Dieu vont intervenir pour vous arrêter. C'est aussi pour votre bien même si cela ne semble pas être le cas. Comme Dieu le dit à Israël: *"Je mettrai un obstacle devant eux, et ils seront incapables de trouver leur chemin."* Je pense que souvent, quand les enfants de Dieu commencent à s'égarer, Dieu met des barrières devant eux afin qu'ils ne puissent plus passer. C'est aussi la façon dont Dieu fait concourir les choses à notre bien mais l'idéal est de marcher sincèrement et par la foi dans le plan que Dieu a prévu pour nous.

Alors, peu importe ce qui arrive et cela peut nous sembler être un désastre: nous savons que Dieu le fait pour notre bien. Quand je regarde en arrière, savez-vous pourquoi je remercie Dieu? Pour certaines de mes prières auxquelles il n'a pas répondu car je réalise maintenant que s'il y avait répondu, j'aurais eu beaucoup de problèmes. Même les prières sans réponse peuvent faire partie de ce que Dieu a prévu pour vous dans sa façon de prendre soin de vous.

J'aimerais continuer avec cette affirmation formidable qui suit aux versets 29-30: cela explique pourquoi nous savons que tout concourt à notre bien. Et cela nous explique le plan global de Dieu pour nous, d'éternité en éternité. J'aimerais profiter de ce dernier chapitre pour souligner ce plan parce que je crois que si nous le comprenons vraiment bien, que nous y croyons, et que nos vies y sont conformes, nous serons totalement en sécurité. Je pense que beaucoup d'enfants de Dieu ne se sentent pas en sécurité aujourd'hui. Ils sont troublés, ils sont comme un homme qui se noie et qui essaie d'attraper un brin de paille, ils ne savent pas à quoi se raccrocher. Dieu les maintient à flot mais ils ne se sentent pas en sécurité. Je crois que la base réelle de la sécurité c'est de comprendre le plan éternel de Dieu. La première chose que nous avons besoin de comprendre c'est que ce plan n'a pas commencé avec nous. Il a commencé avec Dieu et Dieu n'entreprend jamais quelque chose qu'il n'est pas capable de terminer. Une fois que nous savons que c'est Dieu qui l'a commencé, alors nous serons sûrs qu'il va le terminer.

Lisons maintenant ce que Paul dit ici aux Romains et nous l'enrichirons d'autres sources, pour avoir une vision globale du plan de Dieu d'éternité en éternité. Nous lisons donc Romains 8:29-30 :

"Car ceux qu'il a connus d'avance, il les a aussi prédestinés à être semblables à l'image de son Fils (Jésus), afin que son Fils soit le premier-né entre plusieurs frères..."

J'aimerais m'arrêter et vous montrer que la prédestination peut être présentée comme une doctrine déviée. Nous ne sommes pas prédestinés à être sauvés, nous sommes prédestinés à être conformes à l'image de Jésus. Si quelqu'un me dit qu'il est prédestiné à être sauvé et que je n'en vois pas la preuve dans sa vie, je peux me poser des questions.

Par contre, si je vois quelqu'un vraiment conforme à l'image de Jésus, je crois que la seule explication c'est que Dieu l'a prédestiné! Alors ne laissez pas le sujet de la prédestination devenir une pierre d'achoppement pour vous. Il est parfois pris, tordu et presque utilisé pour frapper le peuple de Dieu, pourtant, c'est une vérité glorieuse si elle est comprise de la bonne façon. Verset 30 :

"Et ceux qu'il a prédestinés, il les a aussi appelés; et ceux qu'il a appelés, il les a aussi justifiés; et ceux qu'il a justifiés, il les a aussi glorifiés."

C'est un genre de résumé mais je pense que dans ce cas, il n'est pas complet. Vous devez regarder différents passages de l'Ecriture pour avoir le plan complet et dans le bon ordre. Nous allons le faire brièvement. La première étape de ce programme de Dieu, c'est que Dieu nous connaît d'avance. C'est affirmé par Paul dans Romains 8:29, "*ceux qu'il a connus d'avance.*" C'est aussi affirmé dans 1 Pierre 1:1-2. Il adresse son épître aux étrangers dispersés en divers endroits et il dit :

"... et qui sont élus selon la prescience de Dieu..."

L'origine de toute chose, c'est la prescience de Dieu. Il n'agit pas dans l'ignorance, il ne fait pas d'expérimentation; il sait par avance quel genre de personne nous allons être, comment il va nous traiter, comment il peut mettre en œuvre son plan pour nous. Nous commençons avec la prescience de Dieu qui était avant la création. C'est merveilleux! Avant que toute chose ne soit créée, Dieu connaissait chacun d'entre nous. Je dis aux gens: "Vous n'êtes pas arrivés là par accident." Tout a été prévu et planifié par Dieu de toute éternité.

La seconde étape, c'est que Dieu nous a choisi. Nous avons déjà vu dans 1 Pierre que nous sommes choisis selon la prescience de Dieu. Il est important de voir que le choix de Dieu est basé sur la connaissance qu'il a de nous. Il nous a choisi parce qu'il nous connaît par avance. Il sait comment nous sommes, il sait ce qu'il peut faire de nous! C'est aussi affirmé dans Ephésiens 1:3-4:

"Béni soit Dieu, le Père de notre Seigneur Jésus-Christ, qui nous a bénis de toutes sortes de bénédictions spirituelles dans les lieux célestes en Christ! En lui, Dieu nous a élus avant la fondation du monde..."

Dieu nous connaissait par avance et, sur la base de cette connaissance, il nous a choisis. Vous n'êtes pas là où vous êtes parce que vous l'avez choisi, vous êtes là où vous êtes et vous êtes ce que vous êtes parce que Dieu l'a choisi. Cela fait une immense différence dans votre attitude envers vous-mêmes et envers votre situation! C'est Dieu qui a pris l'initiative; ce n'est pas vous qui avez démarré tout cela, c'est Dieu qui l'a fait!

L'étape suivante, c'est qu'il nous a prédestinés. Certaines personnes sont effrayées par ce mot. J'aimerais vous dire: cela signifie simplement que Dieu a arrangé d'avance le cours que notre vie allait suivre. Nous le voyons dans Romains 8:29-30:

"Car ceux qu'il a connus d'avance, il les a aussi prédestinés..."

Et au verset 30:

"Et ceux qu'il a prédestinés, il les a aussi appelés..."

L'étape suivante, c'est que Dieu a préparé d'avance le cours de notre vie. Il nous a prédestinés. C'est aussi affirmé dans Ephésiens 1:5. Nous avons vu le verset 4 "en lui nous avons été élus." Puis il dit:

"... nous ayant prédestinés dans son amour à être ses enfants d'adoption par Jésus-Christ, selon le bon plaisir de sa volonté..."

Il a déjà tout planifié à l'avance. Ephésiens 1:11:

"En lui (Christ) nous sommes aussi devenus héritiers, ayant été prédestinés suivant la résolution de celui qui opère toutes choses d'après le conseil de sa volonté."

Cela devrait vous sécuriser. Vous avez été prédestinés; le cours de votre vie a été arrangé à l'avance par celui qui opère toutes choses selon sa volonté. Il opère toutes choses d'après le conseil de sa volonté. Puis Ephésiens 2:10 (j'aime bien les mettre ensemble):

"Car nous sommes son ouvrage, ayant été créés en Jésus-Christ pour de bonnes œuvres que Dieu a préparées d'avance afin que nous les pratiquions."

Nous n'avons pas à décider ce que nous allons faire ou pas, nous devons trouver les œuvres que Dieu a préparées d'avance pour nous. Il ne nous est pas demandé de prendre nous-mêmes des décisions mais simplement de trouver le plan, l'idéal que Dieu a pour nous. Cela nous enlève un grand poids d'anxiété si nous arrivons à comprendre cela! Dieu nous a créés pour faire les choses pour lesquelles il nous a créés. Nous pouvons faire les choses qu'il nous a appelés à faire parce qu'il nous a créés dans ce but. Si vous êtes continuellement frustré et que vous vous sentez incapable de faire ce que vous essayez de faire, c'est que vous essayez probablement de faire ce qui n'est pas la bonne chose. Vous essayez probablement de faire vos propres œuvres et non pas celles de Dieu. Vous avez besoin de changer!

Pour l'étape suivante, nous revenons à Romains 8:30:

"Ceux qu'il a prédestinés, il les a aussi appelés..."

Le mot 'appelé' signifie aussi 'invité'. C'est le point où le plan de Dieu sort de l'éternité pour entrer dans la dimension *temps*. Quand Dieu nous appelle, c'est l'étape de notre vie où nous sommes confrontés à l'éternité. C'est un moment très solennel et sacré.

Voyons Romains 11:29, un verset court mais puissant:

"Car Dieu ne se repent pas de ses dons et de son appel..."

Dieu ne change jamais d'avis, il n'annule jamais ses dons, il ne change jamais son appel. Nous sommes dans quelque chose de tout à fait assuré. Le créateur de l'univers en est l'auteur et son autorité est derrière tout cela. Puis lisons un moment dans 2 Thessaloniciens 2:14. En parlant de la sanctification et de la foi, Paul dit:

"C'est à quoi il vous a appelés par notre Evangile."

Vous êtes appelés par la présentation de l'Evangile. qui est l'invitation de Dieu. C'est en fait une invitation à partager la communion du Père et du Fils. Nous trouvons cela dans 1 Jean 1:3:

"Ce que nous avons vu et entendu, nous vous l'annonçons, à vous aussi, afin que vous aussi vous soyez en communion avec nous. Or, notre communion est avec le Père et avec son Fils Jésus-Christ."

Ainsi, vous êtes appelés par une invitation à partager la communion de la divinité dans le ciel. C'est une invitation plutôt haut de gamme n'est-ce pas? Je veux dire, que pour la plupart d'entre vous, si vous aviez une invitation du Président à l'Elysée, vous en seriez tout excités, mais pensez à ce que cela signifie! C'est une invitation du Dieu Tout-Puissant et Eternel à partager la communion avec lui dans le ciel pour toujours, c'est extraordinaire!

Nous ayant appelés, lorsque nous répondons, il nous sauve. Regardons 2 Timothée 1:9, l'un de mes versets préférés. Il est dit:

"Dieu qui nous a sauvés, et nous a appelés par une vocation sainte..."

Ainsi, lorsque vous êtes sauvés, c'est que vous êtes aussi appelés, vous comprenez? Toute personne sauvée est appelée. Peut-être que vous ne le saviez pas mais vous êtes appelés, appelés à une certaine tâche. Puis, dans Tite 3:5:

"... il nous a sauvés, non à cause des œuvres de justice que nous aurions faites, mais selon sa miséricorde, par le bain de la régénération et le renouvellement du Saint-Esprit."

Il y a un moment défini dans le temps où vous répondez à l'appel et où Dieu vous sauve. Vous passez de la mort à la vie, de la condamnation à la justice de Dieu. C'est le plus grand "déménagement" qui puisse avoir lieu dans la vie de quelqu'un. C'est notre réponse à l'appel de Dieu, nous nous "branchons" sur le plan éternel de Dieu, c'est pourquoi l'appel de Dieu est si important, il est sacré.

Vous remarquerez que Paul dit à Timothée "il nous a appelés par une vocation sainte". Frères et sœurs votre appel est saint. Ce doit être votre première priorité dans la vie: accomplir votre appel. Beaucoup de chrétiens n'apprécient pas suffisamment leur appel. Dieu m'a appelé en 1944 spécifiquement pour enseigner les Ecritures. J'ai eu pas mal de problèmes depuis mais je peux sincèrement dire une chose: j'ai toujours cherché à être le meilleur enseignant possible. Je ne me compare à personne mais j'ai considéré mon appel comme sacré et je le considère encore ainsi aujourd'hui. Que vous soyez mère au foyer, médecin, missionnaire ou quoi que ce soit d'autre, quel que soit votre appel, il est sacré. Dieu a tout prévu à l'avance. Vous n'avez pas à tout résoudre ni à tout comprendre, vous devez marcher dans les bonnes œuvres que Dieu a préparées d'avance pour vous.

Après l'appel, vient la justification. Vous connaissez bien ce mot maintenant. Vous souvenez-vous de ce qu'il signifie? Pouvons-nous le revoir un moment? *Acquitté, non coupable, reconnu juste, rendu juste comme si je n'avais jamais péché.* Romains 8:30:

"... et ceux qu'il a appelés, il les a aussi justifiés..."

Quand vous répondez à l'appel, vous comprenez. Quand vous acceptez Jésus et son sacrifice propitiatoire pour vous, vous n'êtes pas seulement sauvé, vous êtes justifié, vous êtes reconnu juste. Vous êtes revêtu non seulement du vêtement du salut mais vous êtes couvert d'une robe de justice, la justice de Dieu. Mais ne vous arrêtez pas là, il y a une autre étape dans votre voyage. Regardons à nouveau Romains 8:30:

"... et ceux qu'il a justifiés, il les a aussi glorifiés."

Remarquez que c'est écrit au passé. Ce n'est pas quelque chose qui va arriver après notre mort. C'est fait maintenant à travers notre foi en Jésus. C'est pour moi si extraordinaire et pourtant si peu de chrétiens semblent le réaliser!

Regardons un instant 1 Corinthiens 2. C'est l'un de mes chapitres préférés parce qu'il parle de la sagesse de Dieu par opposition à la sagesse des hommes, c'est-à-dire de la philosophie, ce que j'ai étudié. Paul dit que nous ne parlons pas selon la sagesse des hommes. Grâce à Dieu ce n'est pas le cas. Mais au chapitre 2 verset 7, il dit:

"Nous prêchons la sagesse de Dieu, mystérieuse et cachée, que Dieu avant les siècles avait destinée pour notre gloire..."

La Bible en français courant dit: *"Nous parlons un secret, sagesse cachée de Dieu."* Est-ce que cela ne vous enthousiasme pas? Nous avons été mis dans le secret de la sagesse cachée de Dieu. S'il y a une chose qui m'enthousiasme, c'est bien celle-là, parce que durant de nombreuses années avant d'être sauvé, je cherchais un secret, une sagesse cachée. J'ai essayé le yoga, et toutes sortes de choses et j'en suis ressorti frustré mais quand j'ai rencontré Jésus et que je suis venu à la croix, la porte s'est ouverte sur ce secret, cette sagesse cachée de Dieu. Mais écoutez la fin:

"... destinée pour notre gloire..."
Pensez à cela: toute la sagesse de Dieu depuis l'éternité est consacrée à nous faire entrer dans sa gloire. Ephésiens 2:4-6, nous l'avons souvent vu mais nous allons le revoir encore une fois.

"Mais Dieu qui est riche en miséricorde, à cause du grand amour dont il nous a aimés..."

Et la Bible n'explique jamais pourquoi il nous a aimés;

"... nous qui étions morts par nos offenses, il nous a rendus à la vie avec Christ. Il nous a ressuscités ensemble, et nous a fait asseoir ensemble dans les lieux célestes."

Ainsi, nous sommes revenus à la vie, nous sommes ressuscités, qu'est-ce qui vient ensuite? Nous sommes assis avec lui dans les lieux célestes. C'est le plan de Dieu. Laissez-moi vous l'expliquer rapidement. Dieu nous connaissait d'avance, il nous a choisis, il nous a prédestinés, il nous a appelés, il nous a sauvés, il nous a justifiés et il nous a glorifiés. Pourquoi faudrait-il s'inquiéter?

Nous arrivons maintenant à la dernière partie de ce lent pèlerinage à travers l'épître aux Romains. Nous arrivons à la fin du voyage. J'ai souligné que le plan global de Dieu pour nous, d'éternité en éternité, comporte sept étapes. Je vais brièvement les récapituler: Dieu nous connaît d'avance, il nous a choisis, il nous a prédestinés. Tout cela a eu lieu dans l'éternité. Puis, en temps voulu, il nous a appelés, il nous a sauvés, il nous a justifiés et il nous a glorifiés. Il nous a invités à partager le trône de gloire avec lui dès maintenant dans ce siècle présent. Je vous affirme que si vous comprenez le plan de Dieu il n'y aura plus de place dans votre vie pour l'insécurité. Il prend tout en charge!

J'aimerais maintenant passer aux derniers versets de Romains 8 et je compte sur la grâce de Dieu pour dire ce qu'il faut parce que je me sens si incapable d'exprimer avec mes mots humains la majesté et la gloire de ces derniers versets. Mais vous remarquerez, en les regardant, que Paul revient encore sur le thème de la non condamnation par lequel il a commencé le chapitre. Souvenez-vous du premier verset:

"Il n'y a donc maintenant aucune condamnation..."

Vous voyez, notre plus grand ennemi et la plus grande arme de Satan contre nous c'est la condamnation, il veut que nous nous sentions coupables.

J'aimerais vous dire qu'il y a une grande différence entre se sentir coupable et être convaincu de péché. Le Saint-Esprit convainc de péché. Il est spécifique, il est concret. Il nous dit: "Tu as fait cela, tu aurais dû faire cela, voilà ce que tu dois faire pour réparer." Et au moment où vous le faites, tout rentre dans l'ordre.

Mais la culpabilité, c'est quelque chose que vous ne pouvez pas pleinement définir. "*Est-ce que j'ai dit ce qu'il fallait? Peut-être pas. Peut-être n'en ai-je pas fait assez. Peut-être je ne m'en suis-je pas bien occupé. Peut-être, ce qu'il a dit sur moi était vrai. Peut-être ne suis-je pas assez vrai, sincère...*" Vous voyez, il n'y a pas de fin à la culpabilité. Plus vous allez loin, plus vous vous y enfoncez. C'est complètement différent. La culpabilité vient de l'ennemi, la conviction vient de nos amis. Il y a un proverbe portugais qui dit: "L'ami, c'est celui qui vous montre le danger." C'est ce que le Saint-Esprit fait. Il nous montre le danger pour nous en sortir.

Laissez-moi vous avertir d'être très prudent envers ceux qui vous font ressentir de la culpabilité car ce qu'ils disent vient rarement de Dieu. Le travail de Dieu n'est pas de vous faire ressentir de la culpabilité. Lorsque j'étais un jeune pasteur plein de ferveur, j'avais pour habitude de démontrer à ma petite congrégation combien ils étaient mauvais et je faisais du bon travail! Chaque dimanche, je les rabaissais et ils sortaient en me disant: "*Merci, excellent message.*" Je me demandais s'ils avaient vraiment bien écouté ce que j'avais dit. Comment pouvaient-ils appeler cela un bon message? Mais un jour, Dieu dans sa grâce, me parla et me dit: "*Je veux que tu comprennes que tu fais le travail du diable à sa place. Je ne t'ai pas appelé pour que tu culpabilises les gens, mais pour que tu leur montres comment ils peuvent être rendus justes.*" J'ai réalisé que le diable et ses assistants faisaient très bien le travail sans mon aide et j'ai arrêté de donner un coup de main au diable.

Regardons maintenant au verset 31:

"Que dirons-nous donc à l'égard de ces choses? Si Dieu est pour nous, qui sera contre nous?"

Il n'est pas dit que personne ne sera contre nous mais que ceux qui sont contre nous importent peu. Vous avez sans doute déjà entendu ce petit proverbe: 'Quand nous sommes du côté de Dieu, nous formons la majorité'. Quelles que soient les circonstances, un, plus Dieu, forment la majorité.

"Lui, qui n'a pas épargné son propre fils, mais qui l'a livré pour nous tous, comment ne nous donnera-t-il pas toutes choses avec lui?"

Quel verset extraordinaire! Si vous voulez savoir dans quelle mesure Dieu s'est engagé pour vous, regardez à la croix. Dieu a donné son fils unique afin qu'il meure dans l'angoisse et la honte pour vous. Paul dit très logiquement que si Dieu a fait cela, il n'y a rien de bon qu'il puisse retenir. Lorsque vous passez par des temps d'obscurité, de tentation et de doute, n'essayez pas de vous raisonner, tournez vous simplement vers la croix et dites que c'est la mesure de l'amour et de l'engagement de Dieu pour vous. Je ne comprends peut-être pas ce qui se passe mais je sais que Dieu s'est totalement engagé envers moi. C'est ce qu'il est. Une fois que Dieu vous a accepté comme son enfant, il s'est totalement engagé envers vous.

Je me souviens de ma première femme qui disait à l'une des petites filles qu'elle avait adoptées: "Quand je prends un enfant, je m'engage. C'est un engagement à vie." Quand Dieu prend un enfant, c'est un engagement à vie. Ceux d'entre vous qui ont adopté un enfant savent que ce n'est pas un petit engagement. Ne vous imaginez pas que cela finira quand ils seront mariés. Croyez-moi, ce n'est pas le cas! Dieu s'engage à vie pour chacun de ses enfants. Il dit: "*Je ne te laisserai jamais, ni ne t'abandonnerai. Veux-tu connaître la valeur que tu as pour moi? Regarde le prix que j'ai payé pour toi. Le sang de vie de mon propre fils.*"

Ne vous laissez pas entraîner à discuter avec le diable sur de menus détails. Focalisez votre attention sur la croix, il ne pourra pas vous vaincre. Vous êtes sur un terrain invincible au pied de la croix.

Puis Paul continue au verset 33:

"Qui accusera les élus de Dieu? C'est Dieu qui justifie!"

Si Dieu nous a justifiés, qui peut nous faire ressentir de la culpabilité? Puis il continue encore:

"... qui les condamnera?"

Il y aura des gens qui vont nous condamner.

"...Qui les condamnera? Christ est mort, bien plus, il est ressuscité, il est à la droite de Dieu et il intercède pour nous!"

Dieu a fait tout ce qu'il était concevable de faire pour nous éviter d'être sous la condamnation. Si on nous accuse, il dit: "*Je t'ai justifié.*" Si on nous condamne, il dit: "*Le prix a déjà été versé, par la mort de mon fils.*" Il a payé la totalité du prix par sa mort et il est ressuscité des morts afin d'être notre intercesseur pour toujours.

Vous savez, en écrivant le livre au sujet des malédictions ('Bénédiction ou malédiction, à vous de choisir!' n.d.t.), j'ai été impliqué dans quelque chose que je n'avais pas prévu: c'est la façon dont les chrétiens se blessent les uns les autres par des paroles ne venant pas de l'Esprit et ils deviennent ainsi des accusateurs. Je n'avais pas prévu d'écrire cela dans le livre, mais le Saint-Esprit m'a un peu poussé à le faire. En faisant cela je me suis demandé combien de fois j'ai prié pour des gens en les accusant devant Dieu? Et j'ai pensé que c'était de l'arrogance et de l'insolence: j'accuse devant Dieu quelqu'un que Dieu a déclaré justifié! J'accuse quelqu'un pour lequel Christ est mort.

Je ne sais pas si vous connaissez l'histoire de "Praying Hyde"; c'était un missionnaire presbytérien qui s'est rendu en Inde au début du siècle dernier. Sur le chemin du retour, il a été baptisé du Saint-Esprit le livre ne le mentionne pas. Il est alors entré dans un merveilleux ministère de prière. Ses prières ont renversé des situations et il passait la plupart de son temps en prière. Il faisait très peu l'œuvre missionnaire ordinaire.

Au début de son ministère, il a prié pour un frère indien évangélique dont le travail était très peu efficace. Il a commencé à dire à Dieu: "*Seigneur, tu sais combien...*" et il allait dire "combien ce frère est froid". Mais le Saint-Esprit ne lui a pas laissé dire le mot froid. Le Saint-Esprit lui a dit: "*Que fais-tu en accusant ce frère devant le Seigneur?*" Il s'est arrêté et il a commencé à remercier Dieu pour tout le bien qu'il pouvait penser de ce frère. En l'espace de quelques mois, cet homme est devenu bouillant pour Christ.

Pensons à l'impact de nos prières quand elles sont négatives. Supposez qu'il ait accusé ce frère devant le Seigneur, cet homme n'aurait jamais pu devenir ce que Dieu avait prévu qu'il soit. Pour moi, cela nous donne une responsabilité énorme quand nous prions pour nos frères et sœurs chrétiens. Je me suis imposé cette règle très simple: si vous ne pouvez pas remercier Dieu pour une personne, ne priez pas pour elle. Vous verrez que presque chaque fois que Paul prie pour des gens, il commence par remercier Dieu pour elles.

Je vous donne cela comme une petite illustration de la puissance dangereuse et subtile de la condamnation et de la culpabilité. Si souvent, elle ne vient pas de nos ennemis, elle vient de nos amis. Comme quelqu'un l'a dit à juste titre, *avec des amis comme ça, pourquoi aurions-nous besoin d'ennemis?*

Je souligne ce point: Dieu ne tolérera pas la condamnation sur ses élus. Il s'est engagé à défendre notre cause. Nous avons un avocat expert. Dans Hébreux 3: 1 il est dit:

"Jésus est le souverain sacrificateur de la cause que nous professons..."

Hébreux 7:25, est l'un de mes passages préférés (je pense que j'ai beaucoup de passages préférés!) En parlant du souverain sacrificateur, il dit:

"C'est aussi pour cela qu'il peut sauver parfaitement ceux qui s'approchent de Dieu par lui, étant toujours vivant pour intercéder en leur faveur."

Il est intéressant de réfléchir sur les périodes de la vie de ministère de Jésus. Trente ans de vie familiale parfaite, gagnant la vie de sa famille. Trois ans et demi de ministère public et 2000 ans d'intercession. Qu'est-ce que cela nous dit sur nos priorités? Nous avons un intercesseur. 1 Jean 2:1:

"Mes petits enfants, je vous écris ces choses afin que vous ne péchiez pas..."

Grâce à Dieu, il ne s'arrête pas là.

"... et si quelqu'un a péché..."

Combien d'entre nous sommes d'accord pour dire que nous péchons parfois? Si quelqu'un n'a jamais péché, qu'il lève la main, qu'il vienne devant, nous lui donnerons une médaille.

"... et si quelqu'un a péché, nous avons un avocat auprès du Père, Jésus-Christ le juste."

Nous avons le meilleur et le plus expert des avocats du monde pour plaider notre cause! Il n'y a plus de raison d'être condamné. Dieu est de notre côté. Jésus est à la droite de Dieu, il est notre avocat, Dieu s'est engagé à nous justifier, il ne tolérera aucune condamnation. J'aimerais voir si vous vous rendez compte à quel point cette affaire de culpabilité et de condamnation est sérieuse.

Laissez-moi vous donner un beau passage de l'Ecriture dans Esaïe 54, le dernier verset. Il est adressé au peuple de Dieu:

"Toute arme forgée contre toi sera sans effet. (Il y aura beaucoup d'armes forgées contre nous, mais elles seront sans effet.) Et toute langue qui s'élèvera en justice contre toi, tu la condamneras."

Remarquez cela. Dieu ne dit pas: "*je vais le faire* " Il dit: "*Je te donne les bases, les principes, pour le faire.*" Est-ce que vous réalisez cela? Toute langue qui s'élèvera contre toi en jugement, tu la condamneras.

"Tel est l'héritage des serviteurs de l'Eternel, tel est le salut qui leur viendra de moi, dit l'Eternel" AMEN

Une fois que nous avons traité le sujet de la condamnation et de la culpabilité, nous en arrivons au merveilleux apogée. Remarquez cependant que vous ne pouvez pas y arriver si vous êtes sous la condamnation. Lisons maintenant ces versets de la fin. L'apogée, je dirais en une phrase simple que c'est, l'unité - inséparable et éternelle - dans l'Esprit avec le Messie. C'est vers cela que nous nous dirigeons. Jésus est le but. Il est le commencement, il est la fin. Il est l'alpha et l'oméga. Et vous n'êtes pas arrivé au but tant que vous n'avez pas cette union avec Lui dans l'Esprit. Lisons cela maintenant.

"Qui nous séparera de l'amour de Dieu manifesté en Jésus-Christ? Sera-ce la tribulation, ou la persécution, ou la faim ou la nudité, ou l'épée?"

Pensez-vous que Paul nous aurait énuméré tout cela s'il savait que ces choses ne nous arriveraient jamais? Ce seraient des paroles vaines, pas vrai? Paul dit que nous pouvons rencontrer quelques-unes ou toutes ces choses mais que rien ne pourra jamais nous séparer de l'amour de Dieu. Puis il cite le Psaume 44: 23, un psaume très sombre:

"Mais c'est à cause de toi qu'on nous met à mort tout le jour, qu'on nous regarde comme des brebis destinées à la boucherie."

C'était le peuple de Dieu sous l'Ancienne Alliance. J'aimerais vous dire, frères et sœurs, que j'ai la conviction intérieure profonde que ces paroles vont devenir de plus en plus vraies dans l'Eglise. Dieu ne nous a pas promis de nous garder de la persécution, en fait, il nous avertit de l'anticiper. Mais il nous dit que la persécution ne pourra jamais nous séparer de l'amour de Dieu.

Il y a plusieurs années, j'ai rencontré un expert en statistiques du monde chrétien, nommé David Barrett (certains d'entre vous savent peut-être qu'il est l'auteur de l'Encyclopédie Chrétienne). Il estimait que chaque jour, 1000 croyants "perdent" leur vie pour Jésus. Cela représente 365.000 chrétiens chaque année. Je pense que c'est sous-estimé. Nous vivons aujourd'hui dans un environnement relativement protégé. Il ne va pas en être ainsi bien longtemps. Tout autour de la terre, nos frères et sœurs donnent leur vie, sont emprisonnés, battus, persécutés mais, grâce à Dieu, ils ne sont pas séparés de son amour.

Continuons avec ces paroles glorieuses, verset 37:

"Mais dans toutes ces choses nous sommes plus que vainqueurs par celui qui nous a aimés."

Dans quelles choses? Regardons la liste. Les tribulations, la détresse, la persécution, la faim, la nudité, le péril, l'épée. Dans toutes ces choses nous sommes plus que vainqueurs. D'autres traductions disent: *"Nous sommes plus que conquérants."* Qu'est-ce que cela veut dire? Je comprends que cela veut dire que vous vous engagez dans la bataille, et vous en ressortez avec plus que ce que vous aviez en y entrant! Non seulement vous avez gagné mais vous avez remporté du butin. C'est cela être plus qu'un conquérant. Et c'est ce que Paul nous promet. Dans toutes ces choses, nous sommes des conquérants, plus que vainqueurs.

Puis il en arrive à cette glorieuse conclusion:

"Car j'ai l'assurance..."

C'est extraordinaire de pouvoir dire: j'ai l'assurance ou j'ai une conviction. Je peux dire que je suis convaincu de certaines choses et je remarque que quand je le dis, cela a un impact sur les autres. Paul dit:

"Car j'ai l'assurance que ni la mort, ni la vie, ni les anges ni les dominations, ni les choses présentes ni les choses à venir, ni les puissances, ni la hauteur ni la profondeur, ni aucune autre créature ne pourra nous séparer de l'amour de Dieu manifesté en Jésus-Christ notre sauveur."

De quoi Paul parle-t-il? D'une union éternelle et inaliénable avec Jésus notre Sauveur, notre Messie, à travers l'Esprit que rien ne pourra jamais rompre. C'est le but de la vie chrétienne. Christ est le but. Il est le commencement, il est la fin.

J'aimerais terminer par ces paroles de Colossiens 3 qui m'ont vraiment impacté ces derniers temps. Colossiens 3, et ce sera le passage pour terminer:
"Car vous êtes morts..."

Quand sommes-nous morts? Quand Jésus est mort à la croix.

"Car vous êtes morts et votre vie est cachée avec Christ en Dieu..."

Nous avons une vie cachée que le monde ne peut pas voir. Puis il continue:

"Quand Christ, notre vie, paraîtra alors vous paraîtrez aussi avec lui dans sa gloire."

Prenez ces quatre mots; "*Christ est notre vie.*" C'est tout ce dont nous avons besoin. C'est une vie cachée, une vie derrière le voile mais c'est notre vie. Encore un passage de ce chapitre, versets 10-11:

"Et ayant revêtu l'homme nouveau, qui se renouvelle, dans la connaissance, selon l'image de celui qui l'a créé. Il n'y a ni Juif ni Grec, ni circoncis ni incirconcis, ni Barbare ni Scythe, ni esclave ni libre; mais Christ est tout et en tous."

C'est cela. Christ est tout. Quand nous l'avons, nous avons tout. Il est tout ce dont nous avons besoin, il est le commencement, la fin, l'auteur et celui qui finit.

J'aimerais maintenant vous demander de réagir face à ces glorieuses vérités avec ce qui est, je crois, la seule manière appropriée, c'est-à-dire de prendre du temps maintenant pour épancher nos cœurs dans la louange et l'action de grâce envers Dieu! Je prie de tout mon cœur que Dieu vous permette de pouvoir finir ce glorieux pèlerinage en arrivant au but auquel Il vous a destiné! Que Dieu vous bénisse!

SOMMAIRE

Cessez de vous trouver des excuses et faîtes en sorte que votre désir d'étudier la parole de Dieu devienne une réalité !

Cours biblique par correspondance: 'Les fondations chrétiennes' par Derek Prince

La plupart des chrétiens ont un désir sincère d'une meilleure connaissance de la Bible. Ils savent qu'une étude suivie et approfondie de la parole de Dieu est indispensable pour mûrir et vivre une vie chrétienne efficace. Malheureusement, la plupart manquent aussi de discipline, de direction et de motivation pour réussir une telle étude. Par conséquent, ils passent à coté des nombreux avantages obtenus par la connaissance et l'application de la Parole. Afin de fournir une direction et une discipline systématique dans l'étude de la Bible, Derek Prince a développé le cours par correspondance 'Les fondations chrétiennes'. Cette étude par correspondance vous permet de travailler à votre propre rythme, tout en offrant l'avantage d'un contact direct avec un coordinateur biblique qui peut vous fournir une direction ou de l'aide. Le cours est conçu autour de techniques d'enseignements établies et efficaces et est méthodique, avec des fondements bibliques et pratiques. Si vous souhaitez obtenir une brochure gratuit vous donnant plus d'informations sur le cours et comment vous inscrire (Europe et DOM/TOM seulement), merci de contacter:

Derek Prince Ministries France, B.P 31, 34210 Olonzac
Tel 04 68 91 38 72, fax 04 68 91 38 63
Email: info@derekprince.fr